PRAKTISCHE ANLEITUNG ZUR INTERPRETATION VON DICHTUNG

Revised Edition

Doris Fulda Merrifield

UNIVERSITY
PRESS OF
AMERICA

LANHAM • NEW YORK • LONDON

Copyright © 1982 by

University Press of America,™ Inc.

4720 Boston Way
Lanham, MD 20706

3 Henrietta Street
London WC2E 8LU England

Printed in the United States of America

Library of Congress Cataloging in Publication Data

Merrifield, Doris Fulda.
    Praktische Anleitung zur Interpretation von Dichtung.

    1. Literature. I. Title.
PN45.M4495   808   81–40127
ISBN 0–8191–2054–5   AACR2

All University Press of America books are produced on acid-free
paper which exceeds the minimum standards set by the National
Historical Publications and Records Commission.

Für meine Studenten und Studentinnen

INHALTSVERZEICHNIS

Teil I: <u>L Y R I K</u>

Teil II: D R A M A

VORWORT

Dieses Buch ist besonders für amerikanische Studenten deutscher Literatur gedacht, bei denen schon fortgeschrittene Sprachkenntnisse vorausgesetzt werden können. Für sie sollen die Übersetzungen vielleicht nicht bekannter Wörter wie auch die deutsch/englische englisch/deutsche Liste literarischer Begriffe eine Hilfe sein. Im übrigen eignet sich die Anleitung gleichermaßen für Studierende mit deutscher Muttersprache.

Der Veröffentlichung liegen langjährige Erfahrungen zugrunde, die bei eigener Lehrtätigkeit in den Kursen "Einführung in literarische Formen" gesammelt wurden. Die Teilnahme an solchen oder ähnlichen Kursen ist bekanntlich an vielen amerikanischen Universitäten für Studenten mit dem Fach Deutsch Pflicht. Diese Studenten sollen mit Hilfe der vorliegenden Anleitung systematisch zu einer Interpretation befähigt werden, die über eine kümmerliche Inhaltsangabe hinausgeht und nicht nur vorhandene Sekundärliteratur zitiert und paraphrasiert, sondern eine Dichtung vorwiegend aus dem Text heraus von Inhalt und Form und deren gegenseitigem Bedingtsein untersucht und versteht.

Die in diesem Buch für Lyrik, Drama und Epik aufgestellten "Richtlinien" bestehen aus Fragestellungen, die gewöhnlich zu relevanten Beobachtungen führen. Die wesentlichen Aspekte werden alle einzeln und auf ihr Zusammenspiel mit anderen betrachtet. Den längeren Kapiteln folgt eine Zusammenfassung mit anschließenden praktischen Aufgaben.

Teil I über Lyrik ist am umfangreichsten, weil hier neben den spezifisch lyrischen auch alle anderen literarischen Aspekte behandelt werden, die gleichermaßen in der Dramatik und Epik gelten. In Teil II und III mußten dann nur noch die besonderen Merkmale der jeweiligen Gattung ergänzt werden. Es schien geraten, die allgemeingültigen Aspekte an Beispielen aus der Lyrik zu erklären, weil diese verhältnismäßig kurz sind und in den Anhang mit aufgenommen werden konnten. Aus demselben Grund war es auch möglich, bei der Lyrik ein Interpretationsmodell anzubieten.

Das Buch kann und soll keine vollständige Poetik ersetzen. Es eignet sich, durch ein literarisches Sachwörterbuch ergänzt, vorzugsweise als Textbuch für einen grundlegenden Literaturkurs, kann aber auch gut zum Selbststudium verwendet werden.

I. TEIL

LYRIK

EINLEITUNG

Was ist Lyrik?

Bevor wir die Frage nach der Eigenart[1] der Lyrik stellen,
sollten wir erst definieren, was Literatur und Dichtung heißt.
Literatur (vom lat. "literatura" = Buchstabenschrift) im
weitesten Sinne umfaßt alles Geschriebene, sei es ein Gedicht,
eine philosophische oder wissenschaftliche Abhandlung[2] oder
auch nur eine Gebrauchsanweisung[3] für irgendeinen Gegenstand.
Literatur, mit der sich die Literaturwissenschaft beschäftigt , ist dagegen nur die sogenannte schöne oder schön-
geistige Literatur (Belletristik), die sich von aller anderen dadurch unterscheidet, daß sie nicht zur Vermittlung[4]
sachlicher Information, Hypothesen, Theorien oder dergl.
dient, sondern durch ihre kunstvolle Sprache und Form und
ihre seelische Gestimmtheit etwas ganz Eigenständiges[5]
schafft. Solche Literatur verdient den Namen Dichtung, wenn
sie einen hohen Grad von Perfektion in der Sprache und
reinste Übereinstimmung in Gehalt und Gestalt erreicht hat.

L y r i k ist die eine von den drei großen Gattungen[6],
in die die Dichtung üblicherweise unterteilt wird. Die
anderen zwei sind D r a m a t i k und E p i k. Auf philosophische Betrachtungen[7] über die mögliche Naturgegebenheit
dieser drei Gattungen und ihre Beschreibungen und Abgrenzun-
gen durch verschiedene namhafte Literaturwissenschaftler wird
hier aus praktischen Gründen verzichtet[8]. Man kann sie u.a.
in Wolfgang Kaysers Sprachlichem Kunstwerk[1)] nachlesen.
Die Gattungsbegriffe Lyrik, Epik und Dramatik bezeichnen vor
allen Dingen die Form oder Darbietungsform[9] der Dichtung.
Unter Lyrik verstehen wir gefühlsgeprägte[10] Kundgebungen[11]
in Form eines Gedichts (mit gereimten oder ungereimten
Versen, mit festem Metrum oder freien Rhythmen), unter Dramatik Handlungen in Dialogform (in Prosa oder Versen) und
unter Epik eine Form der Erzählung vergangener Ereignisse
(gewöhnlich in Prosa, obwohl es auch berühmte Versepen gibt).
Die Adjektive l y r i s c h, e p i s c h und d r a m a -
t i s c h, auch als Substantive[12] gebraucht (das L y r i s c h e,

[1]characteristics [2]treatise, essay [3]directions (for use)
[4]supplying [5]something independent, whole in itself [6]genres
[7]considerations [8]relinquished [9]form of presentation
[10]emotional [11]messages [12]nouns

E p i s c h e, D r a m a t i s c h e), kennzeichnen dagegen
mehr innere Haltungen[1] des Sprechens, die nicht auf die jeweilige Gattung zu beschränken[2] sind. Nicht nur kann es in
Dramen und epischer Dichtung lyrische Einlagen[3] geben, in
einem Roman eingebaute dramatische Szenen und dergl., sondern
ein ganzes Drama kann in seiner Sprachgebärde[4] vorwiegend
lyrisch oder ein Gedicht dramatisch sein.

Das Wort L y r i k kommt vom griechischen L y r a =
Leier und weist darauf hin, daß dichterische Verse ursprünglich von Musik begleitet vorgetragen[5] wurden. Das wesentliche
Merkmal[6] der Lyrik, abgesehen[7] von ihrer Form, die schon besprochen wurde, ist die vollkommene Verinnerlichung[8] der
gegenständlichen Welt. Ich zitiere W. Kayser: "... im Lyrischen fließen Welt und Ich zusammen, durchdringen sich, und
das in der Erregtheit einer Stimmung[9], die nun das eigentlich
Sich-Aussprechende ist. Das Seelische durchtränkt[10] die Gegen-
ständlichkeit[11], und diese verinnert sich. Die VERINNERUNG
alles Gegenständlichen in dieser momentanen Erregung ist das
Wesen des Lyrischen" (S. 336).

An dieser Stelle sollte vielleicht eine Bemerkung über
den Begriff G e d a n k e n l y r i k eingeschoben werden.
Sie wird oft der sogenannten r e i n e n, der E r l e b -
n i s l y r i k, gegenübergestellt. Das kann zu Mißver-
ständnissen führen, denn auch die Erlebnislyrik ist gedanken-
voll, wie es überhaupt schwierig ist, Gedanken und Gefühle
voneinander zu trennen, so eng sind sie miteinander verwoben[12]. Als Beispiel möge die Situation dienen, wo ein Mensch
im Anblick einer späten Herbstlandschaft im Gedanken an den
kommenden Winter, an Vergänglichkeit[13] und Tod, plötzlich
sehr traurig wird. Lyrisch gestaltet würde das Erlebnislyrik
ergeben. Von Gedankenlyrik sprechen wir hingegen bei mehr
philosophischen, weltanschaulichen Gedankengängen[14]. Der
Unterschied zu einem philosophischen Traktat besteht in der
starken emotionellen Anteilnahme[15] des Dichters an diesen Gedanken, seiner inneren Ergriffenheit[16], die sich oft im
Pathos äußert. Friedrich Schiller ist der bekannteste Dichter

[1]attitutes [2]limit [3]insertions [4]tone of language [5]recited
[6]characteristic mark [7]irrespective of [8]internalization
[9]mood [10]penetrates [11]world of objects [12]interwoven
[13]transitoriness, mortality [14]lines of thought [15]partici-
pation [16]emotional involvement

deutscher Gedankenlyrik. Sein Gedicht "Worte des Glaubens"
(A19) enthält ein aus Schmerz und Jubel geborenes Glaubensbe-
kenntnis[1], das sich ein schweres Leben lang bewährt hat.

Die Gattung Lyrik läßt sich in manche Untergattungen
aufgliedern[2], wobei man nach verschiedenen Gesichtspunkten
verfahren kann. Man kann z.B. vom Thema ausgehen und danach
Kategorien, wie L i e b e s l y r i k, N a t u r l y r i k,
T o d e s l y r i k, K r i e g s l y r i k usw. aufstellen.
Oder man kann sie nach literarischen Perioden, z.B. in
B a r o c k l y r i k, k l a s s i s c h e, r o m a n -
t i s c h e, e x p r e s s i o n i s t i s c h e, z e i t -
g e n ö s s i s c h e L y r i k usw. einordnen[3], oder
nach besonderen Kunstformen wie B a l l a d e, O d e,
G h a s e l, S o n e t t usw.

Im folgenden werden die bekanntesten lyrischen Formen
kurz beschrieben. (Auf ihre literaturgeschichtliche Entwicklung muß in diesem Rahmen verzichtet[4] werden. Solche
Auskunft kann einem Sachwörterbuch leicht entnommen werden.)
Wenn der Name nur eine bestimmte metrische Form bedeutet,
wie beim K n i t t e l v e r s, B l a n k v e r s,
A l e x a n d r i n e r, der S t a n z e oder T e r -
z i n e, werden sie im Kapitel "Metrum" besprochen.

Ein V o l k s l i e d ist ein Lied, dessen Autor unbekannt ist und an dessen Um- und Weiterbildung das Volk
möglicherweise teilgenommen hat. Es wurde als gesungenes
Lied überliefert, bis jemand den Text aufschrieb. Typisch
fürs Volkslied ist sein schlichter[5], anschaulicher[6] Text in
kurzen, meist parataktischen Sätzen. Die Verse sind gewöhnlich
paarweise oder kreuzweise und oft unrein gereimt, und im
Metrum finden sich Unregelmäßigkeiten. Genaueres über den
Bau der V o l k s l i e d s t r o p h e steht im Kapitel
"Metrum".

Beim K u n s t l i e d kennen wir den Autor, und es ist
im allgemeinen bewußter, planvoller und mit größerer Regelmäßigkeit gestaltet. Wenn ein Gedicht in Inhalt, Ton und Form
die Volkslieddichtung nachahmt, sprechen wir von v o l k s -
t ü m l i c h e r Dichtung.

[1]credo [2]substructure [3]classify [4]forgone [5]simple [6]vivid

Eine B a l l a d e (ital. ballata = Tanzlied) hat
ebenso starke oder sogar stärkere epische und dramatische als
lyrische Elemente, denn es wird darin eine handlungsreiche[1]
Geschichte, oft sprunghaft, vorgetragen. Eingeflochtene Rede
und Gegenrede sowie auch der oft tragische Ausgang geben ihr
dramatischen Charakter. Ihre lyrischen Elemente sind umso
stärker, je stimmungsvoller der Vorgang[2] geschildert wird.
Der Form nach gehört die Ballade mit ihren Strophen und Versen eindeutig zur Lyrik. Den meist ernsthaften Stoff holt
sie sich mit Vorliebe aus Geschichte, Sage und Mythos.

Unter O d e (griechisch = Gesang) verstehen wir ein
Gedicht in Strophenform, aber meist ungereimt, das in feier-
lichem[3], erhabenem[4] Ton hohe Gegenstände oder Begriffe besingt, wie Freundschaft, Liebe, Treue und Vaterland, Tugend,
Kunst, Gott und Religion usw. Die Griechen schufen[5] für die
Ode strenge Stophenformen, z.B. die sapphische, alkäische und
asklepiadeische Ode, die teilweise von deutschen Dichtern,
besonders Hölderlin, nachgeahmt[6] wurden. Daneben schufen
sie ihre eigenen Formen. Die H y m n e (griech. "Hymnos" =
feierlicher Lobgesang eines Gottes oder Helden) hat in der
deutschen Literatur so viele Wandlungen[7] durchgemacht, daß
sie weder vom Inhalt noch von der Form her festgelegt werden
kann. Sie unterscheidet sich von der Ode wesentlich nur im
Ton, der im Vergleich zu deren gezügeltem[8] Pathos viel ekstatischer ist. Noch ungezähmter[9] in der Begeisterung und
freier in der Form ist die D i t h y r a m b e (griech.
"dithyrambos"), ursprünglich ein Chor- und Reigenlied, das
bei kultischen Festen den Weingott Dionysus in ekstatischer
Ergriffenheit verherrlichte.

Unter E l e g i e verstand man in der Antike jedes
Gedicht in Distichen (Zweizeiler mit alternierenden Hexametern und Pentametern), ganz gleich welchen Inhalts,
"... die Festlegung[10] auf eine wehmutvolle[11], klagend-
entsagende[12] subjektive Gefühlslyrik geschah erst später,
so daß rein formale Elegien ohne sehnsüchtige Trauer ebenso möglich sind wie stimmungsmäßig[13] echte Elegien ohne Di-
stichen-Form" (Gero v. Wilpert, Sachwörterbuch der Literatur).

[1]rich in action [2]course of action [3]solemn [4]exalted, lofty
[5]created [6]imitated [7]metamorphoses [8]restrained [9]less tamed
[10]fixation [11]melancholic [12]renouncing [13]according to mood

Das S o n e t t (ital. sonetto = Tönchen, kleiner
Tonsatz) ist die wichtigste aus dem italienischen kommende
Gedichtsform von strengem Bau. Es besteht aus zwei Quartetten (2 Strophen von je 4 Zeilen) und 2 Terzetten (2
Strophen von je 3 Zeilen), die ursprünglich nach Silben (11
pro Verszeile) und Reimschema (abba abba cdc dcd) festgelegt
waren, inzwischen aber viele Varianten zulassen. Der symme-
trische Strophenbau fordert zu klarer Gedankenführung[1] auf.
Das 1. Quartett kann die These und das 2. die Antithese
bringen, die dann ihre Synthese in den Schlußterzetten
finden. Oder aber die Quartette formulieren Gleichartiges,
die These, und die Terzette gestalten das kontrastierende
oder einschränkende[2] Aber, die Antithese (Vgl. "Verfall"
A9, "Der Verbannte" A14, "Sonett" A23).

Wie kann man Lyrik interpretieren?

Dieser Frage möchte ich eine andere voranstellen: Warum
beschäftigen wir uns überhaupt mit Lyrik und anderer Dichtung?
Im Fischer Lexikon wird unter "Lyrik" u.a. Sulzer aus dem
Jahre 1775 zitiert:"Es waren lyrische Dichter, von denen man
sagt, daß sie die noch halb wilden Menschen gezähmt und
unwiderstehlich[3] , obgleich mit sanftem Zwange[4] dahin ge-
rissen haben, wohin sie durch keine Gewalt[5] hätten gebracht
werden können.[2])

Von Sulzers Aussage ist der Schritt nicht weit zu
Schiller, der sich wie kein anderer deutscher Dichter mit
der Rolle der Kunst, insbesondere der Dichtung, in der Erziehung des Menschen auseinandergesetzt[6] hat. Selbst als
Schiller nicht mehr an die doppelte Funktion des "delectare
et docere"[7] glaubte, die man der Kunst bisher zugeschrieben[8]
hatte, sondern ihren einzigen Zweck im ästhetischen Vergnügen
sah, behielt sie für ihn die höchste Aufgabe bei der Bildung
des sittlichen[9] , des freien, sich selbst bestimmenden
Menschen,"weil es die Schönheit ist, durch welche man zu der
Freyheit wandert" (Briefe über die ästhetische Erziehung des
Menschen, 2. Brief). Von Jugend an hatte Schiller sich mit
der Unversöhnlichkeit[10] der Ansprüche[11] von Körper und Geist,
von Sinnlichkeit und Sittlichkeit auseinandergesetzt

[1]line of thought [2]limiting [3]irresistably [4]with gentle force
[5]force [6]dealt [7]to entertain and to instruct [8]ascribed [9]moral
[10]irreconcilability [11]demands

("Zwischen Sinnenglück und Seelenfrieden bleibt dem Menschen nur die bange[1] Wahl," aus "Das Ideal und das Leben") und in der Kunst schließlich die Brücke zwischen beiden Polen gefunden. Die Sinne in ästhetischer Aktivität verlieren ihre Erdenschwere, ihre Ruhelosigkeit, wie es ganz ähnlich der Philosoph Schopenhauer erfuhr (Vgl. Die Welt als Wille und Vorstellung),und wir werden frei zu sittlichem Denken. Nur in der Kunst, im Reich des Ideals ("in den heiteren[2] Regionen, wo die reinen Formen wohnen") können wir unsere ideale Persönlichkeit voll entfalten.

Wir brauchen nicht ganz so hoch zu greifen[3], um einen Sinn in der Beschäftigung mit Dichtung zu sehen. Was immer der Mensch tut, außer zur Befriedigung seiner natürlichen Bedürfnisse[4], so scheint es, tut er zum Zwecke[5] des Vergnügens oder im Dienst einer größeren persönlichen Entfaltung und Veredelung[6], wenn er diese für möglich und erstrebenswert[7] hält. Das Hauptziel humanistischer Bildung ist ja immer Selbsterkenntnis[8] und Selbstverwirklichung[9] gewesen. Lassen wir einmal die Möglichkeit der inneren Veredelung durch Beschäftigung mit Dichtung außer Betracht[10] (Schiller würde sie unbedingt bejahen, weil sich der Geschmack[11] leichter als das Herz bilden ließe und ein Mensch mit feinem Geschmack nicht nach groben Vergnügen trachten[12] würde), Vergnügen und größere Selbstentfaltung sind durchaus im Bereich[13] der Möglichkeit.

Das Gefallen an Rhythmus und Klang, sei es in Musik oder Sprache, scheint dem Menschen angeboren, und bei einiger Vorschulung empfinden wir Freude an einem originellen, treffsicheren[14] Wort. Darüber hinaus genießen wir es, wenn in stimmungsvoller[15] Lyrik unsere eigenen Gefühle geweckt oder besser ausgedrückt werden, als wir es können. Für einen Liebenden wird der Dichter zum Sprechorgan seiner eigenen Gefühle. Beim Lesen der Liebesgedichte fühlt er sich bestärkt in seinem Glück oder nicht mehr so allein in seinem Schmerz. Der Leser oder Hörer identifiziert sich mit der lyrischen Aussage.

Die Möglichkeit größerer Selbstentfaltung oder -verwirklichung durch Beschäftigung mit Dichtung beruht auf der

[1]anxious [2]serene [3]reach [4]needs [5]purporse [6]improvement, greater nobility [7]worth striving for [8]self-awareness [9]self-realization [10]disregard [11]taste [12]seek [13]realm [14]well-aimed, striking [15]appealing to the emotions

Konfrontierung mit andersartigen Denk- und Empfindungs-
weisen, mit anderen Lebenshaltungen und -stilen[1]. Der Akt
der Identifizierung ist ja selten vollkommen. Der andere,
über den wir lesen, mag (als eine von vielen möglichen Varianten) in ähnlicher Situation wie wir sein und doch anders
fühlen und handeln. Das kann uns zu denken geben. Jedes
Schicksal, an dem wir innerlich teilnehmen, kann den Hori-
zont unseres eigenen Lebens erweitern. Für die wenigen von
uns, die selbst lyrisch begabt sind und Gedichte schreiben
oder es möchten, ist die Beschäftigung mit Lyrik natürlich
die beste Anregung[2] und Schulung zu eigenem Schaffen[3].

A. VERBALISIERUNG SPONTANER ERSTEINDRÜCKE

Aus diesen Betrachtungen ergibt sich notwendig eine
Haltung der Literaturinterpretation gegenüber. Wenn der Wert
des Gedichtelesens teilweise im Vorgang[4] des Identifizierens
liegt, dann muß es erlaubt sein, subjektiv an das Gedicht
heranzugehen. In der 1. Phase der Interpretationsmethode, die
von mir vorgeschlagen wird, sollen ganz unkritisch spontane
Ersteindrücke formuliert werden. Dabei sind Reaktionen von
den Studenten zu erwarten, die sich umso wesentlicher voneinander unterscheiden werden, je unterschiedlicher ihre soziologische Herkunft[5] ist, durch die die Assoziationen, die sie
mitbringen, notwendigerweise bedingt[6] sind (wozu Heinz Hillmann in einem ungedrucken[7] Aufsatz "Rezeption-empirisch"
einige Statistiken bringt). Dies wird besonders deutlich, wenn
das Gedicht "Leerstellen" hat, d.h. Stellen, wo der Dichter
die Bedeutung offenläßt.

Der Formulierung spontaner Ersteindrücke sollte keinerlei Beschränkung[8] auferlegt[9] werden. Sie kann Beobachtungen,
Lob oder Kritik enthalten und etwa mit Sätzen wie den folgenden beginnen: "Dies Gedicht handelt von ..."—"Es drückt Gefühle der ... aus." -- "Das Gedicht erinnert mich an ..." --
"Ich finde das Gedicht gut, weil ..." -- "Mir gefällt es
nicht, weil ..." usw. Es ist wichtig, daß ein Diskussions-

[1]life attitudes and styles [2]stimulation [3]creativity [4]process
[5]origin, background [6]caused, restricted [7]unprinted [8]restraint
[9]imbued

leiter in diesem Stadium der Interpretation zu allgemeiner Teilnahme ermutigt[1] und sich spontanen Äußerungen gegenüber ganz unkritisch verhält.

Es ist klar, daß die Interpretation mit der Projektion subjektiver Gefühle und Assoziationen nicht abgeschlossen sein kann. Das Kunstwerk, das auf der Harmonie von Gestalt und Gehalt beruht, wäre damit überhaupt nicht erfaßt[2], und ohne die intentionale Bedeutung des Gedichts zu begreifen, wäre es nicht möglich, das subjektive Verständnis vergleichend daneben zu stellen, ohne welchen Vorgang eine Bewußtseinserweiterung[3] mit erhöhtem Selbstverständnis[4] gar nicht möglich wäre.

Die Diskrepanz zwischen der intentionalen Bedeutung des Textes und der individuellen Rezeption nennt Hillmann die interpretatorische Differenz, die seiner Meinung nach folgendermaßen zustande kommt[5]: "Rezeption vollzieht[6] sich als Annahme[7] von Voraussetzungen[8], die im Text nicht gemacht werden (Substitution); als Auswahl eines, Weglassen eines anderen Teils von Voraussetzungen, die im Text gemacht werden (Selektion); als Verbindung der substituierten und der selektierten Voraussetzungen zu einem anderen als dem im Text gegebenen Bedeutungszusammenhang (Deformation). In diesen -- stets natürlich in Wechselwirkung auftretenden -- Momenten zeigt sich die Subjektivität des Rezipienten."

Mit dieser 2. Phase der Interpretation, in der die intentionale Bedeutung des Gedichts, bei gleichzeitiger Würdigung[9] seiner kunstvollen Einheitlichkeit[10] von Form und Gehalt, erschlossen werden soll, beschäftigt sich das vorliegende Buch in der Hauptsache. Gewiß ließe sich darüber streiten, welche Methode dazu am besten geeignet wäre. In Manon Maren-Grisebachs Methoden der Literaturwissenschaft[3)] findet man eine gründliche Beschreibung der bekannt gewordenen Methoden in der Reihenfolge ihrer Entstehung: Die positivistische, die geistesgeschichtliche, die phänomenologische, die existentielle, die morphologische, die soziologische Methode und statistische Methoden. Die soziologische Methode ist in den letzten Jahrzehnten an deutschen Schulen große Mode gewesen,

[1]encourages [2]perceived [3]greater awareness [4]understanding of one's own self [5]arises [6]takes its course [7]assumption [8]presuppositions [9]appreciation [10]uniformity

und doch kehrt man immer wieder zur werk-immanenten Methode,
einem Verfahren innerhalb der phänomenologischen Methode, zurück. Die Überzeugung, daß der Schlüssel zum Verständnis und
zur Würdigung des Kunstwerks im Text selbst zu suchen ist,
daß es dazu keinerlei von außen herangetragener Information
bedarf, hat sich seit Wolfgang Kaysers Buch Das sprachliche
Kunstwerk (1948) weitgehend durchgesetzt[1]. In diesem Sinne
heißt es in Wilperts Sachwörterbuch der Literatur [4)] unter
"Dichtung": "D. schafft eine in sich geschlossene Eigenwelt
von größter Höhe, Reinheit und Einstimmigkeit[2] mit eigenen
Gesetzen, daher ist die einzige ihr adäquate Betrachtungs-
weise eine solche, die sie als selbständiges Kunstgebilde
behandelt[3] und nicht in ihr Spiegelungen[4] des Dichters,
Zeit- und Volksgeists oder einer Weltanschauung sucht." Wie
schon im VORWORT erwähnt, schließe ich mich dieser Überzeugung an. Zusätzliche Information, wenn sie relevant ist,
sollte aber nicht abgelehnt, sondern als Bereicherung begrüßt
und in manchen Fällen sogar gesucht werden.

B. RICHTLINIEN ZUR ANALYSE

I. Inhaltliche Aspekte

Grob gesagt umfassen die inhaltlichen Aspekte das "was"
einer Dichtung, während die formalen Aspekte das "wie" der
Aussage betreffen. Natürlich sind sie im Grunde nicht voneinander zu trennen, besonders in der Lyrik nicht, wo das "was"
der Aussage stark vom "wie" geformt oder überhaupt erst durch
das "wie" geschaffen wird. Wir erlauben uns die Trennung nur
als analytisches Hilfsmittel. In der Interpretationssynthese
müssen beide Aspekte, der Wahrheit entsprechend, wieder ver-
schmolzen[5] sein.

Unter "Inhaltliche Aspekte" fallen Stoff, Motiv, Fabel,
Titel und Gehalt, und die inhaltliche Gliederung[6] wird, weil

[1]has become accepted [2]harmony [3]treats [4]reflections [5]melted,
united [6]structure of contents

es praktischer scheint, gleich im Anschluß daran besprochen, obwohl sie vielleicht unter "Formale Aspekte" gehörte.

1. Der Stoff und seine Quellen[1]

Gäbe es nicht auch erzählende Lyrik, in der ein Vorgang[2] gestaltet wird, so wäre dieses Kapitel bis zum 2. Teil des Buches aufgeschoben[3] worden, denn Stoff ist an Personen, an eine Zeit und Ortsangabe und eine Handlung gebunden, und reine Lyrik hat in dem Sinne keinen Stoff. Da es aber praktischer ist, das Formulieren des Stoffes an Balladen zu üben, die viel kürzer sind als Dramen und Geschichten, beschäftigen wir uns damit schon an dieser Stelle.

Der Stoff ist gleichsam das Material, mit dem der Dichter arbeitet. Das Wort "Rohstoff" wäre in den meisten Fällen nicht ganz zutreffend[4], weil der Stoff, außer wenn es sich um eigene Erlebnisse oder Gedanken des Dichters handelt, schon in einer gewissen Form existiert. Und diese Form selbst hat dann womöglich noch einen Einfluß, wenn der Dichter bewußt eine ganz andere wählt.

Selten entsteht eine Dichtung aus der reinen Phantasie ihres Schöpfers. Gewöhnlich hat er dafür eine Quelle, z.B. eine andere Dichtung, die Bibel, eine Chronik oder andere geschichtliche Quellen in der Form von Tagebüchern, Biographien oder Autobiographien; in Zeitungen, Nachrichten, Gerüchten oder sonstwie Gehörtem. Es ist wahrhaftig kein Zeichen von Phantasielosigkeit oder Mangel an Originalität, wenn der Dichter solche Quellen benutzt. Gibt es doch sowieso kaum noch ein nie dagewesenes Ereignis oder einen noch nie gedachten Gedanken. Höchstens sind neuartige Kombinationen möglich. Der Reiz und der Wert einer Dichtung, die eine bekannte Quelle benutzt, besteht in der neuartigen Gestaltung eines alten Stoffes.

Den Stoff zu formulieren, d.h., eine kurze Inhaltsangabe[5] zu machen, die die Namen der Charaktere einschließt und die Handlung zeitlich und örtlich festlegt, gehört zur Analyse der Interpretation. Aber eine solche Inhaltsangabe erfaßt nicht das künstlerisch Eigenartige[6] der Dichtung, wie

[1]sources [2]event, plot [3]postponed [4]valid [5]summary of contents [6]characteristic , special

schon daraus hervorgeht, daß derselbe Stoff so verschieden gestaltet sein kann. Für die Interpretation ist oft (und das geht natürlich über die werk-immanente Methode hinaus) der Vergleich mit der Quelle oder den Quellen fruchtbar. Wo der Dichter von seiner Quelle abweicht[1], sind seine Intentionen -- und vielleicht ein neuer Zeitgeist[2] -- meistens am klarsten zu erkennen. Man denke z.b. an den beliebten Fauststoff, der zurückgeht auf die historische Figur des Magikers Johann Faust aus dem 15. / 16. Jahrhundert. Angefangen mit dem Volksbuch vom Dr. Faust aus dem Jahre 1587 bis hin zu Thomas Manns Roman Doktor Faustus, hat er viele Wandlungen durchgemacht, die jeweils den sich ändernden Zeitgeist wie auch die persönliche Weltanschauung[3] des Autors reflektieren. Erst mit dem 18. Jahrhundert, dem Zeitalter der Aufklärung[4], als Wissen-Wollen nicht mehr als unfromm und böse galt[5], brauchte Faust wegen seines Pakts mit dem Teufel nicht mehr zur Hölle verdammt zu werden, sondern konnte, weil er sich -- wie in Goethes Version -- immer strebend bemühte, zuletzt doch noch erlöst[6] werden.

Ein anderes Beispiel soll zeigen, wie ein altbekannter Stoff ganz eigenwillig[7] umgedeutet[8] werden kann: der zeitgenössische Schweizer Dichter Max Frisch sieht den berühmten und berüchtigten[9] Verführer[10] Don Juan, der 1630 als literarische Figur zuerst im Drama des spanischen Tirso de Molina auftrat und später von Molière, Goldoni, Byron, Dumas, Merimée und Grabbe neugestaltet und besonders durch Mozarts Oper berühmt wurde, nicht als Abenteurer[11] und Lüstling[12], sondern als Intellektuellen, der seiner Grazie wegen von den Frauen verfolgt wird[13]. Mit der Entdeckung eines überpersönlichen Geschlechtstriebes[14], der Verwechselbarkeit der geliebten Frau[15], hat er seine Geistnatur verhöhnt[16] gefühlt. Treue war damit unmöglich geworden. In Enttäuschung und Wut[17] ließ er sich nun von vielen Frauen verführen, ohne sich wirklich zu geben. Was ihn stattdessen interessierte, war etwas, was verläßlich[18] war und stimmte[19]: Geometrie.

[1]deviates [2]spirit of the age [3]world perception [4]enlightenment [5]was considered [6]redeemed [7]subjectively [8]given a new interpretation [9]notorious [10]seducer [11]adventurer [12]sensualist, debauchee [13]persecuted [14]sexual drive [15]here: of the possible confusion of the beloved woman with another [16]mocked [17]fury [18]dependable [19]was accurate

13

Zusammenfassung:

Der Stoff wird in der Inhaltsangabe umrissen. Er ent-
hält die Personen mit ihren Namen, eine mehr oder weniger
genaue Angabe von Zeit, Ort und Milieu und die Handlung. Der
Stoff geht gewöhnlich auf andere Quellen zurück, was keinen
Mangel an Originalität bedeuten muß. Ein Vergleich mit der
Quelle kann sehr ergiebig für die Interpretation sein.

<u>Aufgabe:</u> Formulieren Sie den Stoff von "Belsazar" A1, "Edward"
A2, "Des Sängers Fluch" A4.

2. Das Motiv

Wie das im täglichen Sprachgebrauch bekannte Wort "Motiv",
das "den Antrieb[1], die bewegende Ursache[2] zu einer Handlung"
bedeutet, geht auch der literaturwissenschaftliche Begriff
auf das neulateinische "motivus = antreibend" zurück. Damit
ist hier aber die Bewegung gemeint, die zur Bildung wie zur
Auflösung[3] des Motivs führt.

Beim Lesen kritischer Literatur unseres Jahrhunderts
ist man überrascht und verwirrt[4], wie oft das Wort "Motiv"
unter verschiedener Bedeutung angewendet wird. Einmal steht
es für "Thema", ein anderes Mal für "Idee", dann wieder für
"kleinste Stoffeinheit." Im <u>Fischer Lexikon</u> (S. 400 - 408)
wird die Geschichte des literaturwissenschaftlichen Begriffs
"Motiv" mit seinen verschiedenen Auslegungen[5] aufgezeigt,
aus welcher Darstellung aber auch hervorgeht, daß sich eine
Bedeutung als Schema einer typischen Situation mehr und mehr
durchgesetzt hat. Ein Blick in andere Poetiken und Sach-
wörterbücher bestätigt das.[5])

In Wolfgang Kaysers <u>Sprachlichem Kunstwerk</u> findet sich
eine genaue Formulierung dieser Auffassung[6], die sich als
Hilfsmittel zur literarischen Interpretation als besonders
fruchtbar erwiesen hat: "Das Motiv ist eine sich wiederholende, typische und das heißt also menschlich bedeutungsvolle

[1]motivation [2]cause [3]dissolution [4]confused [5]interpretations
[6]view [7]meaningful

14

Situation. In diesem Charakter als Situation liegt es begründet, daß die Motive auf ein Vorher und Nachher weisen. Die Situation ist entstanden, und ihre Spannung[1] verlangt nach einer Lösung. Sie sind somit von einer bewegenden Kraft, die letztlich ihre Bezeichnung als Motiv (Ableitung von <u>movere</u>) rechtfertigt[2]"(S. 60).

Man findet also das Motiv, wenn man ein Geschehnis aller stofflichen Festlegungen[3] entkleidet[4] und es somit als allgemeine Situation formuliert, die sich bei verschiedenen Menschen und Völkern, zu verschiedenen Zeiten und unter ganz anderen Umständen[5] immer wiederholen kann. Das macht sie typisch menschlich bedeutungsvoll. Schon der Titel von Gottfried Kellers Erzählung "Romeo und Julia auf dem Dorfe" verrät, daß hier ein altbekanntes Motiv, nämlich das Motiv der Liebe zwischen Kindern verfeindeter Eltern, in ganz neuer stofflicher Einkleidung wiederbelebt[6] werden soll: hier erleiden[7] Jahrhunderte später Bauernkinder aus der Schweiz ein ähnliches Schicksal[8] wie das durch Shakespeare berühmt gewordene Liebespaar italienischen Adels[9].

Nicht weil sich die Motivforschung im Bereich des Märchens als am ergiebigsten herausgestellt hat -- man entdeckte dieselben Motive in den Märchen verschiedener Völker und erkannte ihre Vielzahl als eine immer neue Kombination einer mehr oder weniger begrenzten Anzahl von beliebten Motiven -- sondern aus praktischen Erwägungen[10] soll hier zunächst am Märchen das Verständnis für das Wesen des Motivs geschult[11] werden, denn man darf wohl die Kenntnis zumindest der Grimmschen Märchen im deutschen Sprachraum voraussetzen[12], deren beliebteste auch im Ausland bekannt sind. Z. B. fallen uns ohne Schwierigkeiten ein paar typische Situationen zu "Hänsel und Gretel" ein, die, auf ihr Schema[13] reduziert, etwa so formuliert werden können: Eine Stiefmutter[14] mißhandelt die Kinder ihres Mannes. -- Kinder verirren sich. -- Zwei Geschwister lieben sich und helfen einander. -- Tiere helfen Menschen (die Ente bringt die Kinder über den großen Teich). -- Arme Leute werden reich. -- Das Böse wird bestraft.

Zu jedem dieser Motive fallen uns sofort auch andere Geschichten ein, vor allen Dingen Märchen, weil sich diese

[1]tension [2]justifies [3]fixations [4]strips [5]circumstances [6]revived [7]suffer [8]fate [9]nobility [10]considerations [11]trained [12]presupposed [13]pattern [14]stepmother [15]abuses

Motive besonders für die Gattung "Märchen" eignen. Ich lasse eine Reihe von typischen Märchenmotiven folgen unter der Angabe einiger Titel: Das schon eben erwähnte Motiv der bösen Stiefmutter taucht u.a. in den allgemein bekannten Märchen "Brüderchen und Schwesterchen," "Aschenputtel[1]," "Schneewittchen," und "Die drei Männlein im Walde" auf. Das Motiv der Geschwisterliebe herrscht auch u.a. in "Brüderchen und Schwesterchen" und in "Die sieben Raben" vor. In vielen Märchen wird ein Mensch durch Hexerei[2] oder Verwünschung[3] in ein Tier verwandelt wie in "Brüderchen und Schwesterchen," "Schneeweißchen und Rosenrot," "Der Froschkönig," "Das singende, springende Löwenäckerchen," "Der Rabe," "Die sieben Raben," "Der Eisenhans" usw. Damit gekoppelt[4] tritt oft das Motiv der Erlösung[5] durch einen Menschen reinen und unerschrockenen Herzens auf. Daß Tiere sprechen, ist uns aus "Rotkäppchen," "Der getiefelte Kater," "Tischlein deck' dich," "Aschenputtel," "Schneeweißchen und Rosenrot," "Die drei Federn," "Das singende, springende Löwenäckerchen" und aus vielen anderen bekannt. In "Frau Holle," "Die Sterntaler," "Die goldene Gans" und "Die drei Männlein im Walde," um nur einige zu nennen, wird ein armes, aber unschuldiges und mitleidiges Kind durch übernatürliche Kräfte belohnt. Als Zug[6] damit verbunden -- wobei Zug hier die in einem Punkte gleiche stoffliche Ausfüllung des Motivs bedeutet -- ist dies oft ein von der Familie mißhandeltes und ausgestoßenes Kind. In "Die goldene Gans" muß der Dummling mit einem mit Wasser und Asche gebackenen Kuchen und saurem Bier in die Fremde[7], während seine Brüder mit Eierkuchen und Wein versorgt sind, und in "Die drei Männlein im Walde" muß die arme Stieftochter im Papierkleid, nur mit Wasser und hartem Brot versehen[8], im winterlichen Wald Erdbeeren suchen, während ihre Stiefschwester im Pelzmantel und mit feinstem Proviant[9] ausgerüstet[10] ein Abenteuer sucht.

Balladen bieten eine andere praktische Möglichkeit, sich im Erkennen von Motiven zu üben, ohne erst viel Lesestoff bewältigen[11] zu müssen, denn Balladen bringen eine Geschichte, einen Vorgang in kürzester Form. Tatsächlich kann man durchs Formulieren des Zentral- oder Kernmotivs einer Ballade einen glücklichen Sprung mitten in die Interpretation hinein machen. Sehen wir uns dazu Heines "Belsazar" A1 an.

[1]Cinderella [2]witchcraft [3]curse [4]linked [5]freeing [6]feature
[7]away from home [8]provided [9]food supply [10]provided [11]finish

Ohne gleich entscheiden zu wollen, welches das Zentralmotiv ist, nämlich jenes Motiv, das die wesentlichste, die
im Mittelpunkt stehende Situation einer Dichtung auf eine
schematische Formel bringt, sammeln wir zunächst alle Motive
in chronologischer Reihenfolge, d.h., wir schälen[1] die
nacheinander in der Ballade vorkommenden typischen Situationen heraus.

Die ersten sechs Zweizeiler schildern die Ausgangs-
situation: "Ein König und sein Gefolge feiern ein lautes
Fest, auf dem viel getrunken wird" (1. M o t i v). Die
nächsten sieben Strophen schildern die Wirkung des Weins auf
den König. Schematisch formuliert: "Ein Mann lästert Gott"
(2. M o t i v). Man könnte in diesen selben vierzehn
Zeilen auch noch den Tempelraub als typische Situation iso-
lieren. Sie ist aber aufs engste mit dem eben genannten
Motiv verbunden: der Tempelraub dient hier nur zur Gotteslästerung[2]. Strophen 14-19 veranschaulichen[3] die Wirkung der
lästerlichen Taten und Werke auf ihre Urheber[4]: "Jemand
fürchtet sich vor den Folgen seines Verbrechens" (3. M o -
t i v). Hiermit eng verknüpft[5], ist die menschlich bedeutungsvolle Situation der "Angst des schlechten Gewissens vor über-
natürlichen Zeichen" (4. M o t i v). Die beiden Motive fallen
aber nicht unbedingt zusammen, weil König und Knechte schon
vor dem Erscheinen der Feuerschrift an der Wand von tödlicher
Angst ergriffen wurden. Die letzten beiden Strophen enthalten
je eine wiederholbare Situation: "Übernatürliche Zeichen ent-
ziehen[6] sich der Deutung" (5. M o t i v) und "Knechte er-
schlagen ihren Herrn" (6. M o t i v).

Die zentrale, alles bewegende Situation läßt sich un-
schwer erkennen: Sie wird durch das Trinkgelage vorbereitet
und den Mord durch die eigenen Knechte abgeschlossen: das
Motiv der Gotteslästerung ist zweifellos das Zentralmotiv.
Das Gedicht handelt von menschlicher Hybris[7] (griechisch =
Überheblichkeit) von frevelhaftem Hochmut, den die Götter
nicht ungestraft lassen. Das war ein besonders in der Antike
beliebtes Thema.

An dieser Stelle scheint es angebracht, eine kurze Klärung des Terminus "Thema" einzuschalten, weil er so oft mit
dem Begriff "Motiv" verwechselt oder gleichgesetzt wird.
Wolfgang Kayser, der sich auch auf ältere Poetiken beruft,

[1]unpeal [2]blasphemy [3]demonstrate [4]creators [5]tied up [6]escape
[7]arrogance

sagt: "Das Motiv ist das Schema einer konkreten Situation; das Thema ist abstrakt und bezeichnet als Begriff den ideellen Bereich, dem sich das Werk zuordnen läßt" (S. 62). Hinter der konkreten Situation, in der ein Mensch Gott lästert, verbirgt sich das Phänomen der menschlichen Überheblichkeit[1], die in unendlich verschiedenen Erscheinungsformen im Leben wie in der Dichtung auftritt. In der Natur des Themas als eines abstrakten Begriffs liegt die Tatsache begründet, daß die Klärung des Themas meistens viel weniger aufschlußreich für die Interpretation ist als die des Motivs, weil das Thema oft nur das allzu Allgemeine benennt. Während z. B. bei Romeo und Julia die Formulierung des Zentralmotivs (Liebe von Kindern verfeindeter Eltern) mit wenigen Worten die wichtigsten Charaktere, ihre Konstellation zueinander und ihre Gefühle füreinander umreißt, weckt das Thema "Liebe" oder "tragische Liebe" nur recht unbestimmte Gefühle. Das beliebte Märchenmotiv der bösen Stiefmutter bezeichnet vielmehr als die dazugehörigen Begriffe Neid, Mißgunst und Boshaftigkeit. Ebenso erweckt ein Motiv des gegenseitigen Lebenschenkens, das Gottfried Keller in seiner Novelle "Dietgen" gestaltet und das auch oft im Märchen zu finden ist, viel genauere Vorstellungen[2] in uns als das Wort "Dankbarkeit", das immerhin die Idee hinter dem Geschehen erhellt.

Es muß zwar nicht immer so sein, aber ein lyrisches Gedicht kommt ohne Stoff im eigentlichen Sinne wie auch ohne äußere Vorgänge aus. Oft sind das lyrische "Ich", wie das lyrische "Du" und "Wir" weder zeitlich noch örtlich, ja, noch nicht einmal vom Charakter oder Geschlecht her festgelegt. Das Gedicht kann reiner Ausdruck einer Stimmung sein, die überzeitlich ist und allgemein empfunden werden kann. Natürlich sind diese Stimmungen oft an bestimmte, aber wiederholbare Umstände gebunden, wie an eine Mondnacht, einen Frühlingsmorgen, an einen Aufenthalt im fremden Land, an unerfüllbare Liebe oder Kummer[3] um einen verlorenen Menschen. In jener Lyrik, wo Sein statt Werden, Zuständlichkeit[4] statt Handlung gestaltet wird, ist solch ein ein Erlebnis auslösender[5] wiederkehrender Umstand oder typischer Anlaß das l y r i s c h e   M o t i v selbst. Ich zitiere Wolfgang Kayser: "Man spricht tatsächlich auch bei der Lyrik von Motiven. Als solche nennt man z. B. das Stömen des Flusses, das Grab, die Nacht, der Sonnenaufgang, der Abschied u. s. f."

[1]arrogance, haughtiness [2]pictures of mind [3]grief [4]condition, situation [5]starting

Damit es freilich echte Motive sind, müssen sie als bedeutsame Situationen erfaßt sein. Ihr Über-Sich-Hinausweisen besteht nun nicht in einer handlungsmäßigen Fortführung der Situation, sondern darin, daß sie einer menschlichen Seele zum Erlebnis werden und in ihren Schwingungen[1] sich innerlich fortsetzen." [6]

Es gibt demnach viele Gedichte mit demselben Motiv. Wie oft sind allein die vier Jahreszeiten besungen worden! Die Motivforschung befaßt sich daher besonders gern mit vergleichenden Studien, die verschiedenste und ähnliche Durchgestaltungen desselben Motivs nebeneinanderhalten. Für unsere Interpretationszwecke ist die bloße Feststellung des lyrischen Motivs, wenn es auch nur den typischen Anlaß zu einem inneren Erlebnis nennt, nicht sehr ergiebig. Der Anlaß ist meistens offensichtlich und wird dazu noch häufig im Titel angekündigt. In dieser Phase der Analyse scheint es angebracht, das Grundgefühl des erlebenden Ichs zu klären. Wir würden es als typische Situation des Empfindens formulieren. Wenden wir uns praktischen Beispielen zu.

Der Anlaß zu dem Überschwang[2] der Gefühle in Goethes "Maifest" (A6) ist ein festlicher Maitag. Vielleicht um zu vermeiden, daß der Leser an ein Volksfest im Mai denkt, hat Goethe 1789 bei der ersten Ausgabe seiner gesammelten Werke das Gedicht in "Mailied" umbenannt[3]. Man erwartet also eine Frühlingsstimmung. Sie unterscheidet sich von unzähligen anderen: der festliche Maitag läßt einen liebenden Menschen die vollkommene Harmonie zwischen Mensch und Natur erleben.

Marie-Luise Kaschnitz' "Geduld" (A6) ist eine Gestaltung des Kriegsmotivs ("Blut und Tränen tränken[4] rings die Erde "), aber die Frage nach seiner seelischen Gestimmtheit setzt das Gedicht sofort von solcher Kriegsdichtung ab[5], die die kämpfenden und sterbenden Helden besingt oder sich religiös-philosophischen Betrachtungen über die Vergänglichkeit der Welt hingibt[6]. Hier schreit ein gequältes[7] Herz nach dem Ende des allgemeinen Leids und ringt[8] vergeblich um Geduld.

Selbst bei Gedichten, deren Titel nicht den Anlaß, sondern den damit verbundenen seelischen Zustand andeuten, kann man mit der präziseren Fixierung des Grundgefühls etwas Wesentliches, Individuelles treffen, das es von anderen Ge-

---

[1]vibrations [2]ecstasy [3]renamed [4]soak [5]sets off [6]devotes itself to [7]tortured [8]struggles

dichten mit demselben lyrischen Motiv unterscheidet. Die Gedichte "Heimweh" von Eichendorff (A7), "Heimweh" von Ricarda Huch (A7) und "Vereinsamt" von Nietzsche (A8) gestalten alle drei das Motiv der Fremde. Das lyrische Ich hält sich in jedem Falle fern der Heimat auf und leidet an Einsamkeit und Heimweh. Und doch ist da ein Unterschied: Das Heimweh in Eichendorffs Gedicht betrifft vor allen Dingen die Trennung von der Geliebten. Mit ihr zusammen könnte man die Fremde ertragen[1]. Der Anblick der Sterne und der Gesang der Nachtigall halten die Erinnerung an sie wach. Auch bei Ricarda Huch wird als erstes die Trennung vom Freund beklagt, aber nur in einer einzigen Verszeile. Drei Stophen (oder zwölf Verszeilen) dagegen beklagen einen akustischen Verlust: Das Rauschen der heimatlichen Wälder. Bei Nietzsche wird das Leid um den Aufenthalt in der Fremde vom Nahen des Winters verursacht. Fern der Heimat ist der Wanderer seiner Strenge und Öde schutzlos[2] ausgesetzt[3]. Bei Eichendorff und Nietzsche ist der Aufenthalt in der Fremde freiwillig, bei Ricarda Huch, wie aus der ersten Zeile hervorgeht, erzwungen[4]: "Aus der Heimat verbannt" heißt es da.

Obwohl es hier nicht um eine Übung des Vergleichs motividentischer Gedichte geht, sei noch ein Beispiel aufgeführt, wo bei zwei Gedichten trotz unserer detaillierteren Formulierung des lyrischen Motivs in diesem Teilaspekt der Analyse gar kein Unterschied sichtbar wird. "Verfall"[5] von Georg Trakl (A9) und "Die Sonnenuhr" von Friedrich Georg Jünger (A9) behandeln beide den Herbst. Nach anfänglicher selbstvergessener Hingabe an den Reichtum und die Klarheit des Herbstes, stellt sich plötzlich das schmerzliche Wissen um Vergänglichkeit und Tod ein. Die dennoch erheblichen[6] Unterschiede im Wesen beider Gedichte würden natürlich in einer umfassenden Interpretation deutlich hervortreten, bei der alle mitgestaltenden Elemente wie Klang und Rhythmus, Wort- und Bildwahl, Syntax und Struktur, auf ihren Stimmungsgehalt hin abgehorcht werden. Schon die Titel verraten einen Unterschied. Das Wort "Verfall" ist mit viel mehr Negativität geladen als die zum Symbol der Vergänglichkeit[7] werdende Sonnenuhr.

In unserem Raster würden die eben besprochenen Gedichte unter L Y R I S C H E S   M O T I V etwa so aufgenommen

[1]bear [2]without protection [3]exposed [4]forced [5]decay
[6]considerable [7]transitoriness

20

werden:

"Maifest" (Goethe): Festlicher Maitag. Erlebnis der
Einheit des liebenden Menschen mit der Natur.

"Geduld" (Kaschnitz): Krieg. Schrei nach dem Ende
des allgemeinen Leids.

"Heimweh" (Eichendorff): In der Fremde. Sehnsucht
nach der Heimat, wo die Geliebte ist.

"Heimweh" (Huch): In die Fremde verbannt. Sehnsucht
nach dem Rauschen der heimatlichen Wälder.

"Verfall" (Trakl): Herbst. Nach anfänglicher, selbstvergessener Freude plötzliche Todesgewißheit.

"Die Sonnenuhr" (Jünger): Herbst. Nach anfänglicher,
selbstvergessener Freude plötzlich Todesgewißheit.

Zusammenfassung:

Ein M o t i v ist eine menschlich bedeutungsvolle,
wiederholbare, daher typische Situation. In der Dichtung kann
also dasselbe Motiv in verschiedener stofflicher Einkleidung
und Kunstform auftreten, d.h., die Umstände, die zur selben
typischen Situation führen, die handelnden oder leidenden Personen und die zeitliche und örtliche Fixierung können sehr
unterschiedlich sein, und dasselbe Motiv kann in verschiedenen literarischen Gattungen auftreten. Es könnte z. B.
ein Adeliger oder auch ein armer Bauernsohn gewesen sein,
der seinen Bruder ermordet hat, er könnte es aus Neid oder
Eifersucht oder sogar irrtümlich getan haben, es könnte
gestern oder in tiefster Vergangenheit geschehen sein und in
jedem Fall ganz andere Folgen gehabt haben. Während es zum
Stoff oder zur Inhaltsangabe von "Macbeth" z. B. heißen würde,
daß Macbeth im 11. Jahrhundert in Schottland seinen König
Duncan und seinen Schlachtgefährten und Freund Banquo umbringt,
um selbst König zu werden und zu bleiben, so würde man das
Motiv ganz kurz etwa so formulieren: "Jemand ermordet seinen
König und seinen eigenen Freund, um selber an die Macht zu
kommen."

Das Z e n t r a l m o t i v ist in einem Handlungsge-

21

füge[1], wie es in einem Drama, einer Novelle, einer Ballade
usw., gestaltet wird, das zentrale Geschehen, die wichtigste
Situation, auf die alles hinarbeitet[2]. In reiner Lyrik gibt
es kein Zentralmotiv, weil die Handlung fehlt. Wir sprechen
dann vom l y r i s c h e n M o t i v . Es drückt aus,
wie jemand in seiner Situation empfindet. Etwa so: "Eine
Mutter weint untröstlich am Grabe ihres Kindes." "Jemand ist
erfüllt von jungem Liebesglück." "Jemand sehnt sich nach
seiner Mutter." -- "Ein Heimatloser fürchtet sich vor dem
Winter."

Aufgabe I: Bestimmen Sie das Zentralmotiv von "Edward" (A2),
"Des Sängers Fluch" (A4), "Archibald Douglas" (A10).

Aufgabe II: Bestimmen Sie das lyrische Motiv von "Abendlied"
(A12), "Mondnacht" (A13), "Die schlesischen Weber (A13),
"Der Verbannte" (A14).

3. Der Titel

Nicht jedes Gedicht hat einen Titel. Titel für Lyrik
wurden überhaupt erst während des Humanismus üblich, und
manche Dichter verzichteten bewußt darauf, vielleicht weil
man in einer Zeit, da eine skizzenhafte, fragmentarische
Form dem modernen Geist eher angemessen scheint, nicht mehr
an den Wert eines formvollendeten, in sich geschlossenen
Kunstwerks glaubt. Dennoch trägt die überwiegende Zahl
selbst der zeitgenössischen Gedichte einen Titel, den wir bei
der Interpretation nicht übersehen dürfen.

Nicht, daß der Titel für das Verständnis des Gedichts
immer relevant wäre. In den meisten Fällen erfüllt er nur die
Funktion, den Hörer oder den Leser in irgendeiner Weise auf
das Kommende vorzubereiten. Er kann die Situation des lyrischen Sprechers nach Zeit und Ort bestimmen ("Morgenan-
dacht," "Abendständchen," "An einem ersten blauen Frühlings-
tag," "Am Ende des Sommers," "Herbstanfang," "Auf dem See,"
"Am grauen Strand," "Im Moose"), er kann die Empfindung statt
des Anlasses bei Namen nennen ("Heimweh," "Selige Sehnsucht,"
"Trost," "Weltschmerz," "Rastlose Liebe," "Trübsinn"), er
kann bei Gedichten, wo es um ein Ideelles geht, das Thema an-

[1]structured plot [2]aims at

geben ("Das Ideal und das Leben," "Das Göttliche," "Die
Größe der Welt," "Verfall," "Dauer im Wechsel," "Das menschliche Alter") oder einen Adressaten nennen ("An Belinden,"
"An meinen ältesten Sohn," "An die Deutschen," "An die Nach-
geborenen," "An Schwager Kronos"). Der Titel kann die Form
statt des Inhalts bezeichnen ("Sonett," "Spruch") oder, was
häufiger vorkommt, die Bezeichnung der Situation mit der der
darstellenden Form verbinden ("Fühlingslied," "Herbstlied,"
"Sommergesang," "Winterliche Stanzen," "Winterpsalm," "Kriegs-
lied," "Oktoberlied," "Ballade des äußeren Lebens," "Terzinen I. über Vergänglichkeit"). Ein Gedicht, das ein Geschehen
darstellt, nennt im Titel oft die handelnden oder leidenden
Personen ("Belsazar," "Edward," "Der König in Thule," "Twe
Künigeskinner," "Gorm Grymme," "Lenore"). Am alleroffensicht-
lichsten ohne Notwendigkeit zum Verständnis für das Gedicht
sind Titel, die mit dem Gedichtsanfang identisch lauten (Vgl.
"Still zu wissen ... " von Georg Britting oder "O weiter,
weiter Abend" von Georg Heym). Damit soll aber nicht behauptet werden, daß sie in jedem Falle, außer zur Bezeichnung des
Gedichts, überflüssig wären. In Karl Krolows Gedicht "Drei
Orangen, zwei Zitronen" wird der Titel nicht nur am Anfang
der ersten, sondern auch in jeder zweiten Strophe wiederholt. Ähnlich klingt der Titel von Heinrich Lerschs "Wir
Werkleute all" wie ein Leitmotiv in jeder Strophe an. Der
Titel ist hier durch die Emphase bereits mehr als eine Du-
plizierung des Gedichtanfangs. In Johannes Bobrowskis Gedicht "Immer zu benennen," hat der Titel noch schwereres Gewicht, obwohl auch er mit der ersten Verszeile identisch ist:
das Immer-Benennen-Müssen der Dinge ist die zentrale Aussage des Gedichts.

Es gibt aber auch Gedichte, die ohne ihren Titel unvoll-
ständig und oft sogar unverständlich wären. Darunter fallen
fast ausnahmslos die   R o l l e n g e d i c h t e .   Darin
leiht der Dichter sein empfindendes "ich" einer anderen Person, die im Titel genannt wird. Er schlüpft also wie ein
Schauspieler in eine Rolle und spricht aus Charakter und
Situation eines anderen, der uns oft aus der Geschichte, der
Mythologie oder der Literatur bekannt ist. Als Beispiel seien
Goethes "Prometheus" (A15), Fontanes "Archibald Douglas (A10)
und "Der Pilgrim vor St. Just" und "Tristan" von August von
Platen genannt. Der Dichter kann sich aber auch zum Sprecher
von irgendeinem Menschen in typischer Situation machen wie
z. B. in Mörikes "Das verlassene Mägdlein," in Goethes "Der
Bräutigam," in Richard Dehmels "Der Arbeitsmann" (A16) und
in C. F. Meyers "Chor der Toten."

Wohl nicht als Gruppe, aber einzeln gibt es nicht wenige Gedichte, bei denen man zum vollständigen oder doch sofortigen Verständnis des Gedichts auf den Titel angewiesen ist. Dazu einige Beispiele:

Nietzsches schon im vorigen Kapitel erwähntes Gedicht "Vereinsamt" (A8) deutet nur im Titel darauf hin, daß der Wanderer, der offenbar freiwillig die Heimat verlassen hat, unter Mangel an Gesellschaft leidet. Er, der in diesem Gedicht Zwiesprache mit sich wie mit dem "Du" hält, will es vor sich selbst vielleicht nicht zugeben, daß er Sehnsucht nach Menschen, vielleicht von ihm geliebten und verlassenen Menschen, hat. Er klagt nur über die Öde und Kälte des sich ankündigenden Winters, aber der Titel, der nicht zum Selbstgespräch gehört, verrät ihn.

Bei Goethes Gedicht "An den Mond" (A17) käme das dreimal in der Verbform enthaltene "du" ganz unvorbereitet und könnte nur mittels eines hier störenden Denkvorgangs aus der ersten Zeile erschlossen werden. Etwa so: "Was kann Busch und Tal mit Nebelglanz erfüllen? Autos mit Scheinwerfern[1] gab es zu Goethes Zeiten noch nicht. Aha, der Mond." Ähnlich wichtig ist der Titel bei Eichendorffs "Mondnacht." Auch hier wird der Mond, der doch die besondere Stimmung schafft, im Text nicht erwähnt. Nur den Blütenschimmer[2] gäbe es nicht ohne ihn.

Der Titel in Hans Magnus Enzensbergers "an alle fernsprechteilnehmer" hat eine ganz eigene Funktion. Das Gedicht ist nicht etwa ein Rundbrief der Telefongesellschaft an ihre Kunden. Im ganzen Gedicht findet sich überhaupt nur ein Wort, das mit dem Phänomen des Fernsprechens irgendwie in Verbindung gebracht werden kann, nämlich "verstärkerämtern"[3]. Es geht im Gedicht um die tödliche Umweltverschmutzung. "Fernsprechteilnehmer" bedeutet hier p a r s p r o t o t o wohl so viel wie "Nutznießer technischer Anlagen, Bürger eines automatisierten Zeitalters." Ihr, die ihr telefoniert und somit auch Auto fahrt und mit Elektrizität und Gas beleuchtet, kocht, wascht und heizt, Geschirr wascht, Zähne putzt, Dosen und Türen öffnet, mischt, schlagt, zermahlt und zerkleinert und tausend andere Dinge maschinell erledigt, will der Dichter sagen, ihr seid verantwortlich für das Sterben der Tiere und unsere eigene langsame, aber unaufhaltbare Vergiftung.

[1]headlights [2]gleam of blossoms [3]amplifyer stations

Ein anderes Gedicht, um noch ein letztes Beispiel zu geben, käme ohne seinen Titel gar nicht aus. Es ist so kurz, daß es hier abgedruckt werden kann:

Mit einer Kranichfeder[1]
(Heinz Piontek)

Dein harscher Ton.

Am Kehllaut[2] erkenn ich
die Schönheit.
Die Partisanin.

Erhell mein
hinterlistiges[3] Herz.

Schwarz auf weiß.

Hier schreibt jemand, für den Dichten ein Akt der Selbsterkenntnis ist, wie in alten Zeiten mit dem Kiel[4] einer Vogelfeder.

Bei der Analyse ist es also ratsam, über die Funktion des Titels nachzudenken und das Ergebnis der Überlegungen in Stichworten auf dem Raster festzuhalten. Z.B. so:

"Heimweh" (Eichendorff)
TITEL: Gibt Grundstimmung

"Das Ideal und das Leben" (Schiller)
TITEL: Gibt das Thema an

"An die Deutschen" (Hölderlin)
TITEL: Dichter richtet seine Worte an ein bestimmtes
       Volk

"Belsazar" (Heine)
TITEL: Nennt Hauptperson und deutet Bibel als Quelle an

"O weiter, weiter Abend" (Heym)
TITEL: Identisch mit Gedichtsanfang

[1]crane feather [2]throaty sound [3]fickle [4]quill

"Archibald Douglas" (Fontane)
TITEL: Douglas ist der Sprecher = Rollengedicht

"Vereinsamt" (Nietzsche)
TITEL: Wichtig! Verrät im Text nicht offenbartes Grundgefühl

"An den Mond" (Goethe)
TITEL: Wichtig: einzige Identifizierung des lyrischen
"du"

"Mondnacht" (Eichendorff)
TITEL: Gibt das Motiv an. Mond nicht im Text erwähnt

"an alle fernsprechteilnehmer" (Enzensberger)
TITEL: Dichter wendet sich "pars pro toto" an Menschen
einer automatisierten Welt

"Mit einer Kranichfeder" (Piontek)
TITEL: Wichtig. Einziger Schlüssel zum Verständnis
des lyrischen "du"

Interpretationstexte lassen sicht oft günstig mit der Betrachtung des Titels beginnen.

Aufgabe: Untersuchen Sie die Funktion des Titels von drei
Gedichten Ihrer Wahl.

4. Der Gehalt

Der Gehalt[1] einer Dichtung ist die Summe der darin enthaltenen Ideen. Dabei sind einige Ideen (oder auch nur eine
einzige) meist mehr im Vordergrund als andere, und diese
Hauptideen müssen in der Interpretation hervorgehoben[2] werden.

Bis zum 18. Jahrhundert, als man von der Dichtung erziehe-
rischen Einfluß erwartete, war der Gehalt, die Botschaft[3], oft
moralischer Natur. Man konnte oft leicht ein "du sollst ..."
oder "du sollst nicht ..." aus den Worten des Dichters heraus-
lesen. Noch Gottsched, in der Mitte des 18. Jahrhunderts, ver-

[1]contents, message [2]stressed [3]message

26

langte, daß jedes Drama um einen guten moralischen Satz gebaut sei. Meistens aber, und besonders in späterer Dichtung, sind die Ideen weniger aufdringlich[1].

Bei dem Bemühen, den Gehalt zu formulieren, fragen wir ganz schlicht[2], welche Ideen oder Gedanken hinter dem Geschehen stehen. Sehen wir uns daraufhin noch einmal Heines "Belsazar" an. Der König feiert mit seinen Knechten ein Fest und wird im Alkoholrausch[3] so übermütig[4], daß er goldene Gefäße[5] aus dem Tempel holen läßt, aus einem heiligen Becher trinkt und Gott lästert. Aber jetzt, auf dem Höhepunkt seines betrunkenen und sündigen Lärmens, erschrickt er zu Tode, und auch die Knechte, die ihm bisher zugejubelt[6] haben, verstummen vor Schreck. Die darauf an der Wand erscheinenden magischen Zeichen verschlimmern ihr Grauen[7]. Keiner der herbeigerufenen Magier kann die Zeichen deuten[8], und Belzasar wird in derselben Nacht von seinen Knechten umgebracht[9]. Unerbittlich[10] wächst ein Geschehen aus dem anderen. Der Zusammenhang von alkoholischem Rausch, von Übermut, Freveltat[11], Lästerung[12] und Reue[13] ist deutlich. Wie sehr es Heine auf diesen Zusammenhang ankam[14], wird offensichtlich, wenn man seine Ballade mit ihrer Quelle, Daniel 5, aus der Bibel vergleicht. Dort steht nicht eindeutig, daß Belsazar vom Wein berauscht war, sondern nur, daß er das Holen der heiligen Gefäße befahl, während er Wein schmeckte. In der Bibel wird Belsazar auch nicht so übermütig, daß er Jehova lästert, sondern er vergißt ihn nur, während er die Götter des Goldes feiert, und Schrecken und Reue überfallen den biblischen König erst, als die unheimlichen Zeichen erscheinen. Eine weitere Idee scheint Heine wichtig zu sein, zumal sie nicht in der Quelle vorgezeichnet ist: die vorher mit ihm gelärmt und gejubelt haben, bringen ihn in derselben Nacht um. Das bedeutet verallgemeinert: die knechtische[15] Seele unterwirft[16] sich der Macht, bis sich eine stärkere zeigt. Dann verläßt sie die erste und tötet sie sogar, um sich von ihrem Tun zu distanzieren und der anderen damit zu gefallen. Noch eine Idee, die einem moralischen Satz fast gleichkommt, läßt sich aus der Ballade ablesen: Gott läßt sich nicht lästern. Diese Ideen sind deutlich da in Heines Ballade, auch ohne Vergleich mit der Quelle. Der Vergleich aber bestärkt ihre

[1]obtrusive [2]simply [3]drunkenness [4]presumptious, arrogant [5]vessels [6]shouted their support [7]horror [8]interpret [9]killed [10]inevitably [11]misdeed [12]blasphemy [13]repentance [14]was important [15]servile [16]submit, yield

Wichtigkeit.

Nicht immer sind des Dichters Ideen so eindeutig. (Vgl. "Edward" (A2)). Wir wissen, daß Edward auf Rat seiner Mutter den Vater umgebracht hat. Warum er es getan hat, wissen wir nicht. Handelt es sich hier um einen Oedipuskomplex? Deutlich als Ideen hinter dem Geschehen sind die gefährliche Selbstsucht[1] der Mutter und eine zu enge Bindung des Sohnes an sie. Erst nach der fürchterlichen Tat verflucht[2] und verläßt er sie.

In handlungsloser Lyrik -- abgesehen von moderner Lyrik, deren Symbolik oft schwer zu enträtseln[3] ist -- liegt der Gehalt gewöhnlich offener zutage[4], denn da geht es ja allein um die Gestaltung von Stimmungen, Gefühlen und Gedanken. Eichendorffs "Heimweh" hat gleich am Anfang eine Art "message": "Wer in die Fremde will wandern, /Der muß mit der Liebsten gehn,"; Goethe liebt es, seine lyrischen Gedichte mit einer großen Idee abzuschließen, vgl. die Schlußstrophe von "An den Mond" (A17) oder die zwei Schlußzeilen von "Willkommen und Abschied" (A18). Weitere Beispiele wären "Dauer im Wechsel" und "Rastlose Liebe".

Zusammenfassung:

Die in einer Dichtung klar ausgedrückten oder mehr oder weniger verborgenen Ideen machen ihren Gehalt aus. Nicht immer ist er eindeutig. Er kann absichtlich -- wie bei vielen modernen Kurzgeschichten und Gedichten -- verschleiert[5] sein und viel Raum zu subjektiver Interpretation lassen. Der Gehalt bietet sich manchmal in Form einer Aufforderung oder eines moralischen Satzes an ("Du sollst im Leben Maß halten"), aber gewöhnlich als Einsicht[6] oder Beobachtung (z. B.: "Im Rausch wird der Mensch leicht übermütig und tut etwas, was er später bereut" oder "Gott läßt sich nicht lästern").

Aufgabe: Schreiben Sie ein paar Sätze über den Gehalt von "Maifest" (A6), "Archibald Douglas" (A10) und "Der Arbeitsmann" (A16)

[1]selfishness [2]curses [3]unriddle [4]more obvious [5]veiled, hidden [6]insight

28

5. Inhaltliche Gliederung

Sowohl Stoff als auch Gehalt sind Aspekte des Inhalts. Es lohnt sich gewöhnlich zu untersuchen, wie der Dichter diesen Inhalt gegliedert[1] hat. Da ein Gedicht meistens in Strophen geschrieben ist, fragt man sich also u.a., wie er den Stoff oder die Gefühle, Stimmungen, Gedanken und Ideen auf die verschiedenen Strophen verteilt[2] hat. Wieviel Raum er dabei z. B. einer Idee (einem Gefühl, einer stofflichen Einheit[3] usw.) im Vergleich zu einer anderen gegeben hat, kann sehr aufschlußreich[4] über ihre relative Wichtigkeit sein.

Relevante Fragen, die man sich bei dieser Untersuchung stellen kann, sind etwa: 1) Sind äußere und innere Gliederung identisch, d. h., entsprechen[5] neue Strophen neuen Gefühlen, Gedanken, Erlebnissen, Zeiteinheiten usw.? Oder ist die strophische Gliederung ganz willkürlich[6] gemacht, d. h., ohne die Struktur des inneren oder äußeren Vorgangs widerzuspiegeln? 2) Gibt es Strophensprünge?, d. h. bricht die Strophe mitten im Satz ab, der erst in der nächsten Strophe beendet wird? Das äußerliche Kennzeichen ist dabei ein Komma oder gar kein Satzzeichen am Ende der Strophe. Viele Strophensprünge in einem Gedicht würden bedeuten, daß innere und äußere Struktur nicht identisch sind. 3) Ist das Gedicht durch Wechsel von Zeitformen[7] oder veränderte Sprechhaltung[8] mehrschichtig[9]? Zeitformen wechseln, wenn der Dichter sich zwischen Gegenwart und Vergangenheit, vielleicht auch noch in der Zukunft bewegt. Die Sprechhaltung ändert sich z. B., wenn er vom Bericht[10] zur Anrede[11] oder zum Dialog und von dort vielleicht zur Reflexion übergeht.

Das Vorhergehende[12] soll an drei Gedichten demonstriert werden.

"Der Arbeitsmann" (A16)

Das Gedicht ist in drei gleichgebauten Strophen geschrieben, die in einem flüssigen Kehrreim[13] (s. Kapitel "Klang") enden, der jeweils das Thema der Strophe angibt.

[1]structured [2]distributed [3]unit [4]revealing [5]correspond [6]arbitrarily [7]tenses [8]mode of speech [9]multi-layered [10]report [11]address [12]the preceding [13]refrain

I. "Um so frei zu sein ..." II. "Um so schön zu sein ..."
III. "Um so kühn zu sein ..." In Strophe I redet er seine
Frau an ("Mein Weib"), in II sein Kind ("Mein Kind") und in
III sein Volk ("Wir Volk"). Strophe I handelt vom Alltag, II
vom Sonntag und III von der erhofften Zukunft ("Gewitterwind" ist symbolisch für Revolution). Das Gedicht ist streng
gebaut mit klarer Identität von innerer und äußerer Gliederung: I. Freiheit / Werktag / "Mein Weib" II. Schönheit /
Sonntag / "Mein Kind" III. Kühnheit / Zukunft / "Wir Volk".
Die Sprechhaltung bleibt dieselbe, nämlich Anrede. Von der
Zeit her gesehen kann man es vielleicht als mehrschichtig
ansehen, weil in der letzten Strophe die Zukunft angedeutet
wird.

"Der Verbannte" (A14)

Das Gedicht ist in zwei vierzeiligen und zwei dreizeiligen Strophen geschrieben, ist also ein Sonett. Daß die
zwei Terzette inhaltlich[1] zusammengehören, wird schon durch
das Komma zwischen ihnen auffällig[2]. Es geht in beiden darum,
wie trostlos[3] und verlassen und ausgestoßen[4] sich ein aus der
Heimat Verbannter fühlt, wenn der Werktag zu Ende ist, und
die zwei Terzette bilden die Antithese zu den ersten beiden
Strophen, die auch zusammengehören. In ihnen werden das
Glück und der Friede des Feierabends[5] in der Heimat geschildert[6]. Es ist beim Sonett üblich, daß die beiden Terzette
inhaltlich zusammengehören. Die Quartette können wie in
diesem Gedicht auch zusammengehören oder dialektisch zu-
einanderstehen.

"An den Mond" (A17)

Das Gedicht hat neun gleichgebaute Strophen, aber
innere und äußere Gliederung sind nicht miteinander identisch, was schon äußerlich an den vielen Strophensprüngen
zu erkennen ist. Einer inneren Gliederung nach ist das Gedicht vierteilig: I und II, durch Zeilensprung verbunden,
enthalten die Anrede an den Mond. Strophen III, IV und V gestalten die Klage über die Vergänglichkeit[7]. VI und VII
(Zeilensprung!) reden den Fluß an, und VIII und IX (Zeilensprung!) bringen den Trost. Das Gedicht ist mehrschichtig
-- ein G e d i c h t   d e r   d o p p e l t e n   E b e n e[8]

[1]regarding content [2]apparent [3]unconsolably [4]kicked out
[5]afterwork hours [6]depicted [7]transitoriness [8]poem on two
levels

würde Kayser es nennen --, denn es wechselt von der Gegenwart (I - IV, 2) in die Vergangenheit (IV, 3 - V, 4) und
zurück in die Gegenwart (VI - IX). Außerdem wechselt die
Sprechhaltung von Anrede (I, II, IV, 1; VI, III) zu lyrischer Aussage (III, IV, 2 - V, 4) und Reflexion (VIII - IX).

Aufgabe: Lesen Sie noch einmal den Beginn dieses Kapitels
und untersuchen Sie dann die inhaltliche Gliederung von
"Die Worte des Glaubens" (A19), "Mondnacht" (A13), "Abendlied" (A12) und "Archibald Douglas" (A10).

II. Formale Aspekte

1. Der Klang

Der Klang eines Wortes ist nichts Äußerliches, Unwesentliches[1], sondern er schafft zusammen mit dem begriff-
lichen oder bildlichen Ausdruck den eigentlichen Gehalt[2] des
Wortes. Das gilt für Prosa wie für Lyrik, aber der Dichter
von Versen arbeitet viel bewußter mit dem Klang, der wie der
Rhythmus entscheidend dazu beiträgt, die besondere Stimmung
sinnlich zu machen.

Die kleinsten Klangeinheiten[3] sind die Vokale und Konsonanten. Bei der Klanganalyse spricht man von h e l l e n
und d u n k l e n V o k a l e n und von h a r t e n und w e i c h e n
K o n s o n a n t e n. Die in der vorderen Mundhöhle[4] entstehenden und daher hellen Vokale erscheinen im deutschen
Alphabet in kurzer oder langer, offener oder geschlossener
Form als e, i, ä, ö, ü oder als Doppellaute ei = ai und
eu = äu. Die in der hinteren Mundhöhle entstehenden dunklen
Vokale sind a, o, u und der Doppellaut au. Unter den Konsonanten gelten die stimmlosen[5] Verschlußlaute[6] p, t, k wie
die stimmlosen Affrikate pf, ts, z, tsch und die stimmlosen
Reibelaute[7] f, s, sch, ch, h als hart. Die stimmhaften[8] Verschlußlaute b, d, g wie die stimmhaften Reibelaute w oder

[1]unessential [2]contents, meaning [3]sound units [4]oral cavity
[5]voiceless [6]stops [7]fricatives [8]voiced

v (wie Vase), das s vor Vokalen und das j werden als weich
empfunden, ebenso wie die Nasale m, n, ng und die Liquida
l und r.

Vorwiegend helle Vokale in Verbindung mit weichen Konsonanten sind dazu geeignet, eine freundliche Stimmung mit-
zuschaffen. In Verbindung mit harten Konsonanten dagegen
können sie sehr unangenehm wirken. Dunkle Vokale in der Überzahl verstärken den Ausdruck der Klage, Sehnsucht oder Trauer,
aber es kommt wieder sehr auf die Verbindung mit den Konsonanten an. Die Wörter "mitschaffen" und "verstärken" sollen
unmißverständlich deutlich machen, daß der Klang allein keine Stimmung schafft, sondern nur zusammen mit der gewöhnlichen
Bedeutung der Wörter. Es muß auch betont werden, daß eine Feststellung wie die, daß harte Konsonanten mit hellen Vokalen
eine unangenehme Atmosphäre schaffen können, notwendigerweise
eine grobe Verallgemeinerung[1] ist. Es kann z. B. auch darauf
ankommen, ob die Konsonanten Verschlußlaute oder z. B. Zisch-
laute[2] (eine Unterkategorie von Affrikaten und Reibelauten)
sind. Die Aufgabe des Interpreten ist es, darauf zu horchen,
auf welche Weise der Klang an der jeweiligen Stimmung mit-
wirkt.

Außer der Wortwahl zur Bevorzugung[3] gewisser Vokale und
Konsonanten stehen dem Dichter viele andere Klangmittel zur
Verfügung. Er kann mittels O n o m a t o p o e i a (Lautmalerei) Laute in der Natur nachahmen. Jede Sprache hat
gebräuchliche Verben, die den Versuch einer solchen Lautmalerei reflektieren, im Deutschen z. B. knistern, rascheln,
rauschen, zischen, blöken. Dichter erfinden oft noch ihre
eigenen Wörter hinzu.

Es lispeln und wispeln die schlüpfrigen Brunnen,
Von ihnen ist diese Begrünung gerunnen.
Sie schauren, betrauren und fürchten bereit
Die schneeichte Zeit.
(Aus Johann Klajs "Landschaft")

Lautmalerei kann noch durch A l l i t e r a t i o n
anderer in der Nähe stehender Wörter verstärkt werden.

Rausche, Fluß, das Tal entlang,
Ohne Rast und Ruh,
(Aus Goethes "An den Mond")

[1]generalization [2]sibilants [3]preference

Alliteration bedeutet, daß zwei oder mehrere nahe beiein-
anderstehende Wörter in ihrer Stammsilbe den gleichen Anlaut haben. Viele Redensarten sind durch Alliteration klanglich gebunden, z. B. Herz und Hand, Kind und Kegel, Haus
und Hof, Mann und Maus.

Die Alliteration als Klangfigur ist ein Überbleibsel[1]
des altgermanischen S t a b r e i m v e r s e s. Seine
Langzeile besteht aus zwei Kurzzeilen. Zwei Hauptbetonungen
in der 1. Kurzzeile staben (alliterieren) untereinander
und mit gewöhnlich nur einer Haupthebung, meistens der
ersten, der 2. Kurzzeile.

      Hiltibrant gimahalta   -- her uuas heroro man,
      ferahes frotoro --,   her fragen gistuont
                              (Aus dem "Hildebrandslied")

In den Stabreimversen konnten auch Vokale alliterieren, und
zwar alle untereinander:

      ibu du mir einan sages   ih mir de andre uueiz,

Die A n a p h e r (griech. anaphora: Beziehung,
Zurückführung) ist eine beliebte Stilfigur, die der Emphase
und klaren Gliederung dient. Dasselbe Wort oder dieselbe
Wortgruppe kehrt am Anfang zweier oder mehrerer Verse, Sätze
oder Satzteile wieder.

      Anders sein und anders scheinen,
      Anders reden, anders meinen, ...
                  (Aus F. v. Logau "Heutige Weltkunst")

Die E p i p h e r (griech. epiphora = Herzubringung, Zu-
gabe) ist gleichsam eine umgekehrte Anapher. Dasselbe Wort
oder dieselbe Wortgruppe kehren am Ende mehrerer Verse,
Sätze oder Satzgruppen wieder. Gottfried August Bürgers
Ballade "Lenore" ist reich an Anaphern und Epiphern:

      O Mutter! Was ist Seligkeit?
      O Mutter! Was ist Hölle?
      Bei ihm, bei ihm ist Seligkeit
      Und ohne Wilhelm Hölle! --

[1] leftover

Das populärste dichterische Klangmittel ist der
R e i m, spezifisch der E n d r e i m , der seit Otfried
von Weißenburgs Evangelienharmonie, um 870 nach dem Vorbild[1] lateinischer Hymnen geschrieben, an Stelle des Stab-
reims getreten ist. Endreim bedeutet den Gleichklang eines
Wortes oder einer Wortfolge von dem letzten betonten Vokal
an, z. B. "Mann - kann, Sonne - Wonne, bester - läßt er,
gleitende - schreitende." Wenn der Reim im Gleichklang der
Vokale oder Schlußkonsonanten ungenau ist, z. B. bei Paaren,
wie "grüßt - wißt, Leute - Weite, schön - sehn, Zweig - Gesträuch," sprechen wir von u n r e i n e m R e i m. Das
ist aber nicht notwendigerweise ein negatives Urteil über
seine Qualität. Große Lyriker, wie Goethe und Heine, ver-
wenden ihn häufig, und ihre Verse scheinen dadurch besonders farbig. Dagegen wird ein r ü h r e n d e r R e i m,
bei dem zwei Wörter verschiedener Bedeutung von dem letzten betonten Konsonanten an gleichklingen, wie bei "Wirt -
wird" oder keinen Konsonanten vor dem letzten betonten Vokal haben wie bei "ist - ißt", als fehlerhaft empfunden.
Wenn die Wörter aber gleiche Bedeutung haben, also Wiederholungen sind, sprechen wir von einem i d e n t i -
s c h e n R e i m, wodurch gleichzeitig eine Epipher entsteht, die, wie schon erwähnt, als Mittel der Emphase eine
legitime Funktion hat. Die A s s o n a n z bedeutet Gleichklang nur der Vokale von der letzten betonten Silbe, z. B.
"War - kamst, spinnen - wimmeln, brachten - waltest." Sie
ist in ihrer klanglichen Wirkung nicht deutlich genug,
macht wenig Vergnügen und hat sich deshalb in der germanischen Dichtung nicht durchgesetzt.

Reime werden nach ihrer Silbenzahl unterschieden. Wenn
sich nur eine Silbe am Ende des Verses reimt, ist der Reim
m ä n n l i c h oder s t u m p f (Bach - wach). Ein zwei-
silbiger Reim heißt w e i b l i c h oder k l i n g e n d
(lachten - brachten), und ein dreisilber, der relativ selten
vorkommt, wird g l e i t e n d (singende - klingende) genannt.

Weiter werden Reime nach der Art ihrer Anordnung unterschieden. Wenn sich die erste mit der zweiten Verszeile
reimt, die dritte mit der vierten, usw., haben wir einen
P a a r r e i m (Reimschema aabbccdd ...), wenn sich die
erste mit der dritten und die zweite mit der vierten Vers-

[1]model, pattern

zeile reimen usw., einen K r e u z r e i m (ababcdcd). Ein
großer Teil der volkstümlichen Dichtung ist in Paar- oder
Kreuzreimen geschrieben. Reimen sich die Zeilen eins mit
vier und zwei mit drei, so bilden sie einen u m a r m e n -
d e n Reim (abba). Beim v e r s c h r ä n k t e n Reim
durchkreuzen sich die Reime (abcabc oder abcbca). Er ist
verhältnismäßig rar. Der K e t t e n r e i m (aba bcb cdc
oder aba cbc dcd) erscheint in den Terzetten von Sonetten
und in Terzinen. Der S c h w e i f r e i m, die Verbindung
von einem Paarreim mit einem umarmenden Reim (aabccb oder auch
abbacc) ist in sechszeiligen Strophen häufig anzutreffen,
oft auch die Verbindung von zwei Kreuzreimen mit einem Paarreim (ababcc). Überhaupt gibt es viele Mischungen von Reim-
anordnungen, die ohne besonderen Namen geblieben sind. Von
H a u f e n r e i m spricht man, wenn mehr als zwei aufeinanderfolgende Verszeilen sich miteinander reimen. Er ist
nicht populär und kann leicht ermüdend wirken, kann aber
auch meisterhaft angewendet werden wie in dem Beispiel weiter
unten.

Hier folgen Beispiele mit dem Reimschema hinter den
Verszeilen. Weibliche Reime sind unterstrichen und unreine
Reime mit einer Schlangenlinie gekennzeichnet.

Paarreim:

Schönheit dieser Welt vergehet,	a
Wie ein Wind, der niemals stehet,	a
Wie die Blume, so kaum blüht	b
Und auch schon zur Erde sieht,	b
Wie die Welle, die erst kömmt	c
Und den Weg bald weiter nimmt.	c
Was für Urteil soll ich fällen?	d
Welt ist Wind, ist Blum und Wellen.	d

(Friedrich von Logau, Bruchstück)

Kreuzreim:

Lieblich war die Maiennacht,	a
Silberwölklein flogen,	b
Ob der holden Frühlingspracht	a
Freudig hingezogen.	b

(Aus Nikolaus Lenau "Der Postillion")

Umarmender Reim:

Sei dennoch unverzagt. Gib dennoch unverloren,   a
Weich keinem Glücke nicht. Steh höher als der Neid. b
Vergnüge dich an dir, und acht es für kein Leid,   b
Hat sich gleich wider dich Glück, Ort und Zeit
                          verschworen.   a

(Aus Paul Fleming "An sich")

Verschränkter Reim:

Ich habe meine Zeit in heißer Angst verbracht!   a
Dies lebenlose Leben   b
Fällt, als ein Traum entweicht,   c
Wenn sich die Nacht begeben   b
Und nun der Mond erbleicht.   c
Doch mich hat dieser Traum nur schreckenvoll
                      gemacht.   a
(Aus Andreas Gryphius "Dimitte me! Ut plangam
Paulum dolorem meum!")

Kettenreim:

Noch spür ich ihren Atem auf den Wangen: a
Wie kann das sein, daß diese nahen Tage   b
Fort sind, für immer fort, und ganz vergangen?   a

Dies ist ein Ding, das keiner voll aussinnt   c
Und viel zu grauenvoll, als daß man klage: b
Daß alles gleitet und vorüberrinnt ...   c

(Aus Hugo v. Hofmannsthal "Terzinen")

Schweifreim:

In allen meinen Taten   a
Laß ich den Höchsten raten,   a
Der alles kann und hat;   b
Er muß zu allen Dingen,   c
Soll's anders wohl gelingen,   c
Selbst geben Rat und Tat.   b

(Aus Paul Fleming "Nach des VI. Psalmens Weise")

Haufenreim:

> Augen, meine lieben Fensterlein,   a
> Gebt mir schon so lange holden Schein,   a
> Lasset freundlich Bild um Bild herein: a
> Einmal werdet ihr verdunkelt sein!   a
>
> (Aus Gottfried Keller "Abendlied". Vgl. die weiteren
> Strophen (A12))

Der häufigst gebrauchte Reim ist zwar der Endreim,
aber es gibt noch andere Formen. Bei einem S c h l a g -
r e i m folgen zwei sich reimende Wörter direkt aufeinander, z. B. "Quellende, schwellende Nacht," (Anfang von Hebbels "Nachtlied"). Der Schlagreim ist eine Form des B i n -
n e n r e i m s, bei dem ein Wort oder beide der sich reimen-
den Wörter im Versinnern stehen. Besonders beliebt in Volks-
und Kirchenliedern, aber auch in nicht volkstümlicher Literatur angewendet, ist der f e s t e oder f l ü s s i g e
K e h r r e i m oder R e f r a i n. Ein fester Kehrreim
bedeutet die wörtliche Wiederkehr einer oder mehrerer Verszeilen am Ende jeder Strophe, wie das "Röslein, Röslein,
Röslein rot, Röslein auf der Heiden" in Goethes bekanntem
"Heidenröslein." Vgl. auch Heine "Die schlesischen Weber"
(A13). Beim flüssigen Kehrreim findet sich, dem Inhalt der
jeweiligen Strophe angepaßt, eine klare Abänderung. Vgl.
Dehmel "Der Arbeitsmann" (A16).

Zusammenfassung:

Der Klang wirkt an der lyrischen Aussage[1] entscheidend
mit. Dem Dichter stehen verschiedene Klangmittel zur Verfügung:
1) Wortwahl zum Zwecke der Bevorzugung von bestimmten Vokalen (hellen oder dunklen) und Konsonanten (harten
   oder weichen).
2) Klangfiguren wie O n o m a t o p o i e a (Lautmalerei),
   A l l i t e r a t i o n (zwei oder mehrere betonte
   Silben beginnen mit dem gleichen Anlaut), A n a p h e r
   (Wiederholung eines Wortes oder einer Wortgruppe am Anfang des Verses) und E p i p h e r (umgekehrte Anapher: die Wiederholungen stehen am Ende).

[1]lyrical contents

3) <u>Reimformen</u>
   a) nach der Stellung im Vers: E n d r e i m und
      B i n n e n r e i m (Anfangsreim kommt sehr selten
      vor).
   b) nach der Qualität: r e i n e Reime (völliger
      Gleichklang vom letzten betonten Vokal an), u n -
      r e i n e Reime (ein geringfügiger lautlicher Unter-
      schied in den Vokalen oder Schlußkonsonanten),
      r ü h r e n d e Reime (völliger Gleichklang auch
      der Konsonanten bei unterschiedlicher Bedeutung der
      Wörter), i d e n t i s c h e Reime (Gleichklang
      vom letzten betonten Konsonanten an bei identischer
      Bedeutung der Wörter) und die A s s o n a n z, die
      kein eigentlicher Reim mehr ist, weil nur die Vokale
      von der letzten Hebung an gleichlauten.
   c) nach der Silbenzahl: m ä n n l i c h e r oder
      s t u m p f e r Reim (einsilbig), w e i b l i c h e r
      oder k l i n g e n d e r Reim (zweisilbig) und
      g l e i t e n d e r Reim (dreisilbig).
   d) nach Zueinanderordnung: P a a r r e i m (aabbccdd),
      K r e u z r e i m (ababcdcd), u m a r m e n d e r
      Reim (abba), v e r s c h r ä n k t e r Reim (abc-
      abc oder abcbca), K e t t e n r e i m (aba bcb
      oder aba cbc dcd ...), H a u f e n r e i m (aaa...),
      S c h w e i f r e i m (aabccb oder aabbacc). Es
      gibt natürlich auch reimlose Verse (s. Kapitel
      "Metrum").

<u>Aufgabe:</u> Untersuchen Sie die Gedichte "Abendlied" (A12),
"Willkommen und Abschied" (A18) und "Wiegenlied" (A20) auf
den Klang hin:
a) Ist die Bevorzugung bestimmter Vokale und Konsonanten
   deutlich? Mit welcher Wirkung?
b) Welche Klangfiguren finden Sie? Was bewirken diese?
c) Unterstreichen Sie weibliche Reime und ziehen Sie eine
   Schlangenlinie unter unreine Reime. Markieren Sie das
   Reimschema. Was für ein Reim ist es? Ist er schlicht oder
   kompliziert, und wie paßt das zum Text des Gedichts?

2. Das Metrum

1. Taktarten

     Das Metrum (griech. "metron"), das Maß eines Verses
oder auch sein Takt, das durch die schematische Anordnung

der Silben bestimmt wird, ist nicht dasselbe wie der Rhythmus. Das Metrum gibt dem Rhythmus nicht mehr als eine Grundstruktur. Es ist einem Stück Stramin[1] vergleichbar, das man mit unterschiedlichen Stichen[2] und in ungleichen Abständen besticken[3] kann.

In der antiken Dichtung wurden Silben als entweder lang (‒) oder kurz (ᴗ) gemessen, wobei zwei kurze Silben als genau so lang galten wie eine lange. Lang war eine Silbe, die entweder einen langen Vokal oder zwei aufeinanderfolgende Konsonanten hatte. Bei der Nachahmung antiker Versmaße in der germanischen Dichtung wurden die Silben nicht quantitativ, sondern qualitativ gemessen, d.h., eine betonte Silbe oder H e b u n g (╱) entsprach einer langen und eine unbetonte Silbe oder S e n k u n g (ᴗ) entsprach einer kurzen Silbe der antiken Dichtung.

Ein T a k t (in der antiken Verslehre V e r s f u ß genannt) ist die metrische Einheit von einer Hebung bis zur nächsten. Vier Taktarten der antiken Dichtung eigneten sich zur Nachahmung in germanischen Sprachen:

Der Jambus: einer Senkung folgt eine Hebung (ᴗ ╱)

z. B. Gesicht

Der Trochäus: umgekehrt wie beim Jambus kommt die Hebung zuerst (╱ ᴗ) z. B. gestern

Der Anapäst: eine Hebung folgt zwei Senkungen (ᴗ ᴗ ╱) z. B. wiederholt

Der Daktylus: umgekehrt wie beim Anapäst kommt die Hebung zuerst (╱ ᴗ ᴗ) z. B. Apfelbaum

Das Metrum eines Gedichts zu bestimmen heißt s k a n d i e r e n. Manche Leute hören beim Lesen einer einzigen Verszeile sofort das Metrum heraus. Für alle anderen gibt es einfache Hilfsmittel:

1) Wir markieren alle natürlich betonten Silben mit einem doppelten Akzentzeichen (//). Wir beginnen dabei mit mehrsilbigen Wörtern. In ihnen liegt der Akzent fest, während

[1]canvas, grid [2]stitches [3]embroider

einsilbe Wörter im Metrum sowohl Hebungen als auch Senkungen
sein können. (In der Regel tragen zweisilbige und dreisilbi-
ge deutsche Wörter den Akzent auf der ersten Silbe, z. B.
heute, geben, Gartenzaun, Weihnachtsbaum. Schwache Vorsilben
werden aber nie betont, z. B. zerbrochen, entzwei, betont.
Viersilbige Wörter haben eine Betonung auf der ersten und
eine etwas schwächere auf der dritten Silbe. Beide gelten im
Metrum als Hebung, z. B. Ansichtskarte. Oft (in Versen mit
regelmäßigem Wechsel von Hebung und Senkung immer) wird
auch die dritte Silbe eines dreisilbigen Wortes zur Hebung,
z. B. Liebestraum. Beim Einzeichnen der Akzente kümmern wir
uns nicht darum, was bei einem guten Gedichtsvortrag betont
werden sollte -- das ist eine später zu behandelnde Frage
des Rhythmus --, sondern wir zeichnen die Akzente über allen
mehrsilbigen Wörtern ein.

Jetzt wickelt sich der Himmel auf,

Jetzt bwegen sich die Räder,

Der Frühling rüstet sich zum Lauf,

Umgürt' mit Rosenfeder.

O wie so schön, wie frisch und kraus

Wie glänzend Elementen!

(Anfang von "Lob Gottes" von Friedrich von Spee)

2) Wir versuchen, mit Hilfe der festgelegten Akzente das
Metrum oder den Takt, d.h., den regelmäßigen Wechsel von
betonten und unbetonten Silben, also von Hebungen und
Senkungen, zu erkennen. Am leichtesten ist es, wenn zwei
oder mehrsilbige Wörter direkt aufeinanderfolgen, wie bei
"Frühling rüstet ... Umgürt' mit Rosenfeder ... glänzend
Elementen ..." Da wird das Schema sofort erkennbar, denn
zwischen den Hebungen befindet sich regelmäßig eine Senkung.

3) Vorwärts und rückwärts von den festgelegten Akzenten aus-
gehend, zeichnen wir nun denselben Wechsel von Hebungen und
Senkungen (hier abwechselnd eine Hebung und eine Seknung)
über allen anderen Versen ein.

⏑ ∥ ˘ ╱ ⏑ ∥╱⏑ ╱
Jetzt wickelt sich der Himmel auf,

⏑ ∥ ⏑ ╱ ⏑ ∥╱⏑
Jetzt bewegen sich die Räder,

⏑ ∥╱⏑ ╱ ⏑ ╱ ⏑ ╱
Der Frühling rüstet sich zum Lauf,

⏑ ∥ ⏑ ∥ ⏑∥⏑
Umgürt' mit Rosenfeder.

⏑ ╱ ⏑ ╱ ⏑ ╱ ⏑ ╱
O wie so schön, wie frisch und kraus

⏑ ∥ ⏑ ∥⏑∥ ⏑
Wie glänzend Elementen!

(Wir stellen fest, daß sich alle Wörter in dieses Metrum
fügen, ohne daß die Regeln der natürlichen Betonung verletzt
werden. Wenn das Metrum den natürlichen Tonfall vergewal-
tigt[1], oder anders gesagt, wenn durch natürliche Betonung des
Wortes das Metrum durchbrochen wird, sprechen wir von einer
T o n b e u g u n g . Viele Tonbeugungen in einem Gedicht
würden den Rhythmus stören und wären ein Zeichen dichte-
rischer Ungeschicklichkeit[2]. Aber eine vereinzelte und beabsichtigte Tonbeugung kann sehr effektvoll sein, indem sie
das aus dem Metrum herausfallende Wort stark hevorhebt,
z. B. am Anfang von C. F. Meyers Gedicht "Der römische
Brunnen":

╱ ⏑ │⏑ ╱ │ ⏑ ╱│ ⏑ ╱│
Aufsteigt│ der Strahl│und fallend gießt│

⏑ ╱│ ⏑ ∥ │⏑ ╱∥⏑ │
Er voll│ der Marmorschale Rund,│

Das Gedicht ist durchweg in Jamben geschrieben. Nur das
erste Wort fällt aus dem Metrum. "Auf-" als trennbare Vor-
silbe trägt die natürliche Betonung (Aufsteigt) und muß beim
Vortrag auch so gelesen werden.

4) Als letztes zeichnen wir die Taktstriche ein und zählen
die Takte. Wenn die Verszeilen eines a l t e r n i e r e n-
d e n Takts (abwechselnd eine Hebung und eine Senkung)
regelmäßig mit einer Senkung beginnen wie in diesem Falle,
dann ist das Metrum eindeutig jambisch, und wir machen den
Taktstrich <u>nach</u> jeder Hebung.

[1]violates [2]awkwardness

41

Jetzt wickelt sich der Himmel auf

Jetzt bewegen sich die Räder,

Der Frühling rüstet sich zum Lauf,

Umgürt' mit Rosenfeder.

Die Taktzahl ist identisch mit der Zahl der Hebungen.
Wir haben also in den Verszeilen dieses Gedichts abwechselnd
vier und drei Takte mit einer überzähligen Senkung (man
könnte auch sagen, daß hier die letzte Hebung fehlt) in
jeder zweiten Zeile.

Es folgen Beispiele der anderen drei Taktarten:

Laß, o Welt, o laß mich sein!

Locket nicht mit Liebesgaben,

Laßt dies Herz alleine haben

Seine Wonne, seine Pein!

(Anfang von "Verborgenheit" von Eduard Mörike)

Die betonten Silben der mehrsilbigen Wörter, für die der Akzent festliegt, sind zur Erleichterung des Skandierens
wieder mit einem Doppelakzent markiert worden. Dies ist ein
vierhebiger Trochäus, bei dem in der ersten und vierten Zeile
die letzte Senkung fehlt. Wenn im letzten Takt des Verses,
auch K a d e n z genannt, die Senkungen nur teilweise oder
gar nicht verwirklicht sind, sprechen wir von einem k a t a -
l e k t i s c h e n oder unvollständigen Vers.

Sie nahen, sie kommen, die Himmlischen alle,

Mit Göttern erfüllt sich die irdische Halle.

(Aus "Dithyrambe" von Friedrich von Schiller)

Diese Verse sind im vierhebigen Daktylus mit A u f t a k t
geschrieben. Auftakt nennt man eine oder mehrere unbetonte
Silben vor der ersten Hebung. Jambische und anapästische

Verse beginnen also regelmäßig mit einem Auftakt, aber auch trochäische und daktylische Verse können mit einem Auftakt beginnen. Die eben zitierten Verse sind allerdings im Ohr reine Daktylen, denn der Auftakt ersetzt die fehlende Senkung (katalektischer Vers) am Ende des vorigen Verses. Das ist bei Auftakten oft der Fall, und bei Gedichten ist der Klang entscheidend, nicht das Schriftbild.

Muß i denn, muß i denn zum Städtele hinaus ...

Wenn i komm, wenn i komm, wenn i wieder wieder komm,

Kehr i ein, mein Schatz, bei dir.

Dieses Volkslied beginnt in fast jeder Verszeile mit zwei Anapästen (Zeile zwei hat drei und Zeile drei hat nur einen), geht dann aber in andere Takte über. Anapäste erscheinen nur in Mischung mit anderen Metren. Auch Daktylen sind in reiner Form nicht oft anzutreffen.

Die Bestimmung des Metrums wäre einfach, wenn nicht so viele Variationen im Eingang der Verszeile und ihrer Kadenz möglich und üblich wären. Sind Verse wie die folgenden:

Noch einmal wagst du, vielbeweinter Schatten,

Hervor dich an das Tageslicht,

oder

Noch einmal wagst du, vielbeweinter Schatten,

Hervor dich an das Tageslicht,

(Anfang von "Triologie der Leidenschaft" von Goethe)

nun jambisch oder trochäisch mit Auftakt? fragt der Anfänger in der Kunst des Skandierens oft ganz verwirrt. Und beginnen die folgenden nicht mit einem Jambus, gefolgt von Anapäst statt mit Auftakt und Daktylus?

Wir Toten, wir Toten sind größere Heere

Als ihr auf der Erde, als ihr auf dem Meere!

43

oder

$$\breve{\text{Wir}} \mid \acute{\text{To}}\text{ten}, \text{ wir} \mid \acute{\text{To}}\text{ten} \text{ sind} \mid \acute{\text{grö}}\text{ße}\breve{\text{re}} \mid \acute{\text{Hee}}\text{re} \mid$$

$$\breve{\text{Als}} \mid \acute{\text{ihr}} \text{ auf } \breve{\text{der}} \mid \acute{\text{Er}}\text{de}, \text{ als} \mid \acute{\text{ihr}} \text{ auf } \text{dem} \mid \acute{\text{Mee}}\text{re!} \mid$$

(Anfang von C. F. Meyers "Chor der Toten")

Einige Autoren einer Verslehre, wie Erwin Arndt[7]), vermeiden diese Schwierigkeiten ganz, indem sie die Taktstriche immer vor die Hebungen setzen und statt von griechischen Versmaßen, die sich im Deutschen doch nur unvollkommen nachahmen ließen, von zwei und dreiviertel Takten mit und ohne Auftakt sprechen. Manche Begriffe der Verslehre, wie wir schon bei Worten wie "Takt", "Auftakt" und "Kadenz" gesehen haben, sind dem Gebiet der Musik entliehen, und es ist nicht ungewöhnlich, in Verslehren die Metren in Noten dargestellt zu finden:

oder ♪ ♩ für den Jambus

oder ♩ ♪ für den Trochäus

oder ♪ ♪ ♩ für den Anapäst

oder ♩ ♪ ♪ für den Daktylus

In Zweifelsfällen oder bei Mischungen von zwei- und dreisilbigen Metren ist es bestimmt eine gute Lösung, einfach von zwei- und dreiviertel Takten mit und ohne Auftakt zu sprechen, aber sonst verwischt man doch charakteristische Unterschiede. Eine Versreihe von vorwiegend Jamben ist fürs Ohr nicht dasselbe wie Trochäen mit einem Auftakt. Nicht umsonst erzeugen Jamben und Anapäste, wie es in der Verslehre heißt, s t e i g e n d e und Trochäen und Daktylen f a l l e n d e Rhythmus. Jamben und Anapäste schaffen, wenn sie dominieren, eine vorwärts drängende Bewegung, wobei die Satzmelodie steigt. Trochäen unterstützen bei fallender Tonführung gewöhnlich eine gelassenere Atmosphäre. Bei Daktylen trifft das -- trotz des fallenden Versmaßes -- oft nicht zu. Der Dreivierteltakt eignet sich zum tänzerischen Rhythmus.

Wie also unterscheidet man, ob man z. B. einen Vers mit Jamben oder Trochäen mit Auftakt vor sich hat? Man sieht und vor allen Dingen hört sich die ganze Strophe an. Wenn die

Verszeilen immer oder vorwiegend mit einem Auftakt beginnen,
ist das Metrum jambisch. Wenn fast ebenso viele mit einer
Hebung anfangen, hört man darauf, ob der Rhythmus vorwärts-
drängt und die Satzmelodie steigt. Im Zweifelsfall genügt
die Angabe des Zweier- oder Dreivierteltaktes mit oder ohne
Auftakt. Goethes "Trilogie der Leidenschaft" ist in Jamben
geschrieben, alle folgenden Verse beginnen mit Auftakt, und
bei Meyers "Chor der Toten" überzeugt uns das Ohr vom daktylischen Metrum. Der Auftakt ersetzt die fehlende Senkung am
Ende der vorigen Zeile.

2. Der Zeilenbau
     Die Verszeile ist eine wichtige rhythmische Einheit
innerhalb der Strophe. Es haben sich einige im Laufe der
Zeit herausgebildet, die in ihrer festgelegten metrischen
Form so beliebt geworden sind, daß sie einen besonderen Na-
men bekommen haben. Viele davon sind nicht deutschen Ur-
sprungs. Für ihre Geschichte und Anwendung in der deutschen
Literatur beschränken wir uns hier auf das Notwendigste.
Verszeilen werden nach der Zahl ihrer Hebungen bestimmt.

a) Einheber
     Zeilen mit nicht mehr als einem Takt sind selten und
kommen nur in Verbindung mit mehrhebigen Versen vor, häufiger in freien Versen und freien Rhythmen (siehe weiter unten)
als in fest gebundenen Versen. Aber auch dort sind sie gelegentlich innerhalb und am Ende der Strophe zu besonders
starker Akzentsetzung anzutreffen [Vgl. "Der Arbeitsmann"
(A16)].

b) Zweiheber
     Zeilen mit je zwei Takten sind gelegentlich in lyri-
schen Strophen anzutreffen [Vgl. Goethes "Maifest" (A6)].
Häufiger sind Zweiheber in Madrigalversen im Wechsel mit
längeren Zeilen.

c) Dreiheber
     Nach dem Vierheber ist der Dreiertakt in der volkstüm-
lichen deutschen Dichtung am häufigsten verwendet, entweder durchgehend dreihebig oder mit Viertaktern alternie-
rend. (Man kann allerdings -- mit Arndt -- in den meisten
Dreihebern verkappte Viertakter sehen, deren letzter Takt
pausiert wird (stumpfe Kadenz) oder deren letzte Senkung mit
schwebender Betonung (klingende Kadenz, immer eine Tonbeugung) gesprochen oder gesungen wird. Vom gesungenen Lied

her leuchtet das ein (vgl. "Es waren zwei Königskinder" oder "Es war ein König in Thule"), aber für unsere Zwecke ist es einfacher, es bei Dreitaktern zu belassen.

d) Vierheber

Er ist unter den schlichten Versen in der deutschen Dichtung der häufigst gebrauchte und erscheint in allen Taktarten, obwohl, wie schon erwähnt, anapästische Takte nie und daktylische nicht oft in ganz reiner Form vorkommen. Vierhebige Trochäen sind am populärsten und werden daher oft ganz einfach mit T e t r a m e t e r bezeichnet, während das Wort im Griechischen für jedes Metrum mit vier Hebungen steht. Oft kommt der Viertakter mit freien Füllungen, d.h. mit unregelmäßig abwechselnden ein und zwei Senkungen zwischen den Hebungen vor, z. B. in der Volksliedstrophe, die weiter unten genauer erörtert wird. Hinter manchen Viertaktern verbergen sich alte Formen, wie z. B. die Nibelungenzeile, die Hildebrandszeile oder die besonders in der Balladendichtung beliebte Chevy-Chasezeile, welche Vorbilder man leichter erkennen könnte, wenn je zwei Kurzzeilen als Langzeile nebeneinander im Druck erscheinen würden. Es würde uns hier zu weit führen, wenn wir diese alten Formen einzeln untersuchen würden. Althochdeutsche und mittelhochdeutsche Versformen werden am besten in den entsprechenden Literaturklassen behandelt.

Im typisch deutschen K n i t t e l v e r s sind sogar mehr als zwei Senkungen zwischen den Hebungen möglich. Ein Takt kann bis zu fünf Silben haben und mit oder ohne Auftakt beginnen, nur daß die Schlußverse keine oder nur eine Senkung haben (männliche oder weibliche Kadenz). Er wurde in den Fastnachtspielen vor Hans Sachs, mit Hans Rosenplüt als besonderem Meister, gebraucht. Hans Sachs u. a. verwendet die strengere Form des Knittelverses, die nur acht oder bei weiblicher Kadenz neun Silben, also nur je eine Senkung zwischen den vier Hebungen erlaubte. Was den Knittelvers so holprig[1] machte und ihm seinen Namen gab, waren die vielen üblichen Tonbeugungen: die natürliche Betonung deckte sich oft nicht mit der Hebung des Metrums. Der Knittelvers wurde im 17. und 18. Jahrhundert oft verschmäht und parodiert und erst von Goethe ("Faust") und Schiller ("Wallensteins Lager") wieder zu Ehren gebracht. Sie, wie auch spätere Dichter, griffen auf die freiere, natürlichere Form mit be-

[1]rough, uneven

liebigen Senkungen zurück. Der Knittelvers ist gewöhnlich
paarweise gereimt.

e) Fünfheber

Mit der Bewunderung und Nachahmung Miltons und Shakespeares fand der B l a n k v e r s Eingang in die deutsche
Literatur und wurde mit Lessings "Nathan der Weise" zum
Hauptvers des klassischen deutschen Versdramas. Er ist ein
fünfhebiger Jambus mit männlicher oder weiblicher Kadenz
ohne Reim (Vgl. A20). Dasselbe Versmaß mit Reim ist der auch
im Deutschen gebräuchliche, aus dem Italienischen kommende
E n d e c a s i l l a b o (Elfsilber). Der P e n t a -
m e t e r (griech. Fünfheber) ist trotz seines Namens ein
Sechsheber und wird zusammen mit dem Hexameter behandelt, da
er nur in Verbindung mit ihm auftritt.

f) Sechsheber

Der aus dem Französischen kommende und von Opitz 1624
in Deutschland eingeführte A l e x a n d r i n e r ist ein
sechshebiger Jambus mit männlicher oder weiblicher Kadenz und
einem mehr oder weniger deutlichen Einschnitt (Zäsur) nach
der dritten Hebung. Wegen der festliegenden Betonung in den
germanischen Sprachen wirkt der Alexandriner im Deutschen
viel steifer als im Französischen. Nach großer Beliebtheit
im 17. Jahrhundert als lyrischer und dramatischer Vers wurde
er später nur noch selten verwendet.

Du siehst, wohin du siehst nur Eitelkeit auf Erden.

(Anfang von "Es ist alles eitel" von A. Gryphius)

Der H e x a m e t e r (griech. für sechs Maße), das
Metrum von Homers Ilias und Odyssee, hat sich mit Klopstocks
Messias in Deutschland dauernde Geltung verschafft. Voß, Goethe, Platen u. a. machten sich die Form zueigen. Wie der
Blankvers ist der Hexameter reimlos. Er beginnt immer mit
einer Hebung und endet in einer weiblichen Kadenz. Seine
sechs Takte sind eine Mischung von Daktylen und Trochäen, wobei der fünfte der Regel nach ein Daktylus sein soll.

Als Beispiel hier der Anfang von Goethes Epos Reinecke Fuchs:
Pfingsten, das liebliche Fest ist gekommen: es grünten und
blühten
Feld und Wald; auf Hügeln und Höhn, in Büschen und Hecken

47

Übten ein|fröhliches|Lied die|neu ermunterten|Vögel,|

Abweichungen des P e n t a m e t e r s vom Hexameter bestehen darin, daß es zwischen der dritten und vierten Hebung
keine Senkung gibt, wodurch beim Sprechen eine Zäsur entsteht; daß die Takte von der vierten Hebung an alle dreisilbig sind und der Vers mit einer männlichen Kadenz endet.
Der Pentameter kann nicht allein stehen, sondern nur im
regelmäßigen Wechsel mit einem Hexameter. Man nennt solch
ein Paar D i s t i c h o n (griech. für Zweizeiler).

Sei mir gegrüßt, mein|Berg mit dem|rötlich|strahlenden

Gipfel!

Sei mir,|Sonne, gegrüßt,||die ihn so|lieblich| bescheint!

(Anfang von Schillers "Der Spaziergang")

g) Freie Taktzahl
    M a d r i g a l v e r s e oder f r e i e   V e r s e
(vers libres) kommen aus dem Italienischen und Französischen
und haben bei strenger Taktgliederung Freiheit in der Anzahl
der Takte. Das Metrum ist gewöhnlich regelmäßig jambisch oder
trochäisch. Im Deutschen wird er auch F a u s t v e r s genannt, weil er dem Faust sein charakteristisches Gepräge gibt.

h) Freie Rhythmen
    Sie bestehen aus reimlosen Versen unterschiedlicher
Länge ohne festes Metrum. Der Unterschied zu rhythmischer
Prosa besteht darin, daß die zeitlichen Abstände zwischen
den Hebungen etwa gleich lang sind. Die Verse sind meist sinn-
gemäß strophisch gegliedert, wobei die Strophen sehr verschieden lang sein können. Der Inhalt ist meist feierlich
und voll Pathos. Freie Rhythmen, von Klopstock gleichsam als
Protest gegen Opitz' schulmeisterliche und beengende Vorschriften des Dichters eingeführt, erlaubten dem Dichter
größere Ausdrucksfreiheit und wurden auch von anderen deutschen Dichtern, besonders von Goethe und Hölderlin, meister-
lich verwendet (Vgl. "Prometheus" A24 und "Hyperions Schicksalslied" A21).

3. Der Strophenbau
    Längere Gedichte sind meistens in Strophen untergliedert,
die gewöhnlich gleich lang und im Metrum gleich gebaut sind.
Ihren Namen tragen sie entweder nach der Zahl ihrer Verszei-

len oder nach dem Erfinder ihrer besonderen Struktur. Hier
werden nur einige wenige , besonders häufig gebrauchte Formen
besprochen. Alle anderen, wie z. B. Alkäische und Asklepiadeische Strophe, Ritornell, Rondeau, Rondel, Kanzone, Glosse
und Ghasel, können in einer Verslehre oder einem Sachwörterbuch nachgeschlagen werden.

a) Zweizeiler

Sie bieten eine beliebte Form für Sinnsprüche. Gelegentlich erscheinen Volkslieder in zweizeiligem Druck. D i -
s t i c h e n sind Doppelverse, gewöhnlich aus einem Hexameter und einem Pentameter bestehend, auch e l e g i -
s c h e s   V e r s m a ß   genannt. Das Wort E l e g i e
hat zweierlei Bedeutung: ein in Distichen geschriebenes Gedicht, ganz gleich welchen Inhalts, oder ein wehmütiges
Klagegedicht, das nicht in Distichen geschrieben sein muß.

b) Dreizeiler

Die T e r z i n e ist eine italienische Strophenform.
Im Deutschen erscheint sie als fünfhebiger Jambus mit vari-
ierender Kadenz. Die dreizeiligen Strophen sind durch den Reim
miteinander verbunden. Der Reim der zweiten Zeile erscheint in
der ersten und dritten Zeile der folgenden Strophe. Die
Schlußstrophe erhält eine Extrazeile, die sich auf die zweite reimt. Das Reimschema ist also: aba bcb cdc ... xyx
yzyz. Andere Reimschemen sind möglich. Z. B. benutzt Hugo v.
Hofmannsthal in seinen "Terzinen über Vergänglichkeit" das
Schema aba bcb dcd ede e.

c) Vierzeiler

Er repräsentiert die populärste Form für lyrische
Strophen, für Volkslieder und volkstümliche Dichtung. Die
V o l k s l i e d s t r o p h e, eine Nachahmung der metrischen Struktur von Volksliedern in der volkstümlichen Dichtung, wird in verschiedenen Versschulen unterschiedlich definiert, aber in allen werden Schlichtheit im Strophenbau wie
im Inhalt und kleine Unregelmäßigkeiten im Metrum betont. Gewöhnlich hat die Volksliedstrophe vier Zeilen, die durch
Kreuz- oder Paarreime gebunden sind. Die Verse bestehen aus
drei oder vier Hebungen, häufig im Wechsel miteinander, und
ein oder zwei Senkungen dazwischen in unregelmäßiger Folge.
Die einzige Unregelmäßigkeit kann darin bestehen, daß männliche und weibliche Reime abwechseln. Im Anhang gibt es zahlreiche Beispiele für Volksliedstrophen (Vgl. "Belsazar" A1,
"Heimweh" A7, "An den Mond" A 17, "Wiegenlied" A20, "Lilofee" A21).

49

Das S o n e t t besteht aus zwei Quartetten (Vier-
zeilern) und zwei Terzetten (Dreizeilern). Aus dem Italienischen kommend, gab es urprünglich strenge Reimvorschrif-
ten, die aber bald stark variiert wurden. Das Sonett bietet
eine ideale Form für dialektische Gedankenführung. Das erste
Quartett kann die These, das zweite die Antithese, und die
Terzette können die Synthese bringen. Oft bilden die Terzette auch die Antithese zu den Quartetten, und auf eine
Synthese wird verzichtet (Vgl. "Der Verbannte" A14).

d) Sechszeiler
Sie sind nicht selten. Gedichte mit Schweifreim (abbacc)
sind immer Sechszeiler. Die aus dem Italienischen kommende
S e s t i n e oder S e x t i n e ist im Aufbau sehr kompliziert und im Deutschen nicht populär genug, um hier besprochen zu werden.

e) Achtzeiler
Die aus dem Italienischen kommende S t a n z e oder
O t t a v e r i m e ist im Deutschen meist ein fünfhebiger
Jambus mit abwechselnd männlichem und weiblichem Reim. Meistens sind die ersten sechs Zeilen kreuzweise und die letzten
paarweise gereimt. Wie das Sonett eignet sich die Stanze zu
klarer Gedankenführung, hier durch das kontrastierende Reim-
paar am Ende zu einem pointierten Schluß.

Zusammenfassung:

Das Metrum oder Versmaß gibt dem Rhythmus die Grundstruktur, ist aber nicht mit dem Rhythmus identisch.

Vier der antiken Metren wurden in die deutsche Dichtung übernommen, wobei aus den Längen H e b u n g e n
(betonte Silben) und aus den Kürzen S e n k u n g e n (unbetonte Silben) wurden. Der J a m b u s (ᴗ/) und der
T r o c h ä u s (/ᴗ) sind Zweitakter, der A n a p ä s t
(ᴗᴗ/) und der D a k t y l u s (/ᴗᴗ) Dreitakter.
Senkungen vor der ersten Hebung heißen A u f t a k t. Bei
Jamben und Anapästen ist der Auftakt die Regel, beim tro-
chäischen und daktylischen Versmaß ist er möglich. Der
Schlußvers einer Verszeile heißt K a d e n z. Den Endrei-
men entsprechend, ist die Kadenz männlich (stumpf) oder
weiblich (klingend). Ein das Metrum nicht voll erfüllender
Schlußvers ist k a t a l e k t i s c h. Das Metrum wird

nach der Taktart und der Zahl der Hebungen benannt, z. B.
ein vierhebiger Trochäus oder ein fünfhebiger Daktylus.
Einige Metren haben ihrer Popularität wegen einen besonderen
Namen bekommen, z. B. der B l a n k v e r s (ein fünfhebiger Jambus), der A l e x a n d r i n e r (ein sechshebiger
Jambus mit Zäsur nach der dritten Hebung), der H e x a -
m e t e r (ein sechshebiger Vers, gemischt aus Trochäen und
Daktylen, der immer mit einer Hebung beginnt und mit weiblicher Kadenz endet und dessen fünfter Vers fast immer ein
Daktylus ist) und der P e n t a m e t e r (trotz seines
Namens auch ein Sechsheber, aber ohne Senkung zwischen der
dritten und vierten Hebung, wodurch eine Zäsur entsteht. Von
der vierten Hebung an, sind die Takte dreisilbig, und die
Kadenz ist männlich). Der typisch deutsche K n i t t e l -
v e r s hat keine Vorlage in antiker Dichtung. Er hat vier
Hebungen und erlaubt bis zu vier Senkungen in jedem Takt,
außer im letzten, wo es nur eine oder keine Senkung gibt.
Auch der Knittelvers strengerer Form ist holprig. Da
wechseln zwar regelmäßig Hebung und Senkung, aber die natürliche Betonung eines Wortes fällt nicht immer mit der Hebung
zusammen.

Von den verhältnismäßig populären Strophenformen sind
hier das D i s t i c h o n, die T e r z i n e, die
V o l k s l i e d s t r o p h e, das S o n e t t und die
S t a n z e besprochen worden.

Aufgabe: Skandieren Sie die Gedichte "Abendlied" (A12), "Der
Verbannte" (A14), aus Nathan der Weise (A20), aus
Xenien (A20), "Hyperions Schicksalslied" (A21), "Dithy-
rambe" (A22), aus Hermann und Dorothea (A22) und geben
Sie die Taktart, die Zahl der Hebungen und den besonderen
Namen des Metrums an, wenn es einen dafür gibt.

3. Der Rhythmus

Wie schon mehrfach erwähnt, sind Rhythmus und Metrum
nicht identisch. Das Metrum bietet dem Rhythmus ein Taktsche-
ma[1], das er ganz unterschiedlich ausfüllen kann. Daher können Gedichte mit dem gleichen Metrum recht verschiedenen

[1]pattern

Rhythmus haben. Das Metrum gibt mit den Hebungen die mögliche Zahl der Akzente und ihren Abstand[1] voneinander. Die
sinngemäße[2] Auswahl beim Akzentuieren (nicht alle Hebungen
werden beim sinnvollen Sprechen betont), die Abstufungen[3] in
der Stärke und Länge der betonten Silben, die eingelegten
Pausen sowie Tempo und Klangfarbe des Vortrags[4] schaffen erst
den lebendigen Rhythmus. Gelegentlich fallen dem Sinn entsprechend betonte Silben auch nicht mit der metrischen Hebung zusammen, wodurch -- wie bei der Synkope in der Musik --
eine reizvolle Spannung[5] zwischen Metrum und Rhythmus entstehen kann.

Wir unterscheiden starke (∕) und schwache (∖) Akzente, die wiederum in verschiedenen Abstufungen möglich
sind. Pausen (') entstehen bei sinngemäßem Sprechen nicht nur
da, wo Kommas und Punkte gesetzt sind, sondern auch innerhalb
zusammengehöriger Wortgruppen. Obwohl der Rhythmus bei sinn-
vollem und feinhörigem Lesen wie von selbst entsteht und an
gewissen Stellen zu Pausen einlädt, sind diese keineswegs
immer eindeutig festgelegt und variieren oft bei verschiedenen Interpreten. Eichendorffs "Mondnacht" möge zur Illustrierung dieser Feststellung dienen. Wir beginnen mit einer gra-
phischen Gegenüberstellung von Metrum und Rhythmus. Ein x̲
ist das Symbol für jede Silbe im Rhythmus:

Mondnacht

Es war, │ als hätt' │ der Himmel ⟩	I,1	xx'xxxxx'
Die Erde still │ geküßt, │	2	xxxxxx'
Daß sie │ im Blütenschimmer ⟩	3	xxxxxxxx'
Von ihm │ nun träumen müßt. │	4	xxxxxx'
Die Luft │ ging durch │ die Felder,	II,1	xxxxxxx'
Die Ähren wogten sacht, │	2	xxxxxx'
Es rauschten leis │ die Wälder,	3	xxxxxxxx'
So sternklar war │ die Nacht. │	4	xxx'xxx

[1] distance [2] according to meaning [3] gradation [4] recital
[5] tension

Und meine Seele spannte)   III,1   xxxxxxx'

Weit ihre Flügel aus,   )   2   x'xxxxx'

Flog durch/die stillen Lande,   3   xxxxxxx'

Als flöge sie/nach Haus./   4   xxxx'xx'

Beobachtungen: Das Metrum ist ein dreihebiger Jambus mit abwechselnd weiblicher und männlicher Kadenz (Volksliedstrophe), aber im Rhythmus des Gedichts werden, so wie ich es
lesen würde, pro Verszeile nur je zwei Hebungen als Akzente
verwirklicht, mit Ausnahme der zweiten Zeile der dritten Strophe, wo starker Akzent auf die erste Silbe fällt, die im
Metrum eine Senkung ist. Hier haben wir also ein Beispiel,
wo das Metrum und Rhythmus miteinander in Spannung treten,
was als Ausnahmefall[1] nicht störend, sondern eher effektvoll
ist. In den meisten Verszeilen gibt es einen starken und
einen schwachen Akzent. Sprechpausen sind innerhalb der kurzen Zeilen selten. Am Ende einer Zeile entsteht bei Versen
immer eine Pause, selbst bei Abwesenheit des Kommas oder
Punktes. Die letzte Silbe des Verses wird gleichsam in der
Schwebe[2] gehalten, und gleitet ohne Atempause zur nächsten
Zeile. Man nennt das einen Z e i l e n s p r u n g oder
ein E n j a m b e m e n t, durch den rhythmisch größere
Bögen[3] geschaffen werden. Die Zeilensprünge in diesem Gedicht sind durch ")" gekennzeichnet.

    Die Wortgruppe zwischen zwei Pausen bildet die kleinste
rhythmische Einheit, nach dem griechischen K o l o n (Glied,
Abschnitt), plural K o l a genannt. Eine Verszeile bildet
die wichtigste rhythmische Einheit, kann aber in zwei oder
sogar mehrere Kola untergliedert[4] sein. Wenn sich ein Kolon
mit seiner Silbenzahl und Verteilung der Akzente mehrfach im
selben Gedicht wiederholt, dann gibt es dem Rhythmus sein
besonders Gepräge[5], und wir sprechen von einem r h y t h-
m i s c h e n L e i t m o t i v. Hier klingt es zum
ersten Mal in I,3 an und wird in II,3, III,1 und III,3 wiederholt und mit einer minimalen Variation auch in I,2 und
I,4. Auf drei akzentlose Silben folgt ein starker Akzent und
dann ein schwacher mit einer akzentlosen Silbe dazwischen
und danach. In der Variation fehlt die akzentlose Schluß-

[1]as an exception   [2]suspension   [3]arches   [4]subdivided   [5]character

silbe wegen der männlichen Kadenz. Das Kolon des rhythmischen Leitmotivs ist identisch mit der Verszeile. Die Bewegung drängt im steigenden Rhythmus auf die zweite Hälfte
des Kolons zu. Es besteht kein Zweifel, daß man z. T. die
Betonungen auch anders verteilen könnte. Z. B. könnte man in
II,3 rauschten statt leis und in III,3 flog statt stillen be-
tonen. Mir scheint aber die von mir gewählte Akzentuierung
sinngemäßer, weil es Eichendorff offenbar auf die stille,
sanfte Atmosphäre der Mondnacht ankommt. (Vgl. still I,2;
sacht II,2; leis II,3; stillen III,3).

Interpreten sprechen von fließendem, strömendem, bau-
endem, gestautem und tänzerischen Rhythmus. Wolfgang Kayser
war der erste, der diese Rhythmustypen definiert hat, und
das Folgende ist eine Zusammenfassung seines Textes in
Kleine deutsche Versschule:[8]

Charakteristisch für den f l i e ß e n d e n
R h y t h m u s sind: kurze Zeilen bis zu vier Hebungen;
Wiederkehr von gleichen oder rhythmischen Einheiten; kurze,
gleichmäßige Strophen; Weiterdrängen der Bewegung; ver-
hältnismäßige Schwäche der Hebungen, Leichtigkeit und Gleich-
mäßigkeit der Pausen; Neigung zu weichem Klang; intimer,
nicht gedankenschwerer Inhalt, dem Lied gemäß.

Charakteristisch für den s t r ö m e n d e n Rhyth-
m u s sind: Größere Spannung, größere Wucht[1] als beim fließenden Rhythmus, auch weiterdrängende Bewegung, aber längere
Kola, mit größerem Atem und mit größerer Spannung gesprochen;
stärkere und differenziertere Hebungen; differenziertere Pausen; ausgesprochene Gipfel[2] der Spannung; gehobener Ton des
Stils; feierliches Sprechen. Hexameter und freie Rhythmen
eignen sich besonders für strömenden Rhythmus (Vgl. "Hyperions Schicksalslied" A21 und aus "Hermann und Dorothea" A22).

Charakteristisch für den b a u e n d e n R h y t h -
m u s sind: Einheitlichere Kola als beim strömenden Rhythmus,
alle rhythmischen Einheiten, wie Kola, Halbstrophen, Strophen,
sind selbständiger, so daß die Bewegung immer neu einsetzt;
er begünstigt Parallelismen und Anaphern und ist zu gehobenem, nachdrücklichem[3] und beherrschtem Sprechen geeignet;
Er hat Affinität zum Alexandriner, zur Stanze und zum Sonett
mit seiner klaren, oft antithetischen Gedankenführung[4] (Vgl.

[1]weight, force [2]peaks [3]emphatic [4]line of reasoning

"Der Verbannte" A14, "Sonett" A23).

Charakteristisch für den t ä n z e r i s c h e n
R h y t h m u s sind: Ähnlichkeit mit dem fließenden Rhythmus durch seine Intimität, aber größere Straffheit[1] des Sprechens; starke Akzentuierung der Hebungen; größere Prägnanz[2] der Kola; wichtigere Funktion der unterschiedlicheren Pausen; stärkere Gespanntheit[3]; klare Entfaltung der Bedeutung führt zu einem anderen Liedtypus, der nach Sprache statt nach Musik verlangt.

Charakteristisch für den g e s t a u t e n[4] R h y t h m u s sind: sehr lange neben sehr kurzen rhythmischen Einheiten; viele und lange Pausen, die die Bewegung immer wieder aufhalten; Kontrast von sehr starken Akzenten und sehr schwachen unbetonten Silben (Vgl. "Vereinsamt" A8).

Zur Würdigung[5] des Rhythmus gehört Feingefühl, vielleicht sogar eine gewisse Musikalität. Mit mechanischen Hilfsmitteln[6] allein kommt man da nicht aus. Sie können aber zur Bewußtmachung des Rhythmus doch von großem Nutzen sein, besonders bei der Vorbereitung[7] eines Gedichtvortrags in einer Fremdsprache.

Aufgabe: Wählen Sie ein Gedicht. Zeichnen Sie das Metrum ein und machen dann ein rhythmisches Diagramm. Lesen Sie das Gedicht mit den Akzenten und Pausen, wie Sie sie eingezeichnet haben, bis Sie es gut vortragen können. Erkennen Sie ein rhythmisches Leitmotiv? Welchem Rhythmus würden Sie das Gedicht zuordnen?

4. Die Bildersprache

Während wissenschaftliche Abhandlungen[8] sich von bildlichen[9] Ausdrücken möglichst freihalten, um eindeutig zu bleiben, ist die Poesie, die nicht nur unsern Verstand, sondern vielmehr unsere Gefühle in Bewegung bringen will, auf Bildlichkeit[10] in der Sprache angewiesen. Aber auch unsere Alltagssprache ist reich an Sprachbildern[11]. Ein Blick in

[1]rigour [2]precision [3]intensity, tenseness [4]dammed,obstructed [5]appreciation [6]tools [7]preparation,rehearsal [8]treatises [9]figurative [10]imagery [11]imagery

55

ein Lexikon idiomatischer Redewendungen wie auch in eine
Sprichwörtersammlung[1] kann uns schnell davon überzeugen. Da
sagt man z. B. im Deutschen: "Mir wachsen die Schulden[2] über
dem Kopf zusammen," "ihm sind die Hände gebunden," "du kannst
ihr das Wasser nicht reichen," "seine Vorschläge finden keinen
Anklang[3]," oder "meine Bemühungen fallen auf unfruchtbaren
Boden," um nur wenige zu nennen. Sprichwörter wie, "Stille
Wasser gründen tief," "Ein junges Bäumchen biegt sich gern,
ein alter Baum nicht mehr," "Die Sonne bringt es an den Tag"
oder "Gottes Mühlen mahlen[4] langsam" sind jedem Einheimi-
schen[5] vertraut[6] und ohne weiteres verständlich.

Bildlich sprechen heißt also im "uneigentlichen[7],
übertragenen"[8] Sinn sprechen. Das Sprachbild bedeutet etwas
anderes oder mehr, als es direkt aussagt. In der Alltagssprache kommt uns die Anschaulichkeit[9] oder tiefste Bedeutung eines bildlichen Ausdrucks, besonders wenn er häufig
gebraucht wird, selten oder gar nicht mehr zum Bewußtsein
So ein zum Klischée gewordenes Sprachbild hat für die poetische Sprache seinen Wert verloren, weil es nicht mehr
lebendig empfunden wird, es sei denn, daß der Dichter durch
weitere Ausführung des Bildes, oder indem er es "beim Worte
nimmt," seinen ursprünglichen Gehalt wieder bewußt macht
(vgl. Gottfried Keller über Lydia in "Pankraz der Schmol-
ler": "... doch war sie nicht nur eine Schönheit, sondern
auch eine Person, die in ihren eigenen freien Schuhen
stand und ging," oder Oskar in Günter Grass' "Die Blechtrommel": "Ich erblickte das Licht dieser Welt in Gestalt zweier Sechzig-Watt-Glühbirnen[10]...").

Die Würdigung eines dichterischen Stils schließt immer
die genaue Beobachtung seiner Sprachbilder als eines der
wichtigsten Stilmittel ein. Schon die antike Stilistik des
Quintilian, auf die sich alle neueren Poetiken in ihrer Auseinandersetzung mit bildlicher Sprache berufen, unterscheidet und benennt eine ganze Reihe von Formen "uneigentlicher"
Rede und verzeichnet sie unter dem Gattungsnamen "Rhetorische Figuren." Darunter fallen die Wort-, Satz-, Gedanken-
und Klangfiguren wie auch alle Sprachbilder (Tropik), da sie
in der Antike alle gleicherweise als kunstvoller Sprach-
schmuck verstanden wurden. So findet man auch noch in manchen modernen Poetiken die Tropen (Metapher, Vergleich, Symbol
Allegorie) unter den rhetorischen Figuren aufgeführt[11], wo

[1]collection of proverbs [2]debts [3]resonance [4]grind [5]native
[6]familiar [7]indirect [8]transposed [9]visual image [10]bulbs [11]listed

56

ihnen als den bedeutendsten Formen uneigentlicher Rede allerdings meistens besonderer Raum gegönnt[1] wird. Andere Poetiken verzeichnen diese Bilder und Figuren getrennt, wie die
Poetik in Stichworten von Ivo Braak[9], der die Einteilung in
"Bilder" und "Figuren" damit rechtfertigt, daß das Bild in
der neueren abendländischen Dichtung eine umfassendere[2] Bedeutung habe. Tatsächlich gibt es auch einen wesentlichen
Unterschied zwischen den Bildern und Figuren: während die
Figuren durch besondere An- und Zuordnung[3] der "eigentlichen" Wörter, durch die Wahl des gegenteiligen[4] Wortes
oder die Verneinung des Gegenteils, durch Übertreibung[5] oder
Untertreibung[6] des eigentlichen Sachverhalts ihre Wirkung er-
zielen, ziehen die Sprachbilder zu ihrer Aussage ganz andere
Lebensbereiche mit heran, die mit der direkten Aussage "eigentlich" nichts zu tun haben und doch -- kraft[7] der ausgesprochenen oder verborgenen Analogie -- ein neues und wesentliches Licht auf den Sachverhalt werfen. Die Hauptleistung[8]
der Sprache besteht dabei nicht in ihrer größeren Anschaulichkeit[9], sondern darin, daß sie gleichzeitig mit der Vermittlung[10] eines Sachverhalts unsere Phantasie durch mancherlei
Assoziationen in Bewegung setzt. Welcher Art diese geweckten
Assoziationen sind und in welche Bereiche sie unsere Phantasie locken[11], sagt viel über den Stil eines Dichters aus.

   Am einfachsten und klarsten ersichtlich vollzieht sich[12]
so eine Analogie im V e r g l e i c h[13]. Er kündigt sich
meistens durch die Partikel "wie" oder in der Komparativform
des Adjektivs oder Adverbs mit "als" an, kann aber auch mit
"gleich" oder dem vom Konjunktiv begleiteten "als ob" eingeleitet
werden oder auch durch einen Relativsatz mit einem Verb des
Vergleichs wie "gleichen" und "ähneln". In jedem Falle werden
Anschaulichkeit und Gefühlsgehalt gesteigert[14], indem zur
Schilderung eines Zustands[15] oder eines Vorgangs[16] ein anderer Bereich vergleichend hinzugezogen wird. Dabei brauchen
die in ihrer Eigenschaft oder Tätigkeit vergleichenden Gegenstände oder Begriffe nur e i n e Beziehung[17] (das "tertium
comparationis") zueinander zu haben, die allerdings in mehr
als einem Wort oder einem Satz erhellt werden kann.

[1]allowed [2]more comprehensive [3]arrangement [4]contrastive
[5]exaggeration [6]understatement [7]by virtue of [8]main achieve-
ment [9]vividness [10]giving [11]lure [12]is done [13]simile
[14]increased [15]condition [16]action [17]relationship

Gottfried Kellers Die Leute von Seldwyla birgt einen
reichen Schatz an Vergleichen, von denen einige als Beispiel dienen mögen. Zur Verdeutlichung unterstreiche ich die
Verben und den herangezogenen Vergleich (Auch die Unter-
streichungen in späteren Beispielen sind von mir):

a) Der Himmel war so dunkelblau wie Lydias Augen!
Denn heutzutage muß die Schönheit obenein vergüldet[1] sein
wie die Weihnachtsnüsse[2].

b) Weiter ausgeführte Vergleiche von Zuständlichkeiten, die
schon fast zu einem selbständigen Bild werden:
...denn die Liebe ist wie eine Glocke, welche das Entle-
genste[3] und Gleichgültigste[4] wiedertönen läßt und in eine besondere Musik verwandelt.
Vrenchen, welches andächtig[5] und wehmütig sein Liebeshaus
trug, glich einer heiligen Kirchenpatronin auf alten Bildern, welche das Modell eines Domes oder Klosters auf der
Hand hält, so sie gestiftet[6]; aber aus der frommen Stif-
tung, die ihm im Sinne lag, konnte nichts werden.

c) Einfache, kurze Vergleiche von Vorgängen:
... und seine Tochter durfte wohl arbeiten wie ein Haus-
tierchen, aber nichts gebrauchen.
Diese Meinung ging gleich einer strahlenden Sonne in mir auf.
So ging ich wohl ein halbes Jahr herum wie ein Nachtwand-
ler, von Träumen so voll hängend wie ein Baum voll Äpfel
(zwei rasch aufeinanderfolgende Vergleiche, die ganz ver-
schiedenartige Assoziationen wecken).

d) Weiter ausgeführte Vergleiche von Vorgängen:
... und (ich) fühlte überhaupt eine solche Ruhe in mir
wie das kühle Meerwasser, wenn kein Wind sich regt und die
Sonne obendrauf scheint.
Auch eilte er jetzt hastig an ihnen vorüber hinter ihren
Rücken und eilte stromaufwärts[7] gleich einem eigensin-
nigen[8] Schatten der Unterwelt, der sich zu seiner Verdamm-
nis[9] ein bequemes einsames Plätzchen sucht an den dunklen
Wässern.

e) "Als ob"-Vergleiche:
Heimgekehrt, öffnete und lüftete sie ihr Haus von oben
bis unten und schmückte es, als ob sie einen Prinzen erwartete.

[1]gilded [2]Christmas nuts [3]what's farthest away [4]and of very
little interest [5]devoutly [6]which she has donated [7]up the
stream [8]stubborn [9]damnation

58

Denn im Arbeitsschurz und in den Schlappschuhen beobach-
ten manche Gesellen immer einen eigentümlich gezierten
Gang[1], als ob sie in höheren Sphären schwebten, ...
Grüne Kräutchen, artig zusammengerollt; schwarze und weiße
Samenkörner und eine glänzend rote Beere waren da (im
Magen des Vogels) so niedlich und dicht ineinander ge-
pfropft, als ob ein Mütterchen für ihren Sohn das Ränz-
chen[2] zur Reise gepackt hätte.

f) Vergleiche im Komparativ:
"Es ist ein gar feines Ding," sagt Sali, "es hat zwei
braune Augen, einen roten Mund und läuft auf zwei Füßen;
aber seinen Sinn kenn ich weniger als den Papst zu Rom!"

"Er hat zwei blaue Augen, einen nichtsnutzigen Mund und
braucht zwei verwegene[3] Arme; aber seine Gedanken sind
mir unbekannter als der türkische Kaiser!"

Bei analoger Darstellung von Vorgängen oder auch Zustän-
den kann ein Vergleich so breit ausgeführt sein, daß er fast
selbständig wird, d. h., der Vorgang oder Zustand, der zum
Vergleich herangezogen wird, kann so viel Gewicht und Eigen-
leben entwickeln wie derjenige, der veranschaulicht werden
soll, oder sogar noch mehr. Die Literaturwissenschaftler
sind sich in der Terminologie dieses Phänomens leider noch
weniger einig als in anderen. Was bei Braak und Wilpert[10)]
"Gleichnis" genannt wird, ist nach Villiger [11)] ein homerischer Vergleich" und heißt bei Kayser[12)] "Bild", während
z. B. Kurt Leonhard in seinem Buch Moderne Lyrik[13)] von
"Gleichnissen" redet, wo man gewöhnlich von "Symbol" spricht.
Das ist zwar ärgerlich, aber nicht schwerwiegend, wenn wir uns
daran erinnern, daß bei der Interpretation das Vertrautsein
mit literarischen Begriffen nur als Hilfsmittel zu feinerer
Beobachtung dient. Es kommt nicht darauf an, wie wir ein
Sprachbild nennen, sondern daß wir es bemerken und deuten
können.

Die erste und häufigere Verwendung der Großform des
Vergleichs finden wir bei Homer (daher "homerischer Vergleich"). In der Ilias spricht Achilles mit seinem geliebten Freund folgendermaßen:

"Warum also geweint, Patroklos? gleich wie ein Mägdlein,
Klein und zart, das die Mutter verfolgt, und 'nimm mich!'
                                        sie anfleht[4],

[1] a strangely affected gait [2] little pack [3] bold [4] implores

59

An ihr Gewand sich schmiegend[1], den Lauf der Eilenden
hemmet,
Und mit Tränen in den Augen emporblickt, bis sie es auf-
hebt:
So auch dir, Patroklos, entrinnt das tröpfelnde Tränchen."

(Übersetzt von J. H. Voss)

Dem Trojaner Helden Hektor, der vor dem Zweikampf darum bittet, die Leiche des erschlagenen Helden seinem Volke
zurückzugeben, erwidert Achilles:

"Wie kein Bund die Löwen und Menschenkinder befreundet,
Auch nicht Wölf' und Lämmer in Eintracht[2] je sich ge-
sellen;
Sondern bitterer Haß sie ewig trennt voneinander:
So ist kein Bund für uns, bis einer, gestürzt auf den
Boden,
Ares mit Blute getränkt, den unaufhaltsamen Krieger."

Wenn die oben zitierten, "weiter ausgeführten" Vergleiche von Keller nicht syntaktisch enger verknüpft[3] und damit unselbständiger wären, würden sie sich in nichts vom ho-
merischen Vergleich (Bild) unterscheiden.

Wenn die Vergleichspartikel fehlt, wie bei "haushoch,"
"butterweich," "zuckersüß," "mäuschenstill" usw., sprechen
wir von einem g e k ü r z t e n V e r g l e i c h . Wenn
allerdings die beiden ohne Vergleichspartikel miteinander
verbundenen Glieder einander artfremd sind, ist aus dem gekürzten Vergleich eine Metapher geworden, z. B. "goldtreu"
(treu wie Gold, aber Gold kann eigentlich nicht treu sein.
Die Möglichkeit der Treue setzt eine empfindende Seele voraus. Das "tertium comparationis" von Treue und Gold ist ihre
Beständigkeit[4], vielleicht auch noch ihre Kostbarkeit[5]).

Die M e t a p h e r ist schon immer als die
dichterischste aller bildlichen Sprachformen gewürdigt worden,
wobei -- zur Verwirrung des Studenten -- der Begriff Metapher in vielen Poetiken verschieden angewendet wird, je nachdem, ob der Verfasser ihn im engeren oder weiteren Sinn gebraucht. Das Wort "Metapher," nach dem griechischen "meta-
phora," bedeutet "Übertragung", die Übertragung eines Sinns

[1]clinging to [2]peace [3]linked [4]stability [5]preciousness

auf einen anderen. Im weitesten Sinne des Wortes versteht man unter M e t a p h o r i k also jede bildliche, "uneigentliche" Sprechweise, wobei nur vorauszusetzen ist, daß es einen "eigentlichen" Ausdruck gibt, der durch die Metapher ersetzt[1] worden ist. Ob dieser "eigentliche" Ausdruck dabei wirklich der " älteste und allgemeinste Gegen-Begriff" 14) ist, fragt sich. Nach Ansicht mancher Dichter und Sprachforscher ist die bildliche Sprechweise, wie bei Kindern und Naturvölkern beobachtet werden kann, die urprünglichere. Beim "eigentlichen" Ausdruck, dem "kyrion" des Aristoteles, kommt es wohl eher darauf an, daß er eindeutiger, genauer ist als die Metapher. Z. B. drücke ich mich mit "den Gefahren des Lebens" eindeutiger aus als mit der Metapher "Meer des Lebens," denn charakteristisch für das Meer sind nicht nur seine Gefahren, sondern auch seine Bewegtheit, seine unterschiedlichen Stimmungen bei Sturm und Windstille, Flut und Ebbe, vielleicht auch seine Schönheit und manches mehr.

Zur Metapher im weiteren Sinne gehören dann also alle die anderen Sprachbilder, wie Allegorie, Symbol, Emblem, Topos, Personifikation usw., die in den Poetiken neben der Metapher oder als ihre Sonderform aufgeführt werden. Im engeren Sinne aber, wie sie uns für praktische Interpretationsanleitungen interessiert, verbindet sie zwei artfremde und doch in einem wesentlichen Punkt sich deckende[2] Elemente. Wir lesen in neueren Poetiken, daß man bislang die Metapher als aus einem gekürzten Vergleich entstanden erklärt, aber damit doch ihr Wesen nicht ganz erfaßt habe, weil bei vielen Metaphern ein vorausgegangener analogisierender Denkprozeß nicht angenommen werden könne. Das ist bestimmt ebenso richtig wie die Tatsache, daß dennoch in jeder Metapher eine wenn auch noch so verborgene, wenn auch nicht intellektuell vollzogene Vergleichsaktivität enthalten ist. Aber darin besteht eben auch der Unterschied und besondere Wert der Metapher zum Vergleich: sie stellt nicht zwei Elemente vergleichend nebeneinander, sondern sie bringt sie vollkommen miteinander zur Deckung[3], indem sie das eine durch das andere samt den dazugehörigen Assoziationen ersetzt.

Während der Vergleich lautet: "Er ist so schlau wie ein Fuchs," formuliert die Metapher "Er ist ein Fuchs."

[1] replaced [2]identical [3]identification

In dieser Metapher ist die Zweigliedrigkeit[1] nicht offensichtlich. Das nicht ausgesprochene Element ist "Mensch." Würde man sagen, "er ist ein Fuchsmensch," so wären die beiden artfremden Elemente deutlich wie in den folgenden Beispielen:

a) Die Gedanken fliegen   (verbale Metapher)
   Die fliegenden Gedanken   (Adjektiv-Metapher)
   Der Flug der Gedanken
   oder: Gedankenflug   (Substantiv Metapher)
b) Die Zeit strömt   (verbale Metapher)
   Die strömende Zeit   (Adjektiv-Metapher)
   Der Strom der Zeit
   oder: Zeitenstrom   (Substantiv-Metapher)

Diese eben angeführten Metaphern sind im deutschen Sprachgebrauch so geläufig[2], daß ihr metaphorischer Gehalt uns kaum noch zum Bewußtsein kommt. Man nennt solche abgegriffenen[3] Sprachbilder "verblaßte Metaphern." Es folgen nun einige ungewöhnliche, echt dichterische Metaphern[15])

"Irgendwie brauchte Sibylle jetzt diesen Panzer[4] der Verärgerung." (Max Frisch: Stiller)

"... in dem Kartenhaus des Lebens, aus windigen Banknoten und Möglichkeiten gebildet, verschob[5] sich der Standort der Dinge ... (Elisabeth Langgässer: Triptychon des Teufels)

"... und so kam es, daß der Mantel der Barmherzigkeit[6] über den Knaben fiel, ehe ihn noch die erste Windel[7] bedeckt hatte." (Elisabeth Langgässer: Triptychon des Teufels)

"Ausgesetzt auf den Bergen des Herzens. Siehe, wie
                     klein dort,
Siehe: die letzte Ortschaft der Worte, und höher,
Aber wie klein auch, noch ein letztes
Gehöft[8] von Gefühl. Erkennst du's? --"
(Rainer Maria Rilke)

In den gegebenen Beispielen wird jedesmal ein Geistiges durch ein Sinnliches veranschaulicht. Wenn umgekehrt etwas

[1]having two parts [2]well-known [3]worn-out [4]protective shell [5]shiftet [6]mercy [7]diaper [8]farm

Sinnliches durch etwas Geistiges beseelt wird, sprechen wir
von P e r s o n i f i k a t i o n, z.B. "Die Steine seuf-
zen[1]." Aber nicht nur konkrete Dinge werden personifiziert.
Mit Vorliebe beleben die Dichter Tages- und Jahreszeiten,
Himmel und Erde mit Mond und Sternen, Wind und Wetter durch
menschliche Attribute, die sowohl in Verben und Adverben
als auch in Substantiven und Adjektiven Ausdruck finden können. Hier einige Beispiele:

Der Abend grüßt das Tal; ihr feuchtes Schlafgemach[2]
Betritt die Sonne froh auf der vertrauten Bahn.

(Ricarda Huch: "Der Verbannte")

Gelassen[3] stieg die Nacht ans Land,
Lehnt träumend an der Berge Wand,

(Eduard Mörike: "Um Mitteracht")

Der Abend wiegte[4] schon die Erde,
Und an den Bergen hing die Nacht;
Schon stand im Nebelkleid die Eiche,
Ein aufgetürmter[5] Riese, da,
Wo Finsternis aus dem Geträuche[6]
Mit hundert schwarzen Augen sah.

(Goethe:"Willkommen und Abschied")

Von der Personifikation zur A l l e g o r i e (griech.
allegorein = anders, bildlich reden) führt kein weiter Weg.
Tatsächlich sind Allegorien oft Personifikationen von abstrakten Begriffen, aber mit dem Unterschied, daß, während
die Personifikation durch ein einziges Wort geschehen kann,
die Allegorie den abstrakten Begriff oder sogar einen Ge-
dankengang, den sie anschaulich darstellen will, möglichst
vollständig ins Bild übersetzt. Aus der bildenden Kunst sind
uns solche Allegorien vertraut, wie Amor mit dem Pfeil als
Sinnbild der Liebe, die Frauengestalt mit verbundenen Augen
und einer Waage in der Linken und einem Schwert in der
Rechten als Versinnbildlichung der Gerechtigkeit, oder die
"Statue of Liberty", die, aus zerbrochenen Ketten[7] steigend,
mit einer Fackel in der erhobenen Rechten und der Unab-

[1]sigh [2]bedchamber [3]calmly [4]cradled [5]towering [6]bushes
[7]chains

63

hängigkeitserklärung in Form einer Tafel in der Linken, die amerikanische Freiheit darstellt. In der Literatur gibt es ähnliche Personen-Allegorien. Z. B. läßt Goethe im Faust, zweiter Teil, vier graue Weiber auftreten, die sich als "Mangel," "Schuld," "Sorge" und "Not" vorstellen. In Wolfgang Borcherts Drama Draußen vor der Tür fegt, als Allegorie für den im Krieg überfütterten[1] Tod, ein dauernd rülpsender[2] Beerdigungsunternehmer den Weg von Leichen frei, und ein weinerlicher Alter gibt sich als "Gott, an den keiner glaubt," zu erkennen. Auch der Elbe-Fluß wird allegorisiert: In der Person eines Fischweibs hält die Elbe mit dem lebensmüden Kriegsheimkehrer Zwiesprache[3]. --- Ein Greis kann das Alter schlechthin, ein Jüngling den Frühling vorstellen, wobei, nach Goethe, "der Dichter zum Allgemeinen das Besondere sucht."

Nicht immer sind Allegorien ohne weiteres verständlich, d. h. man braucht manchmal kulturelle Kenntnisse, um die bei der Allegorie in ein Bild umgesetzten Begriffe aus diesem erschließen zu können. Z. B. wird ein mit der kirchlichen Bildersprache des Mittelalters nicht Vertrauter in dem Mann mit der Sichel, dem "Sensemann," nicht ohne weiteres den Tod erkennen können.

Allegorien sind nicht immer Personifikationen. Auch ein Ding kann Abstraktes allegorisieren, wobei vom Dichter mehr oder weniger deutlich ausgesprochen wird, was es darstellen soll. Im folgenden Beispiel wird das allegorische Schiff im Detail vom Verfasser des geistlichen Liedes (nach Johannes Tauler um 1300-1361 von Daniel Sudermann 1550-1631) selber interpretiert. Die ersten drei Strophen lauten:

> Es kommt ein Schiff, geladen
> bis an sein' höchsten Bord,
> trägt Gottes Sohn voll Gnaden,[4]
> des Vaters ewigs Wort.
>
> Das Schiff geht still im Triebe,
> es trägt ein teure Last[5];
> das Segel[6] ist die Liebe,
> der Heilig Geist der Mast.

[1]overfed [2]burping [3]dialog [4]grace [5]precious burden [6]sail

Der Anker haft'[1] auf Erden,
da ist das Schiff am Land.
Das Wort tut Fleisch uns werden,
der Sohn ist uns gesandt.

Etwas mehr eigenes Denken und Deuten des Lesers erfordert
die Allegorie in Schillers "Der Spaziergang" :

Seine Fesseln zerriß der Mensch. Der Beglückte! Zerriß er
Mit den Fesseln der Furcht nur nicht den Zügel[2] der Scham!
Freiheit ruft die Vernunft, Freiheit die wilde Begierde[3],
Von der heil'gen Natur ringen sie lüstern sich los.
Ach, da reißen im Sturm die Anker, die an dem Ufer
Warnend ihn hielten, ihn faßt mächtig der flutende Strom,
Ins Unendliche reißt es ihn hin, die Küste[4] verschwindet,
Hoch auf der Fluten Gebirg wiegt sich entmastet der Kahn[5],
Hinter den Wolken erlöschen des Wagens[6] beharrliche Sterne,
Bleibend ist nichts mehr, es irrt selbst in dem Busen der Gott.

Auch hier wird ein Wasserfahrzeug zur Allegorie
herangezogen. Der Mensch, der mit den Fesseln der Furcht die
Scham verloren hat, wird mit einem zerbrochenen Schiff ver-
glichen, das richtungslos von den Elementen hin- und herge-
worfen wird. Diese Verse von Schiller sind nebenbei ein
gutes Beispiel dafür, daß innerhalb eines allegorischen
Bildes andere Sprachbilder reichliche Anwendung finden können. "Fesseln der Furcht", "Zügel der Scham" und "der Fluten
Gebirg" sind wirkungsvolle Metaphern. Die Vernunft, die
wilde Begierde, Anker und Strom werden personifiziert.

Bei der Definition von Allegorie sind die Wörter "Sinnbild" und "versinnbildlichen" gefallen, die im Deutschen
auch für das aus dem Griechischen kommende Wort S y m b o l
(symbolon = Wahrzeichen, Merkmal) gebräuchlich sind.
Zwischen Allegorie und Symbol bestehen aber wesentliche
Unterschiede: Während die Allegorie an den Verstand appel-
liert, indem ein vom Dichter gewollt ins Bild übersetzter Begriff vom Leser, Hörer oder Betrachter daraus wieder ent-
schlüsselt[7] werden muß, wirkt das S y m b o l geheimnis-
voll auf Gefühl und Phantasie und weist ganz unaufdringlich[8]
auf tiefere Sinnzusammenhänge, die möglicherweise sogar dem

[1]grounds [2]bridle [3]lust [4]coast [5]ship [6]big bear [7]decoded
[8]unobtrusively

Dichter selbst im Schaffensakt unbewußt waren. Und nicht
immer wird ein Symbol, auch wenn es bewußt eingesetzt worden
ist, als solches empfunden und erkannt. Das hängt ab von der
Vertrautheit des Lesers mit dem geistigen, dem kulturellen
Klima, in dem die Dichtung entstanden ist, von seiner eigenen
menschlichen Reife[1] und wohl besonders von seiner Geübtheit[2]
im sensiblen[3] Lesen. Je nachdem, was einen Menschen zum Zeit-
punkt des Lesens einer Dichtung am meisten innerlich beschäftigt, wird er ein Symbol, das ja meistens mehr als
e i n e n Sinn verkörpert, so oder auch anders deuten. Eine
Allegorie aber ist immer eindeutig. Der entscheidende Unterschied zwischen Allegorie und Symbol besteht darin, daß es
bei der Allegorie überhaupt nicht auf das Bild selbst, sondern nur auf den darin verschlüsselten[4] Sinn ankommt, während
bei echter Symbolik der dargestellte Gegenstand oder Vorgang
so viel Eigenwert hat wie seine darüberhinausgehende tiefere
und allgemeinere Bedeutung. Z. B. sind die zwei Pferde in
Kleists Novelle "Michael Kohlhaas" aus der vordergründigen,
sehr realen Handlung nicht wegzudenken. An ihnen entzündet[5]
sich der mörderische Rechtsstreit[6], aber wie Kleist sie an
entscheidenden Punkten im Verlauf der Handlung immer wieder
einsetzt, läßt er sie über ihre sehr reale Gegenwart hinaus
zum Symbol für Kolhaasens zweischneidigen[7] Rechtssinn werden:
für sein idealistisches, ganz überpersönliches Rechtsgefühl
wie für seinen schadenfrohen, höchst persönlichen Rache-
durst[8].

Das Fischer-Lexikon unterscheidet drei Hauptformen des
Symbols: 1) das werk-immanente Symbol, 2) das werk-trans-
zendente Symbol und 3) das personale Symbol, wobei die
Grenzen fließend seien. "Das werk-immanente Symbol ist Be-
deutungsträger innerhalb der fiktiven Welt eines Kunstwerkes
... Für das immanente Symbol muß eine Erklärung seines Sym-
bol-Sinnes im Werk selbst gegeben werden. Es entsteht durch
den Kontext" (Literatur 2/1. S. 89). Die eben erwähnten
Pferde im "Michael Kohlhaas" sind ein Beispiel für das werk-
immanente Symbol. Zu dieser Gruppe gehört z. B. auch der
Fluß in Goethes "An den Mond" als Symbol der Vergänglichkeit, das Goethe selbst interpretiert:

> Fließe, fließe, lieber Fluß!
> Nimmer werd' ich froh,

[1]maturity [2]training [3]sensitive [4]coded [5]ignites [6]legal battle
[7]ambiguous [8]thirst of revenge

So verrauschte Scherz und Kuß
Und die Treue so.

Ein weiteres Beispiel für das immanente Symbol ist C. F.
Meyers "Mövenflug," wo das Symbol zentrale Bedeutung für
das Gedicht hat: die Reflexion der fliegenden Möven im
glatten Meeresspiegel wird dem Dichter zum Sinnbild der
täuschenden Gleichheit von Schein und Sein, von Trug und
Wahrheit.

Eichendorff bedient sich in seinem Gedicht "Das zer-
brochene Ringlein" eines über den Sprachbereich hinausgehen-
den, allgemein bekannten Symbols. Wie jeder Abendländer mit
großer Selbstverständlichkeit das Kreuz als Sinnbild von
Opfertod und christlicher Glaubenslehre versteht, so erkennt
er auch den Ring als Symbol der Treue.

Sie hat mir Treu versprochen,
Gab mir ein' Ring dabei.
Sie hat die Treu gebrochen,
Mein Ringlein sprang entzwei.

Das Symbol ist immanent, denn Eichendorff zeigt einen Zusammenhang zwischen Treue und Ring, aber es ist auch transzendent, denn der Leser bringt bereits das Verständnis für
die Symbolik eines zerbrochenen Rings mit. "Das transzendente Symbol entsteht nicht nur durch den Kontext. Als Be-
dingung ist zugleich die Verständnisfähigkeit des Betrach-
ters im Spiel" (ebda). Es wurde schon gesagt, daß die Wahrnehmung und Deutung eines Symbols stark vom geistigen und
emotionellen Standort wie von der literarischen Schulung
eines Interpreten abhängen kann. Es gehört schon ein wenig
Vertrautheit mit Symbolik dazu, um ein Gedicht wie Gottfried
Kellers "Abendlied" ohne lange Überlegung gleichsam auf zwei
Ebenen zu lesen. Eigentlich werden nur die Empfindungen eines bei Sonnenuntergang spazierengehenden Menschen gestaltet,
aber der Leser, der damit vertraut ist, daß der Abend oft
das Lebensende, der Schlaf den Tod symbolisiert, versteht sofort, nur von den unauffälligen Wörtchen, "einmal," "einst",
und "finstre Truh" geleitet, daß hier ein alternder Mensch
ans Sterben denkt.

Wie dieses Gedicht hat Heines "Die schlesischen Weber"
ein Symbol, das sowohl immanent als auch transzendent ist:

Das Leichentuch[1] Deutschlands, in das die Weber den dreifachen Fluch auf Gott, König und Vaterland hineinweben,
kann ohne alle Vorkenntnisse als Symbol für den Untergang[2]
Altdeutschlands erkannt werden, aber für den in der sozialen Geschichte Deutschlands Unterrichteten symbolisiert das
Leichentuch noch genauer den kommenden Aufstand[3] der
schlesischen Weber (der zwar niedergeschlagen werden wird)
und den endlichen Untergang der sozialen Struktur des feu-
dalistischen Staates.

Das transzendente Symbol, das Goethe in seiner Hymne
"Prometheus" gewählt hat, setzt beim Leser nicht nur Kenntnisse der antiken Mythologie voraus, sondern auch Vertrautheit mit dem geistigen Klima des achtzehnten Jahrhunderts,
insbesondere dem Geniegedanken. Nur dann weiß man, daß Prometheus, der zum Zorne[4] der Götter den Menschen das Feuer
brachte und nach einer Legende selbst Menschen aus Lehm[5]
formte, seit Shaftesbury als Symbol des schöpferischen Menschen schlechthin[6] verstanden wurde.

Das personale Symbol ist ein für einen Dichter persönlich bezeichnendes Symbol, das man in seinem Werk wiederholt antrifft. "Die Symbolbedeutung erschließt sich (dem
Leser) dadurch, daß die einzelnen Werke eines Dichters sich
gegenseitig erhellen. Der Kontext des personalen Symbols ist
das Lebenswerk" (edba, S. 91). Bei Gottfried Keller könnte
man z. B. von einer Symbolik der Kleidung sprechen. Wenn man
mehrere seiner Geschichten gelesen hat, wird einem deutlich, daß er mit Vorliebe die Beschreibung des Anzugs[7] als
Mittel zur Charakterisierung seiner Menschen wählt. Bei Theodor Fontane und in seiner Nachfolge bei Thomas Mann fällt
eine Namensymbolik auf: der Name verrät Wesentliches über
seinen Träger, wobei oft durch die Inkongruenz von Vor- und
Nachnamen (vgl. "Anton Gieshübler" oder "Tonio Kröger") auf
innere Konflikte hingewiesen wird. Kafkas Raumsymbolik ist
bekannt: Treppen, Dachböden[7], Rumpelkammern[8] und dergleichen
symbolisieren Winkel und Kammern unseres Unterbewußtseins.

Zur Illustrierung, wie zwei Werke gegenseitig ihre Bedeutung erhellen können, mögen Goethes Balladen "Der Erlkönig" und "Der Fischer" dienen. Den "Erlkönig" für sich be-

[1]shroud [2]downfall [3]rebellion [4]anger [5]clay [6]in general
[7]attire [8]attics [9]lumberrooms

68

trachtend, könnte man dem Fieberzustand des Kindes zu viel
Bedeutung beimessen[1], ohne den es keine bedrohlichen Natur-
mächte gäbe. Bei der Ballade "Der Fischer" aber sitzt der
Angler "ruhevoll, kühl bis ans Herz hinan," als ihn die Nixe
in den Abgrund zieht. Sowohl der Erlkönig und seine Töchter
wie auch das feuchte Weib holen sich ihre Opfer nicht nur
durch Verführung, sondern auch durch Gewalt. Wenn man dazu
Goethes Aussage "Denn unfühlend ist die Natur" ("Das Göttliche") in Betracht zieht, beginnt man, den Erlkönig wie die
Wassernixe als Symbol für dämonische Kräfte im Menschen zu
sehen, für seinen gefährlichen Zug zu Gefahr und Tod[16]. Die
Gewalt ist notwendig, weil dem Trieb der Selbstauflösung[2]
jener der Selbsterhaltung[3] entgegenwirkt.

In der modernen Lyrik, die im Deutschen etwa mit Rilkes
Dinggedichten beginnt, treten die anderen Formen der Bildersprache zugunsten[4] des Symbols zurück. Solange die Lyrik ich-
bezogen[5] war, wurden durch Metaphern und Vergleiche Beziehungen zur Umwelt hergestellt. "Auflockerung[6] der Ich-Be-
zogenheit, negativ ausgedrückt, Kontaktverlust bis Identi-
tätsverlust, positiv umschlagend: "nichtigwerden" = "Nicht-
Ich-Werden"; "Alleinheit" = "All-Einheit" --: also Trans-
zendierung durch Reduktion, Aufhebung des Gegensatzes von
Objekt und Subjekt, universelle Realität, Ineinanderklingen
aller Gegensätze" erörtert Kurt Leonhard [17] als wesentliche
Merkmale moderner Lyrik. An die Stelle des lyrischen Sub-
jekts mit seinen Gefühlen tritt eine gegenständliche, oft
alogische Welt, die aber zum Symbol menschlicher Erfahrungen
werden kann.

Zusammenfassung:

Bildliche Sprache ist ungenauer, aber durch die Assoziationen, die sie weckt, vielsagender als begriffliche Sprache.
Unsere Umgangssprache ist reich an Metaphorik, die aber, zum
Klischee geworden, uns oft gar nicht mehr bewußt wird. Echt
poetische Sprache findet neue Metaphorik oder belebt Kli-
schees durch originelle Abwandlungen.

Die einfachste und populärste Form der Metaphorik ist
der V e r g l e i c h, der sich durch eine Vergleichspartikel

[1]attribute [2]self-destruction [3]survival [4]in favor of
[5]oriented [6]loosening

(wie, als ob), durch Komparative und Superlative oder ein Verb wie "gleichen" und "ähneln" ankündigt. Er kann (a) kurz oder (b) lang sein, (c) Zustände oder (d) Handlungen vergleichen.

a) + c) Du bist so klug wie dein Vater.

b) + d) Sie arbeitet so emsig wie eine Biene, für die das Füllen der Vorratskammern der einzige Lebenszweck zu sein scheint.

Bei einem g e k ü r z t e n V e r g l e i c h fehlt die Vergleichspartikel, z. B. "zuckersüß" (statt"süß wie Zucker"). Ein Vergleich wird zu einem selbständigen B i l d oder h o m e r i s c h e n V e r g l e i c h, wenn der Vergleich syntaktisch nicht so eng geknüpft ist (er ist gewöhnlich durch einen Punkt oder Doppelpunkt getrennt) und der Gegenstand, der zum Vergleich herangezogen wird, fast ebenso eindrucksvoll wird wie der andere, der anschaulich gemacht werden sollte.

Vergleich: Ihre Handschrift ist zierlicher als Vogelspuren im Schnee.

Bild: Zierlich ist des Vogels Tritt im Schnee,
Wenn er wandelt auf des Berges Höh':
Zierlicher schreibt Liebchens liebe Hand,
Schreibt ein Brieflein mir in fremde Land.

(Aus Mörikers "Jägerlied")

Hinter der M e t a p h e r steht bewußt oder unbewußt auch ein Vergleich, aber die beiden miteinander verglichenen Teile decken sich genauer, der Abstand zwischen ihnen ist aufgehoben. Es ist ein Unterschied, ob ich sage: "Er ist wie ein Fuchs" (Vergleich), oder "er ist ein Fuchs" (Metapher).

Es gibt (a) nominale, (b) verbale und (c) Adjektiv-Metaphern.

a) Wolken von Gedanken (oder Gedankenwolken) verdüsterten seine Stirn

b) Gedanken umwölkten seine Stirn

c) Gedankenumwölkt schien seine Stirn

In jedem Fall verbindet die Metapher zwei artfremde Glieder, die etwas Drittes miteinander gemeinsam haben. In diesem Falle sind die Gedanken dunkel wie Wolken. Die versteckte Zweigliedrigkeit hinter der Metapher "Er ist ein Fuchs" ist

"Fuchsmensch".

Der einzige Unterschied zwischen einem gekürzten Vergleich und einer Adjektiv-Metapher besteht darin, daß bei ersterem die zwei Glieder nicht aus verschiedenen Bereichen kommen.

Gekürzter Vergleich: "Zuckersüß" (Zucker ist wirklich süß).
Metapher: "Goldtreu" (Gold kann nicht treu sein).

Bei der P e r s o n i f i k a t i o n   verleiht der Dichter toten Dingen, wie auch Tages- und Jahreszeiten, Tieren und Pflanzen, Himmel und Erde mit Mond und Sternen, Wind und Wetter menschliche Eigenschaften.

Personifikationen können mit einem einzigen Wort erreicht werden, mit einem Adjektiv, Verb, Adverb, einem Nomen oder auch einer Anrede. Die A l l e g o r i e dagegen ist meistens eine möglichst vollständige, ins Bild übertragene Personifikation eines Begriffes. Der Begriff erscheint als Person und veranschaulicht damit seine Bedeutung, z. B. ein Jüngling als Allegorie für den Frühling, eine Frau mit verbundenen Augen und einer Waage als Allegorie für die Gerechtigkeit. Nicht alle Allegorien sind Personenallegorien, müssen dann aber vom Dichter selbst erklärt werden.

Bei der Allegorie ist das Bild, das den Begriff veranschaulicht, nur Mittel zum Zweck. Beim S y m b o l dagegen hat der dargestellte Gegenstand oder Vorgang so viel Eigenwert wie seine darüber hinausgehende tiefere und allgemeinere Bedeutung. Seine Symbolik ist meist unaufdringlich und nicht immer eindeutig. (Manchmal weiß man nicht einmal, ob der Dichter die Symbolik beabsichtigt hat). Es gibt Symbole, die sich aus dem Kontext erklären, solche, mit denen der Leser vertraut ist, und die individuelle oder personale Symbolik eines Autors, wie man sie aus seinem Gesamtwerk kennenlernt.

Die S y n a e s t h e s i e ist eine Sonderform der Metapher. In dieser Spachform finden wir die Empfindung der verschiedenen Sinnesorgane vermischt. Man sieht, was man eigentlich hört (z. B. "das Licht der Töne"), man sieht, was man eigentlich fühlt (z. B. "blauweich," "naßgrün"), was man eigentlich riecht ("violettstinkender Kanal") usw.

Aufgabe: Untersuchen Sie die Gedichte "Maifest" (A6),
"Abendlied" (A12), "Willkommen und Abschied" (A18),
"Hyperions Schicksalslied" (A21) auf ihre Bildersprache
hin.

5. Rhetorische Figuren

Über Ursprung und Funktion der r h e t o r i s c h e n
F i g u r e n war schon im vorigen Kapitel die Rede. Der
nicht-professionelle Interpret kommt in den meisten Fällen
auch ohne ihre Kenntnis aus, die andererseits aber doch zu
erhöhter Wahrnehmung führen kann. Für unsere Zwecke scheint
es daher ratsam, uns mit den bekanntesten der rhetorischen
Figuren vertraut zu machen. Das Ziel ist daher weniger, ihre
Namen zu kennen, als sie zu bemerken.

Zu den rhetorischen Figuren gehören auch diejenigen, die
Klang und Syntax beeinflussen, aber die Klangfiguren haben
wir schon kennengelernt, und die Satzfiguren gehören ins
nächste Kapitel, so daß wir uns hier auf die Wort- und Gedankenfiguren und dabei nur auf e i n i g e wichtige beschränken.
W o r t f i g u r e n entstehen durch Ersetzen[1] des Wortes,
das den Sachverhalt am genauesten, am objektivsten bezeichnen würde. Ein anderes oder auch eine Wortgruppe tritt an
die Stelle, wobei der Sachverhalt[2], ein Begriff, eine Person
oder ein Ding umschrieben, übertrieben oder untertrieben
dargestellt wird.

Bei der U m s c h r e i b u n g oder P e r i -
p h r a s e wird der eigentliche Gegenstand durch ein
oder mehrere seiner Merkmale ersetzt, wie "der Allwissende"
(statt "Gott"), "der Gottessohn" (statt "Christus"), "mein
Sorgenkind" (statt "ein Projekt, das dauernd gefährdet ist"),
"die Lebensspenderin" (statt "Sonne"), "Hüter des Gesetzes"
(statt "Polizist") usw. Umschreibungen können zur Verleben-
digung oder reinen Ausschmückung dienen, aber auch zur Ver-
meidung von Wiederholungen, z. B. von Namen beim Erzählen
einer Geschichte. Wenn die Periphrase zur Ausdrucksmilderung,
d. h., zur Beschönigung einer unangenehmen Wirklichkeit gewählt wird, sprechen wir von E u p h e m i s m u s, z. B.
bei dem Ausdruck "das Zeitliche segnen", "die irdische Hülle

[1]substitution [2]state of affairs

ablegen", "entschlafen" oder "ins Jenseits gehen" für
"sterben." Meines Erachtens gehört hierhin, statt zur Bildersprache, auch die M e t o n y m i e (mit S y n e k -
d o c h e als Sonderform), denn die Metonymie ersetzt das
gebräuchliche Wort durch ein anderes, das zu ihm in realer,
nicht bildlicher Beziehung steht, z. B. "Goethe lesen" statt
"in Goethes Werken lesen"; "sich in Wolle kleiden" statt
"Kleidungsstücke aus Wolle tragen"; "das Zeitalter der Aufklärung betonte die Macht der Vernunft" statt "die Menschen
zur Zeit der Aufklärung ... " usw. Bei der Synekdoche als
Sonderform steht ein engerer Begriff an Stelle des umfassenden (pars pro toto) oder gelegentlich auch umgekehrt, z. B.
"das Haupt der Familie" (statt "Vater"); "Ein voller Bauch
studiert nicht gern" (statt " ein Mensch mit vollem Bauch..");
die "Sterblichen" (statt "Menschen").

Eine in der Umgangssprache wie auch in komischer und
pathetischer Dichtung äußerst beliebte Wortfigur ist die
H y p e r b e l (Übertreibung). Wir reden von "Schnecken-
tempo" und "Windeseile", von "glutheiß" und "eisigkalt"; wir
sagen, daß etwas Tieftrauriges selbst "einen Stein erweichen"
könne und daß "selbst ein Esel" das hätte wissen können.

Das Gegenteil der Hyperbel ist die L i t o t e s
(Untertreibung). Sie verschleiert den wahren Sachverhalt,
indem sie ihn durch die Verneinung des Gegenteils ausdrückt,
z. B. "sie ist nicht unschön" oder "Die Suppe schmeckt nicht
übel." Ob das Mädchen eher unattraktiv als schön und ob die
Suppe immerhin genießbar oder aber großartig schmeckt, bleibt
dabei offen, falls der Kontext keinen Aufschluß darüber gibt.
Die Litotes kann sich durch den Kontext entschieden als
"un d e r s t a t e m e n t" enthüllen, z. B. in Minna von Barnhelm, wenn Paul Werner über Franziska sagt: "Das ist kein un-
ebenes Frauenzimmerchen." Er findet dieses Mädchen großartig.

Die Stilfigur der I r o n i e ist uns allen aus der
Umgangssprache geläufig in Sätzen wie "Du bist mir vielleicht
ein schöner Freund!" oder "Na, daß ist ja eine schöne Be-
scherung." Wir sagen also das Gegenteil von dem, was wir meinen, wobei der Tonfall und/oder der Kontext, in dem die iro-
nische Bemerkung gemacht wird, unsere wahre Meinung durch-
blicken läßt. Die Ironie beabsichtigt meistens eine Form der
Kritik oder des Spottes, der liebevoll und verstehend sein,
aber auch scharf und feindlich sich bis zum S a r k a s -
m u s, dem höchsten Grad bitterer Ironie, steigern kann.

73

Bei G e d a n k e n f i g u r e n werden Denkprozesse unterschieden, sofern sie sich in wenigen Worten und Sätzen mani-
festieren:

In der A n t i t h e s e wird einem Begriff oder Sachverhalt ein anderer oder konträrer entgegengestellt. Das Gedicht "Alles ist eitel" von Andreas Gryphius (A23) ist z. B.
voll von Antithesen.

Was dieser heute baut, reißt jener morgen ein;
Wo jetzund Städte stehen, wird eine Wiese sein.

Was jetzund prächtig blüht, soll bald zertreten werden;
Was jetzt so pocht und trotzt, ist morgen Asch und Bein;

Aus einem seiner anderen alexandrinischen Sonette, "Ebenbild
unseres Lebens," stammen diese gedrängten Antithesen:

Der steigt und jener fällt, der suchet die Paläste,
Und der ein schlechtes Dach; der herrscht und jener
webt;

Das O x y m o r o n (Wortwiderspruch), verbindet um
einer Pointe willen zwei Begriffe miteinander, die sich
eigentlich gegenseitig ausschließen und dennoch irgendwie
eine sinnvolle Einheit bilden. Dabei kann der Widerspruch
zwischen Adjektiv und Substantiv bestehen, wie in "weiser
Narr," "teuflischer Engel," "stummer Schrei" oder in der
Zusammensetzung gleichartiger Satzglieder, wie in "bitter-
süße Liebe," "traurigfroh" (Hölderlin), "richtig verrückt".

Das P a r a d o x unterscheidet sich vom Oxymoron nur
dadurch, daß die scheinbar widersprüchliche Begriffsverbin-
dung als Meinung oder Behauptung formuliert wird. Das Oxymoron "der lebende Tod" wird zum Paradox, wenn behauptet
wird "Der Tod ist das Leben." Hier haben wir es mit einem
Widerspruch zwischen Weltanschauung und Glauben zu tun.

Ein P l e o n a s m u s (Überfluß) entsteht, wenn einem Substantiv ein Eigenschaftswort beigegeben wird, das
nichts weiter aussagt als das mit dem Substantiv selbstverständlich Gegebene, z. B. "alter Greis," "großer Riese,"
"weiser Philosoph," " weißer Schimmel." Diese Stilfigur
taugt also höchstens zum Schmuck oder zur Emphase.

Anders verhält es sich mit den S y n o n y m e n.
Wir reden von Synonymen, wenn zwei oder mehrere sinnver-
wandte Wörter aneinandergereiht sind, wie z. B. "sehen,
schauen, betrachten, gucken" oder "scheinen, glitzern, fun-
keln, strahlen, schimmern" oder "herrlich, wunderbar, be-
zaubernd, schön" usw. Dichterisch verwendet, stützen und
stärken (sic!) sie sich gegenseitig, ohne bloße Wiederholung
zu sein, denn selbst dann, wenn sie vom logischen Stand-
punkt genau dasselbe bedeuten, weichen sie zumindest durch
ihren anderen Klang im Gefühlsgehalt voneinander ab.

Wenn ein Schreiber oder Sprecher sichergehen will, daß
seine A n s p i e l u n g e n[1] verstanden werden, muß er
sein Publikum kennen, denn eine Anspielung ist ein mehr
oder weniger subtiler Hinweis auf etwas, was als bekannt vorausgesetzt wird. Die Anspielung kann, wenn sie geistreich
ist, sehr amüsant sein, sie kann zur direkten Aussage dienen,
wo die unverhüllte[2] Wahrheit ihrem Urheber gefährlich werden
könnte (z. B. im politischen Kabarett wie bei jeder Gesellschaftskritik in einem totalitären Staate), sie kann aber
auch Zusammenhänge aufdecken, die, direkt ausgesprochen, zu
plump oder kraß wären. Wenn z. B. Werther in die Sprechweise[3] Jesu fällt, will er sich nicht mit Christus auf eine
Stufe stellen, aber doch sein Leiden und Sterben in einem
besonderen Licht gesehen haben.

Aufgabe: Geben Sie für jede rhetorische Figur zwei Beispiele. Erfinden Sie sie selbst, wenn Sie wollen.

6. Der Satzbau

Bei der Betrachtung des Satzbaus kommt es uns auf seine
"Bausteine", die Satzglieder oder Wörter, wie auf ihre Stellung im Satzgefüge an. Eine solche Untersuchung kann, den
Stil des Autoren betreffend, zu aufschlußreichen Beobachtungen
führen. Auffällige Eigenarten in der Syntax bezeichnen wir,
ebenso wie eine charakteristische Bildersprache, als S t i l-
z ü g e[4], wobei zum Auffälligen nicht nur ein wiederholtes
Abweichen[5] von der Norm, sondern auch die deutliche Bevor-

[1]allusions [2]undisguised [3]mode of speech [4]stilistic features
[5]deviation

75

zugung[1] einer üblichen Sprachform zählt.

Bei der Untersuchung des Satzbaus kommt es weniger auf die individuelle Wahl des Wortes als auf die Worttypen an. Man stellt z. B. die Frage nach der bevorzugten Wortart im Satzgefüge, wie: Kann man von einem n o m i n a l e n S t i l sprechen, d. h. , überwiegen die Nomen (Substantive), oder berechtigt uns die offensichtliche Vorliebe[2] für das Verb, den Stil als verbal zu bezeichnen? Je abstrakter ein Autor denkt und formuliert, desto mehr Vorrang wird sich das Nomen erstreiten, aber nicht nur in wissenschaftlicher Literatur fällt der nominale Stil auf. Nach Adolf Bach ist die moderne Sprache überhaupt "durch ein Vorherrschen der Substantivkonstruktion gezeichnet; nach O. Behagel (Lit.-Bl. 1932, 214) wäre dafür als eine der treibenden Kräfte das Bedürfnis der Zeitung nach Schlagzeilen verantwortlich zu machen."[18] Ein verbaler Stil ist meistens lebendig und voller Bewegung, wofür die meisten Gedichte Goethes beispielhaft sind (Vgl. "Maifest" A6, "An den Mond" A17 und "Willkommen und Abschied" A18). Ein an Adjektiven reicher Stil hat wieder eine ganz andere Färbung. Er ist für eine ganze literarische Epoche bezeichnend: für Gotthelf und Gottfried Keller und die anderen poetischen Realisten, die in beschaulicher Breite den Menschen in seiner Alltagswelt beschrieben.

Wir lenken nun unsere Aufmerksamkeit auf das Satzgefüge[3]. Sind die Sätze in dem Gedicht oder dem Prosatext vor uns lang oder kurz, sind sie meist nebengeordnet[4] oder untergeordnet[5], einfach oder verschachtelt[6] und kompliziert? Wolfgang Kayser[19] argumentiert überzeugend, daß P a r a t a x e (Nebenordnung von Sätzen) nicht immer als Zeichen volkstümlichen Stils gelten kann und bestimmt nicht als Symptom geistiger Primitivität und eines Mangels an Ordnungs- und Gliederungsvermögen anzusehen ist, wie andererseits die H y p o - t a x e (Unterordnung von Sätzen) kein Beweis für geistige Straffheit[7] und Fassungskraft[8] und logisches Ordnungsvermögen[9] sein muß. Es ist zwar in der Regel so, daß Schlichtheit des Denkens und Fühlens in parataktischen Sätzen oder aber in schlichter Verbindung von Haupt- und Nebensätzen angemessenen Ausdruck findet. Im Gegensatz dazu ist wissen-

[1]preference [2]preference [3]sentence structure [4]coordinated
[5]subordinated [6]involved [7]rigour [8]capacity of comprehension
[9]structural ability

schaftliche oder philosophische Literatur meist durch lange,
untergeordnete und kompliziert gebaute Sätze gekennzeichnet.
Bei einer genauen Textinterpretation muß man individuell aus-
werten, in welchem Verhältnis der Satzbau zur Aussage der
Dichtung steht. Dabei sind soziolinguistische Betrachtungen
oft relevant.

Unter den rhetorischen Figuren gibt es solche, die durch
besonderen Satzbau entstehen. Sie werden deshalb auch
S a t z f i g u r e n genannt. Bei der E l l i p s e werden zur stärkeren Hervorhebung des Wesentlichen ein oder
mehrere zum Verständnis nicht wichtige Satzteile ausgelassen. Als Mittel zur Gefühlssteigerung ist sie besonders in
ler Lyrik beliebt. Vgl. das Ende von Goethes "Willkommen
und Abschied":

> Und doch, welch Glück, geliebt zu werden!
> Und lieben, Götter, welch ein Glück!

Oder den Anfang von "An den Mond"

> Füllest wieder Busch und Tal
> Still mit Nebelglanz,
> Lösest endlich auch einmal
> Meine Seele ganz;

Im ersten Beispiel fehlen Subjekt und Verb (welch ein Glück
ist es), im zweiten nur das Subjekt-Pronomen Du. Das Hilfs-
verb wird gern ausgelassen, vgl. aus Peter Huchels Winterpsalm:

> Wo nachts der Wind
> Mit flacher Schulter gelegen.

Selbstverständlich begegnen wir der Ellipse auch in der Umgangssprache ("Welch ein Unglück!" - "So ein Schuft!" - "Die
Pest über ihn!"). Bei Gottfried Keller kann man beim häufigen Weglassen der Hilfsverben direkt von einem Stilzug sprechen. Die Ellipse ist charakteristisch für eine ganze literarische Periode: für den Expressionismus. Vgl. den Tele-
grammstil in Georg Kaisers Drama Gas I:

> Ingenieur: Das Gas -- das nur hier gemacht werden kann?-
> M. Sohn: - explodierte!
> Ingenieur: -- Die Arbeiter??
> M. Sohn: Über grünen Grund Siedler!

Beim Z e u g m a verbindet ein Verb zwei ungleich-
artige Sätze oder Satzteile und erzeugt dadurch meistens
eine komische Wirkung, z. B.:

Sie bestand aus Haut, Knochen und Neugierde

(Günter Grass: Katz und Maus)

Maria, die er sofort als Verkäuferin eingestellt und
seiner imaginären Frau Luba wortreich präsentiert hatte,
zeigte dem Herrn Fajngold unseren Matzerath, der schon
seit drei Tagen unter einer Zeltplane im Keller lag,
weil wir ihn der vielen Russen wegen, die auf den
Straßen überall Fahrräder, Nähmaschinen und Frauen aus-
probierten, nicht beerdigen konnten.

(Günter Grass: Die Blechtrommel)

Hans Magnus Enzenbergers Gedicht "an alle fernsprechteil-
nehmer" (A25) bringt aber mehrere Beispiele dafür, daß das
Zeugma nicht nur komische, sondern auch grauenvolle Wirkung
hervorrufen kann. Indem der Dichter so inkongruente Begriffe,
Dinge und Bilder, wie "Nähte der Zeit" mit "Nähten der
Schuhe," "Dividenden" mit "blutigen Segeln der Hospitäler,"
"Professuren" mit "Primgeldern" und "Phlox" mit "erloschenen
Resolutionen" durch jeweils ein Verb aufs engste verbindet,
entlarvt er den Widersinn, den Irrsinn unserer Zeit, des
technologischen, selbstzerstörerischen Zeitalters.

P a r a l l e l i s m u s , die klare Gleichordnung von
Satzteilen oder Sätzen, ist eine besonders in der Lyrik häufig anzutreffende Stilfigur, z. B.:

Heiß ist die Liebe,
Kalt ist der Schnee.

Oft tritt sie zusammen mit der Anapher auf, so daß die Verse
dann nicht nur strukturell, sondern auch klanglich gebunden
sind. Die letzte Strophe des Gedichts "Auferstehung" von
Marie Luise Kaschnitz (A25) enthält einen anaphorisch gebundenen und einen klanglich nicht gebundenen Parallelismus:

Und dennoch leicht
Und dennoch unverwundbar

78

Geordnet in geheimnisvolle Ordnung
Vorweggenommen in ein Haus von Licht.

Solche Verse sind gerade durch ihre parallele Anordnung ein-
prägsam, besonders, wenn sie gereimt sind. Sie sind meistens
schlicht im Satzbau und eignen sich gut für volkstümliche
Dichtung. Goethes Ballade "Der Fischer" (A24) ist voll von
Parallelismen, wobei meistens je zwei parallele Konstruktio-
nen in derselben Verszeile stehen:

Das Wasser rauscht, das Wasser schwoll, ...
Und wie er sitzt, und wie er lauscht, ...
Sie sang zu ihm, sie sprach zu ihm: ...
Das Wasser rauscht, das Wasser schwoll, ...
Sie sprach zu ihm, sie sang zu ihm; ...
Halb zog sie ihn, halb sank er hin, ...

Diese Parallelismen innerhalb eines Verses sind das charakte-
ristischste Merkmal dieser Ballade.

Im C h i a s m u s sind die Satzglieder nicht gleich-
laufend wie beim Parallelismus, sondern kreuzförmig angeordnet, also:

Heiß ist die Liebe,
Der Schnee ist kalt.

Das Adjektiv am Anfang des Satzes tritt im zweiten Satz ans
Ende und tauscht den Platz mit dem Subjekt. Voraussetzung
ist, daß in beiden Sätzen entsprechende Satzglieder vorhanden sind. Goethes elliptische Schlußzeilen von "Willkommen
und Abschied" (A18) verdanken ihre starke Gefühlssteigerung
wohl nicht zuletzt der chiastischen Anordnung.

Und doch, welch Glück, geliebt zu werden!
Und lieben, Götter, welch ein Glück!

Das Prädikatsnomen hat in der zweiten Zeile mit dem Verb
den Platz getauscht. Der Anruf der Götter findet zwar in der
ersten Zeile, wo das Verb in der Passivform mehr Raum ein-
nimmt, keine Entsprechung.

Der A n a k o l u t h ist eine Stilfigur, die uns im
alltäglichen Sprechen je nach Temperament mehr oder weniger
häufig, aber fast immer absichtslos unterläuft. Mitten im

Satz nehmen die Gedanken eine andere Richtung, und der ange-
fangene Satz wird nicht den grammatischen Regeln entsprechend
beendet. Als literarische Stilfigur wurde der Anakoluth als
Ausdruck überschwenglichen und durch die Syntaxregeln nicht
gehemmten Gefühls in der Epoche des Sturms und Drangs beliebt.
Z. B. ist der Anakoluth kennzeichnend für Werthers Stil:

> O, wenn ich Fürst wäre! Ich wollte die Pfarrerin, den
> Schulzen und die Kammer -- Fürst! Ja wenn ich Fürst
> wäre, was kümmerten mich die Bäume in meinem Lande!

Der Anakoluth findet, wie zu erwarten, in der Technik des
"stream of consciousness" häufig Anwendung wie auch in der
realistischen Nachahmung eines fiktiven Sprechers.

Die I n v e r s i o n, eine Umstellung von Subjekt und
Verb zur Betonung eines anderen Satzteils, ist in der deutschen Sprache keine auffällige Stilfigur, weil im Deutschen
eine solche Wortstellung im Satz üblich ist und keinen Ver-
stoß[1] gegen grammatische Regeln bedeutet. Z. B.: "Groß war
die Freude des Wiedersehens!" Aber bei häufiger, schnell auf-
einanderfolgender Anwendung kann die Inversion den Stil prägen[2], z. B. überschwenglich oder pathetisch machen.

Das H y p e r b a t o n bedeutet eine Abweichung[3] von
normaler Wortstellung und ist nach grammatischen Regeln ein
Fehler. Es kann aber gerade durch seine Ungewöhnlichkeit
starke Betonungsverschiebungen erreichen oder auch geheimnis-
voll wirken. Hölderlin ist ein hervorragender Meister des
Hyperbaton. Vgl. den Anfang von seinem Gedicht "Hälfte des
Lebens."

> Mit gelben Birnen hänget
> Und voll mit wilden Rosen
> Das Land in den See,
> Ihr holden Schwäne,
> Und trunken von Küssen
> Tunkt ihr das Haupt
> Ins heilignüchterne Wasser.

[1]violation [2]coin, shape [3]deviation

Zusammenfassung:

Bildersprache und individuelle Wortwahl prägen den Stil jedes Autors. Noch wichtiger sind möglicherweise die von ihm bevorzugten Worttypen und seine Syntax. Sein Stil läßt sich vielleicht als n o m i n a l oder v e r b a l bezeichnen. Möglicherweise fällt ein häufiger Gebrauch des Adjektivs ins Auge, usw. Seine Sätze können vorzugsweise p a r a t a k - t i s c h oder h y p o t a k t i s c h gebaut sein, und er macht vielleicht auffälligen Gebrauch von einer oder mehreren Satzfiguren, wie der E l l i p s e, dem Z e u g - m a, dem P a r a l l e l i s m u s oder C h i a s m u s, dem A n a k o l u t h, der I n v e r s i o n oder dem H y p e r b a t o n. In jedem Fall müssen solche Beobachtungen im Zusammenhang mit der Aussage des Textes gesehen und individuell bewertet werden.

Aufgabe: Untersuchen Sie den Satzbau, seine Wirkung und Angemessenheit in den Gedichten "Des Sängers Fluch"(A4), "Die schlesischen Weber" (A13), "Der Verbannte" (A14), "Willkommen und Abschied" (A18).

7. Der Stil

Eine Sprache ist ein soziales Phänomen, ein System von Sprachzeichen zur Kommunikation. Wie jemand innerhalb der vorgeschriebenen[1] Sprachregeln auswählt, ob er lange, kurze einfache oder verschachtelte Sätze[2] schreibt, ob er die Nomen den Verben vorzieht (Nominalstil versus Verbalstil), ob er viele Adjektive verwendet, ob er sich mehr bildlich[3] als begrifflich[4] ausdrückt usw., prägt seinen individuellen Stil. Das persönliche Temperament, Phantasie, Bildung und Geschmack formen den Stil entscheidend mit, andere Einflüsse auf den Dichter dürfen nicht übersehen werden, wie die literarische Mode der Zeit (=Epochenstil), der Publikumsgeschmack und bewunderte Vorbilder[5] des Dichters. Landschaft und Stamm[6] sollen auch den Stil mitprägen. Schließlich stellt auch die Gattung, die er wählt, noch stilistische Anforderungen. Während z. B. in erzählender, be-

[1]prescribed [2]involved periods [3]figuratively [4]conceptually
[5]models [6]tribe, race

schreibender Dichtung ein Reichtum an Adjektiven zu erwarten ist, würden sie im Drama die Handlung womöglich störend aufhalten, und effektvolle stilistische Mittel der Lyrik sind der Dramatik oft abträglich[1].

Die Sozio-Linguistik untersucht, welchen Einfluß die Zugehörigkeit zu einer bestimmten gesellschaftlichen Schicht[2] auf die Sprache hat. Ein Bauer hat einen anderen Vokabelschatz und dank seiner besonderen Vorstellungswelt andere bildliche Ausdrücke als z. B. ein Arzt, ein Professor, ein Kaufmann oder Fabrikarbeiter. In Rollendichtungen machen sich die Autoren das Wissen um die soziolinguistischen Unterschiede zunutze. Da beschränken[3] sie sich, wenn sie in der gewählten Rolle überzeugend sein wollen, auf den Vokabelschatz und Satzbau, die für diese Person glaubwürdig[4] sind. In dem Gedicht "Der Arbeitsmann" (A16) z. B. bleibt Richard Dehmel ganz in der Begriffs- und Vorstellungswelt eines einfachen Arbeiters. Seine Bildersprache beschränkt sich auf einen naheliegenden Vergleich und ein im Volksmund bekanntes, hier nur leicht abgewandeltes Symbol: Seine Familie, sein Volk und er könnten so frei, so schön und so kühn wie die Vögel sein, wenn sie nur Zeit zum Leben und nicht nur zum Arbeiten hätten. Der Gewitterwind ist Zeichen eines kommenden Sturms, einer Rebellion, vielleicht einer Revolution der Arbeiter, die ihr Los[5] verbessern könnte. Auch der Satzbau ist einfach gehalten, vorwiegend parataktisch.

Die vorhergehenden Beobachtungen an "Der Arbeitsmann" zeigen die Einheitlichkeit[6] von Sprecher, Aussage und Form der Aussage. Das ist es eigentlich, was man in der Dichtung (wie auch in der bildenden Kunst) unter "Stil" versteht. Wenn diese Harmonie irgendwie gestört ist, spricht man von Stilbruch, und wenn gar keine Einheitlichkeit deutlich wird, bezeichnet man ein Werk als stillos. Es hätte z. B. einen Stilbruch bedeutet, wenn der Arbeitsmann in komplizierten Schachtelsätzen gesprochen oder Metaphern gebraucht hätte, die nicht aus seinem Vorstellungsbereich kommen.

Alle vorigen Kapitel beschäftigten sich mit Teilaspekten des Stils. In unserer Analyse haben wir bisher, ohne Zusammenhänge zu suchen, beschrieben oder aufgezählt[7], was da ist: den Inhalt mit seiner Struktur und Bedeutung, die

[1]unfavourable [2]class [3]limit [4]authentic [5]lot [6]uniformity [7]listed

klanglichen Mittel, die der Dichter benutzt hat, das Metrum und den Rhythmus, seine bildlichen Ausdrücke, etwaige rhetorische Figuren und die Syntax. An dieser Stelle fragen wir uns nach dem Allgemeineindruck und skizzieren[1], was relativ häufig da ist oder durch seine Besonderheit auffällt[2]. Das ist der erste Schritt der Synthese, denn dabei erkennen wir oft schon, wie die verschiedenen Gestaltungsmittel zusammenwirken und den Gehalt mitschaffen. Bei "Der Arbeitsmann" würde unter dieser Rubrik[3] etwa folgendes stehen: Einfacher Satzbau, vorwiegend Parataxe, viele "und", Parallelismen. Einfache, an Metaphorik arme Sprache. Nur ein in jeder Strophe leicht abgewandelter, als flüssiger Kehrreim erscheinender Vergleich mit einem Vogel, und ein Symbol. Die Klage "Nur Zeit" am Schluß jeder Strophe.

Bei unserer Bewertung des Stils handelt es sich immer um den Stil des Werkes, das wir interpretieren. Wir dürfen dabei keine Schlüsse auf den Personalstil des Dichters ziehen, ohne nicht mehrere seiner Werke verschiedener Gattungen zum Vergleich herangezogen zu haben.

Aufgabe: Untersuchen Sie den Stil von "Die schlesischen Weber"(A13), "Der Fischer" (A24) und "Es ist alles eitel" (A23).

[1] sketch [2] is striking [3] heading

III. Modell einer Analyse

1. Richtlinien zur Interpretation von Gedichten

INHALT: Hat das Gedicht epische Elemente durch einen Stoff, eine Handlung? Sind Stoffquellen erkennbar?

INHALTLICHE GLIEDERUNG: Entsprechen neue Strophen neuen Gefühlen, Gedanken, Erlebnissen, Zeiteinheiten usw.? Gibt es Strophensprünge? Ist das Gedicht mehrschichtig durch Wechsel von Zeitformen oder veränderte Sprechhaltung?

LYRISCHES MOTIV: Was ist die Situation des Empfindenden? Was fühlt er? Wenn das Gedicht eine Handlung hat, suchen Sie nach dem Zentralmotiv: der menschlich bedeutungsvollen, typischen Situation. Ist es Erlebnis-, Gedanken- oder Kunstlyrik?

DER TITEL: Ist er überflüssig oder wichtig? Warum?

KLANG: Welche Reimform? Herrschen gewisse Vokale oder Konsonanten vor? Gibt es Klangfiguren? Feste oder flüssige Kehrreime?

METRUM: Versmaß. Strophenbau. Hat der Dichter eine festgelegte Form, z. B. ein Sonett, eine Stanze oder dergl. gewählt?

RHYTHMUS: Wie ist das Metrum ausgefüllt? Fallender oder steigender Rhythmus? Starke Hebungen? Lange Pausen? Gibt es ein rhythmisches Leitmotiv?

BILDERSPRACHE: Gibt es Metaphern? Vergleiche? Bilder? Symbole? Personifikationen? Allegorien?

RHETORISCHE FIGUREN: Verzeichnen Sie hier nur Wort- und Gedankenfiguren.

SATZBAU: Vorwiegend Parataxe oder Hypotaxe? Lange oder kurze, komplizierte oder einfache Sätze? Satzfiguren?

STILZÜGE: Gibt die Sprache soziologische Aufschlüsse? Finden Sie Auffälliges am Satzbau? An der Wortwahl? An der Metaphorik?

GEHALT: Die im Gedicht enthaltenen Ideen?

2. Arbeitsblatt

INHALT:

INHALTLICHE GLIEDERUNG:

LYRISCHES MOTIV:

DER TITEL:

KLANG:

METRUM:

RHYTHMUS:

BILDERSPRACHE:

RHETORISCHE FIGUREN:

SATZBAU:

STILZÜGE:

GEHALT:

3. Analyse von Goethes "An den Mond"

Ellipsen

I. Füllest wieder Busch und Tal   a   I+II =
   Still mit Nebelglanz,   b   Personifika-
   Lösest endlich auch einmal   a   tion des
   Meine Seele ganz;   b   Mondes

Fast nur helle Vokale

II. Breitest über mein Gefild   a
    Lindernd deinen Blick,   b
    Wie des Freundes Auge mild   a   Vergleich
    Über mein Geschick.   b

Synaesthesie

III. Jeden Nachklang fühlt mein Herz

   Froh- und trüber Zeit,

Ellipse — Wandle zwischen Freud' und Schmerz

   In der Einsamkeit.

Personifikation

Fließe...Fluß = Paronomasie

IV. Fließe, fließe, lieber Fluß!   — Symbol für die Vergäng-
   Nimmer werd ich froh,   lichkeit. Auch
                            Metapher (Fluß des Lebens)
   So verrauschte Scherz und Kuß,   } Vergleich =
   Und die Treue so.   } Bild

Metrum: 4/3 Trochäen = Vlstr.   ○ Alliterationen
Reimschema: Kreuzreim   ) Zeilensprünge

86

V. Ich besaß es doch einmal,

Was so köstlich ist!

Daß man doch zu seiner Qual

Nimmer es vergißt.

VI. Rausche, Fluß, das Tal entlang,

Ohne Rast und Ruh,

Rausche, flüstre meinem Sang

Melodien zu,

VII. Wenn du in der Winternacht

Wütend überschwillst,

Oder um die Frühlingspracht

Junger Knospen quillst.

VIII. Selig, wer sich vor der Welt

Ohne Haß verschließt,

Einen Freund am Busen hält

Und mit dem genießt,

IX. Was, von Menschen nicht gewußt

Oder nicht bedacht,

Durch das Labyrinth der Brust   *Synechdoche*

Wandelt in der Nacht.   *Metapher*

Hyperbaton

Benutzen Sie hier Stifte verschiedener Farben!

INHALT: Das Gedicht hat keinen eigentlichen Stoff. Es ist
   rein lyrisch. In der Mondnacht werden beim Dichter erstarrte Gefühle der Freude und des Schmerzes wachge-
   rufen.

INHALTLICHE GLIEDERUNG: Strophensprünge zwischen I + II (An-
   rede an den Mond), VI + VII (Anrede an den Fluß) und
   VIII + IX (Wie man Trost finden kann). Je zwei gehören
   eng zusammen. III, IV + V bilden eigentlich auch eine Ein-
   heit. Sie enthalten die Klagen über die Vergänglichkeit.
   Gedicht der doppelten Ebene: Wechsel von Gegenwart und
   Vergangenheit (IV,3 - V,4). Außerdem Wechsel von Anrede
   (I, II, IV,1; VI, VII), lyrischer Aussage (III, IV,2 -
   V,4) und Reflexion (VIII - IX).

LYRISCHES MOTIV: Der Mensch leidet an der Vergänglichkeit
   und sucht Trost. Erlebnislyrik.

DER TITEL: Wichtig, denn der Mond wird in der Anrede nicht
   mehr genannt. Die Atmosphäre des seelischen Erlebnisses
   ist damit gleich zu Anfang gegeben.

KLANG: Kreuzreim, immer männlicher Ausgang; vorwiegend
   helle Vokale und weiche Konsonanten (viele l + r)
   schaffen lichtvolle Atmosphäre. Nur in Strophen V und
   VI, wo geklagt wird, herrschen dunkle Vokale vor; Paronomasie: IV,1. Alliterationen: IV,1; VI,2; VII,1+2.
   Onomatopoeia Strophen VI - VII.

METRUM: Abwechselnd 4 + 3 heb. Trochäen; neun Strophen mit
   je vier Zeilen; Volksliedstrophe.

RHYTHMUS: Fließender Rhythmus; das rhythmische Leitmotiv
   ($\acute{X}$ X $\acute{X}$ X $\acute{X}$ oder $\acute{X}$ X $\acute{X}$ X $\acute{X}$) erscheint in der zweiten

Verszeile jeder Strophe, oft auch in der vierten Zeile;
fast immer Enjambements von der ersten zur zweiten und
der dritten zur vierten Zeile. Dadurch werden größere
Bögen gebaut, weniger lange Pausen; wie das Weiterdrängen des Flusses oder des Lebens.

BILDERSPRACHE: Mond und Fluß werden personifiziert durch
Anrede und menschliche Eigenschaften: lieber Fluß. Der
Mond ist wie ein Freund. Vergleich: II,3 (wie des Freun-
des Auge ...). Bild IV,3 (so verrauschte Scherz und Kuß
...). Metapher: IX,3 (Labyrinth der Brust). Synaesthesie:
III,1 (Jeden Nachklang fühlt mein Herz).

RHETORISCHE FIGUREN: Synekdoche: IX,3 (Brust statt Herz).
Pleonasmus: VII,3 (Junger Knospen). Synonyme: VI,2 (Rast
und Ruh). Siehe auch unter Klang und   Satzbau.

SATZBAU: Die ersten sechs Strophen einfache kurze Sätze, fast
nur Parataxe; Strophen sieben bis neun, mit Ausnahme von
"Selig" nur Hypotaxe (= Reflexion), Strophe IX durch das
Hyperbaton "Wandelt in der Nacht" nicht so leicht zu ver-
stehen. Auffällig viele Ellipsen: I,1 (Füllest wieder
...), I,3 (Lösest endlich ...), III,3 (wandle zwischen
...), VIII,1 (Selig, wer ...).

STILZÜGE: Weicher Klang. Fließender Rhythmus. Bildreich mit
vielen Personifikationen, Ellipsen.

GEHALT: Dieser Mensch hat offenbar so viel Schmerz erlebt,
daß seine Seele davon erstarrt war. Er hat köstliche
Liebe besessen und verloren. Aber auf diesem nächtlichen
Spaziergang löst ihm der Mond die erstarrten Gefühle
und wird ihm zum tröstenden Freund. Selbst dem Fluß, obwohl der ihm zum Symbol der Vergänglichkeit wird, fühlt
er sich verbunden. Er nennt ihn "lieber Fluß." Er erfährt,
wie die Natur ihm Zuflucht vor der Welt bietet, aber zur
Seligkeit gehört noch etwas anderes: ein Freund, ein geliebter Mensch, mit dem man die Geheimnisse des Herzens
austauschen kann. Vielleicht hat der Mond mit den traurigen und glücklichen Gefühlen auch die Hoffnung geweckt,
wieder so einen Freund zu finden.

C. SYNTHESE

I. Ziel der Interpretation

Das Ziel der Interpretation ist die Würdigung der Dichtung in ihrer künstlerischen Harmonie von Inhalt und Form, Gehalt und Gestalt. Die Interpretation muß zeigen, wie alle Teile aufeinander bezogen[1] und miteinander verwoben[2] sind. Eine gute Interpretation verdirbt[3] nicht das Vergnügen an einem Kunstwerk, sondern erhöht es, indem sie auf Feinheiten und Zusammenhänge, die leicht übersehen werden, aufmerksam macht. Wenn der Interpret die Dichtung mit Entdeckerfreude auf ihr künsterlerisches Leben hin abhorcht, dann wird es für ihn nie ein langweiliges, trockenes Geschäft sein. Er kann sogar das Gefühl erleben, als ob er am Schaffensakt selbst teilnähme.

II. Verarbeitung der analytischen Erträge

Nicht alles bei der Analyse Aufgezeichnete ist für den Interpretationstext brauchbar. Jetzt muß gewertet[4] und ausgewählt[5] werden, welche Elemente zum Gesamteindruck wesentlich beigetragen haben. Die wichtigsten sollten bereits unter "Stil" vermerkt worden sein. Alle anderen dazugehörigen Details können jetzt angestrichen[6] werden. Sie sollen wahrscheinlich im Interpretationstext mit verarbeitet werden.

Als nächster Schritt ist zu entscheiden, welche Hauptgedanken die Interpretation leiten sollen und in welcher Reihenfolge. Man kann selbstverständlich auf verschiedenste Weise beginnen, u. a. mit dem Titel, dem lyrischen Motiv, dem Gehalt oder auch mit dem Klang oder Rhythmus. Am natürlichsten und ratsamsten ist es, vom stärksten Ersteindruck auszugehen (soweit er der Analyse standgehalten hat und nicht bei der genauen Textuntersuchung revidiert werden mußte), oder von dem, was sich während der Analyse als das Wesentlichste des Gedichts herausgestellt hat.

[1]related [2]interwoven [3]spoils [4]evaluated [5]selected [6]marked

Am besten macht man sich nun, wie normalerweise beim Aufsatzschreiben, eine Gliederung[1], aus der die Hauptthesen und die dazugehörigen Gedanken wie die Bezogenheit[2] aufeinander klar ersichtlich werden. Hier folgen zwei Gliederungen für zwei mögliche Interpretationen von "An den Mond".

Möglichkeiten der Synthese.

Versuch A (Gliederung)

I. Der Dichter beklagt die Vergänglichkeit des Lebens und der Liebe.
    Daran schaffen neben der ausgesprochenen Klage:
    1. Fluß als Symbol der Vergänglichkeit
    2. Überhaupt die Bewegung und dauernde Veränderung des Gedichts
       a) Der fließende Rhythmus
       b) Strophen- und Zeilensprünge (Weiterdrängen der Bewegung)
       c) Ellipsen
       d) Wechsel von Sprechhaltung und Zeitformen

II. Der Dichter findet Trost in der Natur, zu der er ein sehr persönliches Verhältnis gewinnt.
    1. Vergleich des Mondes mit einem Freund
    2. Personifizieren von Mond und Fluß
    3. Der weiche, helle Klang suggeriert die lindernde Wirkung der Natur auf ihn

III. Schluß
    Es ist dem Menschen möglich, bei aller Vergänglichkeit selig zu sein, wenn er einen Busenfreund hat, mit dem er die innersten Regungen austauschen kann.

Versuch B (Gliederung)

Das Gedicht ist romantisch
Typische Merkmale dafür sind:
1. Die innige Liebe zur Natur und besonders zur Nacht.
   a) Der nächtliche Spaziergang
   b) Personifikationen von Mond und Fluß

[1]outline [2]relatedness

91

2. Die Freude am Klang
   a) Die vielen hellen Vokale und weichen Konsonanten ver-
      stärken den Eindruck der lichtvollen, lyrischen
      Stimmung
   b) Gebrauch von Alliterationen und Onomatopoeia
   c) Sanfte Bewegung durch den fließenden Rhythmus
3. Weltabkehr und Beschäftigung mit dem eigenen Herzen
   (siehe Metapher "Labyrinth der Brust")
4. Motive der Einsamkeit, Sehnsucht und der Freundschaft
   als höchstes Glück des Lebens.

III. Der Text der Interpretation

   Der Text darf nicht etwa eine unkritische Aneinanderreihung der analytischen Ergebnisse sein. Eine Gliederung
ist von großem Nutzen, weil sie dazu zwingt, erst zu werten
und zu wählen und die Gedanken klar zu ordnen. Damit ist
schon die Hauptarbeit getan, denn der Rest ist nur noch eine
Frage der sprachlichen Formulierung. Dabei sollte der literaturwissenschaftliche Jargon weitgehend vermieden werden.
Einfache Fachausdrücke wie Stoff, Motiv, Thema, Titel, Stil,
Syntax und dergleichen sind zwar in der Interpretation üblich, können aber auch manchmal mit Gewinn umgangen werden.
Dagegen sind umständlichere Ausdrücke wie "Identität von
innerer und äußerer Gliederung," "Gedicht der doppelten Ebene" und dergl. mehr unbedingt zu vermeiden.

   Eine Warnung soll nicht unterlassen werden: Bei der Deutung musikalischer Stilmittel wie Klang, Metrum und Rhythmus
muß man sich hüten, ihre Wirkung ohne Zusammenhang mit der
Bedeutung der Wörter bewerten zu wollen. Man sollte z. B. nie
sagen, daß die hellen Vokale eine lichtvolle Atmosphäre erzeugen oder daß der fließende Rhythmus Vergänglichkeit bedeutet. Helle Vokale können in einem anderen Kontext schrill
und unangenehm sein, und ein fließender Rhythmus könnte u.a.
die angemessene rhythmische Bewegung für ein Wiegenlied
schaffen. Verben wie b e t o n e n , u n t e r s t r e i -
c h e n , u n t e r m a l e n , v e r s t ä r k e n ,
h e r v o r h e b e n und m i t s c h a f f e n sind eher
geeignet, ihre Mitwirkung am Dichtwerk zu beschreiben. Als
Beispiel möge der Text der Interpretation dienen, der zu
Gliederung Versuch A gehört:

Versuch A (Text der Interpretation)

Dieses Gedicht bringt die erschütternde, wenn auch nicht trostlose Klage des noch jungen Goethe über die Vergänglichkeit der Liebe und des Lebens zum Ausdruck.

Ein einsamer Wanderer in der Nacht erlebt, wie der freundliche Mondschein die vom Schmerz ganz erstarrte und fühllos gewordene Seele endlich wieder einmal löst und zum Leben bringt. Freude und Schmerz werden gleichermaßen wieder wach, aber im Anblick des Flusses, der ihm zum Sinnbild der Vergänglichkeit wird, befreit sich die Klage aus seiner Brust: So sind auch Schmerz und Lust dahingeflossen, und schlimmer noch: die Treue. Was bleibt, ist nur die Qual der Erinnerung.

Das Gedicht in seiner dauernd wechselnden Gestalt scheint selbst Verkörperung der beklagten Vergänglichkeit geworden zu sein. Wie der Fluß fließt auch der Rhythmus dahin, sanft aber unaufhaltbar. Die vielen Enjambements erlauben selten Pausen zwischen den Verszeilen, und der Strophensprung zwischen der sechsten und siebten und der achten und letzten Strophe drängt die Bewegung noch schneller weiter. Die vielen Ellipsen (Goethe läßt die Personalpronomen "du" bei "füllest," "lösest" und "breitest" und "ich" bei "wandle" fallen) tun das Ihrige dazu: es gibt keine Zeit für Unwesentliches.

Eine andere Form der dauernden Veränderung gewahren wir im häufigen Wechsel der Sprechhaltung und der Zeitformen. Das Gedicht beginnt mit der Rede an den Mond über seine gegenwärtige Wirkung auf den einsamen Wanderer (Strophen eins und zwei). Strophe drei könnte auch noch an den Mond gerichtet sein, klingt aber eher wie ein Selbstgespräch, ein Horchen auf innere Vorgänge. Die vierte Strophe beginnt mit dem Anruf des Flusses, noch in der Gegenwart, der aber von der dritten Zeile an bis zum Ende der fünften Strophe in Klage über die Erinnerung an die Vergangenheit übergeht. Strophen sechs und sieben wenden sich mit dem erneuten Anruf des Flusses wieder der Gegenwart zu -- der Fluß solle ihm die Melodien für seinen Gesang zuflüstern.

Trotz der ausgesprochenen Klage ist die Stimmung des Gedichts hell, weich und versöhnlich. Der Dichter findet Trost in der Natur, zu der er ein persönliches Verhältnis

93

fühlt, wie in der brüderlichen Anrede des Mondes und des
Flusses zum Ausdruck kommt. "Wie ein Freund," wird gesagt,
blicke der Mond auf ihn. Hinter den Versen "Breitest über
mein Gefild / Lindernd deinen Blick" steht das Bild eines
großen Vogels, der schützend seine Flügel über das Geschick eines Verwundbaren, eines Verwundeten ausbreitet.
Auch der Fluß wird zum Bruder im Leid um die Vergänglichkeit. "Lieber Fluß," sagt der von der inneren Lähmung endlich Befreite, Freud und Schmerz wieder Fühlende zu ihm.

Vielleicht mehr noch als die Personifikation von Mond
und Fluß trägt die Klanggestalt des Gedichts zu seiner
lichten Atmosphäre bei. Die vorwiegend hellen Vokale in
Verbindung mit den vielen Liquida l und r und anderen
weichen Konsonanten strömen, wie man sich fast einbilden
könnte, das Mondlicht aus, besonders in den ersten drei
Strophen. Mit der hervorbrechenden Klage in Strophen vier
und fünf vermehren sich auch die dunklen Vokale, und in
Strophen sechs und sieben hat der Klang stärker akustische
als visuelle Effekte. Hier wird der Gesang des rauschenden,
schwellenden Flusses gemalt.

Der helle, besänftigende Klang des Gedichts ist es wohl
auch, der vielleicht eine versöhnliche Interpretation der
beiden Schlußverse zuläßt, die sich aus den Worten allein
kaum rechtfertigen ließe. Voll von romantischen Motiven steckt
dieser Schluß. Von Weltflucht und Freundschaft oder Liebe,
von der Nacht und vom Herzen ist dort die Rede, und im Zusammenhang gesehen mit der vorausgegangenen Klage über die
verlorene Liebe, könnte man diese für Goethe so typischen
Schlußsentenzen als Ausdruck des Mangels an all dem, was man
zur irdischen Seligkeit brauche, verstehen. Aber die
tröstende, mondlichthelle Stimmung dieser lyrischen Verse
läßt Hoffnung mitklingen: Es wird wieder so einen Freund,
einen so innig geliebten Menschen geben, dem man die geheim-
sten und verworrenen Regungen des Herzens bei Nacht anver-
trauen kann.

II. T E I L

D R A M A

EINLEITUNG

Das Drama und seine Gattungen

Unter Drama (griech. Handlung) verstehen wir eine in
Dialog und Monolog auf der Bühne dargestellte Handlung, die
dem Zuschauer gegenwärtiges Geschehen vortäuscht[1] und ihn
innerlich und äußerlich daran teilhaben läßt. Beim sogenannten dramatischen Theater wird völlige Identifizierung
des Zuschauers mit den Freuden und Leiden der Helden ange-
strebt. Seit Berthold Brecht und seinem e p i s c h e n
Theater gibt es daneben politische Lehrstücke, bei denen
das Publikum kritischen Abstand bewahren soll.

Das Drama hat sich aus kultischen Gesängen und Tänzen
entwickelt, die zunehmend durch Monologe und Dialoge erwei-
tert wurden. So entstanden z. B. die deutschen Oster- und
Passionsspiele des Mittelalters aus Bibellesungen in der
Kirche. Man begann, die Heilige Schrift mit verteilten Rol-
len zu lesen, sich entsprechend zu verkleiden und schließlich auch das Gesprochene mit Handlung zu begleiten und
außerhalb der Kirche geeignete Schauplätze zu suchen.

Ähnlich wie bei der Lyrik erhält man viele Untergattungen[2], wenn man dramatische Stücke nach verschiedenen thematischen und formellen Gesichtspunkten einordnet. So kommt
man zu Kategorien wie T r a g ö d i e und K o m ö d i e,
G e s c h e h n i s - , F i g u r e n - und R a u m -
d r a m a, h i s t o r i s c h e s D r a m a und b ü r -
g e r l i c h e s T r a u e r s p i e l, Z i e l -
d r a m a und a n a l y t i s c h e s D r a m a usw.
Daneben gibt es Sonderformen des Dramas wie H ö r s p i e l
und F i l m oder, in Verbindung mit Musik, O p e r,
O p e r e t t e, S i n g s p i e l und M u s i c a l.
Die Hauptformen Tragödie, Trauerspiel und Schauspiel, Komödie, Lustspiel und Tragikomödie werden, da ihre Gattung von
der Art der Lösung des Konflikts bestimmt wird, unter "Inhaltliche Aspekte" genauer untersucht.

[1]simulated [2]sub-genres

97

Wie kann man das Drama interpretieren?

Beim Studium von fremdsprachiger Literatur ist es geraten, den Kursteilnehmern schriftliche Inhaltsfragen in die Hand zu geben, mit deren Hilfe sie sich orientieren und feststellen können, ob sie die wichtigsten Vorgänge im Drama verstehen. Dadurch wird der Stoff geklärt.

Wie in der Lyrik ist die beste Methode, sich bei der Interpretation zunächst eng an den Text zu halten. Die "Richtlinien zur Interpretation von Dramen" sollen wieder Fragen stellen, die zu wesentlichen Überlegungen anregen und damit das Verständnis der Dichtung in seiner kunstvollen Einheit von Gehalt und Form vertiefen. Dabei wird dem Anfänger in der Kunst des Interpretierens geraten, systematisch Posten für Posten zu beantworten und danach Zusammenhänge zu suchen, d. h., er bemüht sich, das Zusammenspiel von ideellen und formalen Aspekten zu erkennen. Mit mehr Übung bekommt man einen Blick fürs Wesentliche und braucht nicht unbedingt schrittweise vorzugehen.

Manche Punkte der Richtlinien fürs Drama sind mit denen der Lyrik identisch. In dem Fall wird auf die entsprechende Seitenzahl hingewiesen. Neue Aspekte werden in den folgenden Kapiteln erklärt.

Bei der Interpretation von Dramen kommt man mit der werkimmanenten Methode allein nicht immer aus. Da ein Drama im Gegensatz zur Lyrik fast immer einen Stoff hat, möchte man seine Quellen und vielleicht das persönliche Verhältnis des Autors zum Stoff kennenlernen. Dann sucht man in Briefen, Tagebüchern oder anderen Mitteilungen des Autors nach diesbezüglichen Anmerkungen oder Erörterungen, oder man kürzt sich den Arbeitsweg durch Lektüre von relevanter Sekundärliteratur ab. Wenn der Stoff bekannt ist, könnte man vielleicht eine vergleichende Studie mit anderen Bearbeitungen machen. Daraus kann dann eine ideengeschichtliche Studie werden, wie bei der Untersuchung der Fauststoffbehandlung vom Barock bis in die Neuzeit. Oft scheint der Einfluß philosophischer Anschauungen oder politischer oder sozialkritischer Überzeugungen der Zeit erforschenswert zu sein. In diesem Falle braucht man solche Quellen oder entsprechende kritische Literatur als Hilfsmittel. Vielleicht möchte man auch herausfinden, wie ein Theaterstück von den Zeitgenossen des Autors und von späteren Generationen auf-

genommen worden ist. Zu solch einem Studium der Wirkungsge-
schichte braucht man theaterhistorische Zeitschriften und
Bücher oder wieder umfassende, kritische Liteartur über den
Autor und sein Werk.

Wenn man alle diese ideellen wie auch formalen Aspekte
eines Dramas untersuchen will, braucht man dazu viel Zeit.
Im Rahmen eines Literaturkurses, in dem innerhalb eines
Semesters eine Reihe von Werken gelesen werden, läßt sich
eine umfassende Studie und Interpretation nur in Gruppenar-
beit verwirklichen.

Bei Benutzung dieses Textes in einem Kursus wird vorgeschlagen, vor dem weiteren Studium von Teil II gemeinsam eine Tragödie und eine Komödie zu lesen; wenn es die Zeit erlaubt, auch noch ein Stück episches Theater. Am ergiebigsten
ist es, wenn eins davon ein Ziel-, das andere ein analytisches Drama, eins ein Geschehnis- und das andere ein Fi-
guren- oder Raumdrama, eins von geschlossener und das
andere von offener Form ist. Dann können diese nach dem Lesen der Kapitel jeweils als praktische Beispiele herangezogen werden. Bei individuellem Studium können schon bekannte Dramen als Modelle dienen.

A. VERBALISIERUNG SPONTANER ERSTEINDRÜCKE
(Vgl. S. 9)

B. RICHTLINIEN ZUR ANALYSE

I. Inhaltliche Aspekte

1. Tragödie und (bürgerliches) Trauerspiel

Das Wort Tragödie kommt ebenfalls aus dem Griechischen. Tragodia heißt Bocksgesang, Gesang um den Bock[1], der zu Beginn der Vorführung[2] geopfert[3] wurde. Im Deutschen ist die Tragödie meist gleichbedeutend mit T r a u e r s p i e l. Es ist ein ernstes Drama in pathetischem[4] Tone, in dem die Hauptperson an einem tragischen Konflikt äußerlich oder innerlich zusammenbricht. Der Zuschauer soll dabei nach Aristoteles (De Poetica, Kapitel 6) durch "fobos" und "eleos" zur Katharsis, d. h., Läuterung[5] solcher Gefühle geführt werden. Die nicht eindeutigen Begriffe "fobos" und "eleos" sind u. a. mit "Furcht" und "Schrecken" und "Jammer[6]" und "Schrecken" und "Mitleid" und "Furcht" übersetzt worden. Die letztere Deutung von Lessing hat sich ziemlich allgemein durchgesetzt[7]. Seiner Meinung nach soll es bedeuten, daß der Zuschauer mit dem Helden oder der Heldin mitleiden und für sich selbst ein ähnliches Schicksal fürchten soll.

In der griechischen Tragödie sind zwei Formen der tragischen Schuld bekannt: die "h a m a r t i a", eine mehr oder weniger unschuldige oder zumindest unbewußte[8] Schuld, die in einem großen Irrtum, in einer Verblendung[9], im Verkennen der Situation besteht, und die "H y b r i s", die Schuld des Hochmuts[10] und der Überheblichkeit[11]. In der deutschen Tragödie gibt es auch reine Opfer der Verblendung, aber bei den meisten tragischen Helden haben sowohl Charakter als auch Schicksal Anteil an der tragischen Schuld, wobei diese Ingredenzien vielfach verschieden gemischt sind. In seinen drei Jugendtragödien Die Räuber, Kabale und Liebe und Die Verschwörung des Fiesco läßt Schiller seine jungen Helden, alle drei heftige Idealisten, der Selbstüberheblich-

[1]ram [2]performance [3]sacrificed [4]solemn [5]cleansing [6]lamentation [7]prevailed [8]unconsious [9]delusion [10]arrogance [11]presumption

100

keit (hybris) schuldig werden. Der von seinem Bruder be-
trogene Karl Moor nimmt das Gesetz selbst in die Hand,
Ferdinand macht sich in grenzenloser Verblendung zum Richter
und Scharfrichter seiner Geliebten, und Fiesco stürzt den
Tyrannen von Genua, weil kein Tyrannentum gebilligt werden
darf und läßt sich doch von seinen Freunden zum neuen Tyrannen machen. Goethes Faust, der in seinem einen Leben die
Summe aller menschlichen Erfahrungen zu machen verlangt,
leidet an starker Hybris. Dagegen ist Luise Millers (Kabale
und Liebe) tragische Schuld ein klarer Fall von Hamartia.
Sie ist ein unschuldiges, frommes Mädchen, liebende und
treue Tochter wie Geliebte, und doch wird sie unwissend mit-
schuldig an der Katastrophe. Ihre kleinbürgerliche, kirchen-
fromme Erziehung erlaubt ihr nicht die innere Freiheit, einen unter Erpressung gemachten Eid als nicht bindend zu betrachten. Mit der Entdeckung des falschen Eides hätte sie
das Schlimmste verhindern können. Bei Goethe ist Egmonts
Hamartia eine Verkennung der für ihn gefährlichen politischen Situation. Es ist wahrhaft tragisch, daß er an seiner
anziehendsten Eigenschaft, der Sorglosigkeit, die ihn zum
tatkräftigen Liebling des Volkes gemacht hat, zugrunde geht.

Die der Hybris schuldigen Helden sind gewöhnlich die
treibenden Kräfte der tragischen Handlung. Dagegen findet
sich die Hamartia, die "unschuldige Schuld," wie zu erwarten, in der Regel bei Charakteren, die im Drama mehr oder
weniger passiv bleiben.

Ein u n l ö s b a r e r[1] K o n f l i k t verurteilt
den Helden zum ausweglosen Scheitern[2]. Hat der Dichter eine
alltragische Weltsicht[3] (Pantragismus), dann führt das Leben
notwendigerweise zu tragischen Konflikten wie bei den Griechen, wo der bedeutende Mensch geboren zu sein scheint, um
mit den Göttern und ihren Forderungen in Widerspruch zu geraten[4], oder wie bei dem deutschen Tragiker Friedrich Hebbel,
nach dessen Anschauung, in Übereinstimmung mit Schopenhauer,
sich die Weltseele in viele Individuen gespalten[5] hat, die
im Kampf um Selbstbehauptung[6] notwendigerweise mit dem Uni-
versum in Konflikt geraten müssen. Andere Konflikte beschränken sich auf die jeweilige Situation. Es sind Konflikte zwischen Liebe und Pflicht, Sitte und Gesetz, Religion und Leidenschaft, Selbstsucht und Gewissen und der-

[1]unsoluble [2]failing [3]world perception [4]to come into conflict
perception [5]split [6]self-preservation, limit

101

gleichen mehr.

Das bürgerliche Trauerspiel <u>Agnes Bernauer</u> ist ein Beispiel von Hebbels alltragischer Weltsicht. Hier gerät der Glücksanspruch des Individuums mit dem Staatswohl in unversöhnlichen Konflikt. Agnes hat das Unglück, mit einem Herzogssohn verheiratet zu sein, der als Thronerbe gebraucht wird und dabei kein Bürgermädchen als Ehefrau an seiner Seite haben kann. In der Abwesenheit ihres Mannes wird sie gezwungen, ihrer Ehe zu entsagen oder zu sterben. Sie wird mit Bedauern dem Interesse der Gemeinschaft geopfert.

Im Gegensatz zu diesem Konflikt, an dem Agnes' Charakter völlig unbeteiligt ist, wurzelt Fausts Konflikt ganz und gar in seinem Charakter. Seine hochfliegenden geistigen Bestrebungen liegen in ständigem Kampf mit seinen unbeherrschten irdischen Trieben und stürzen ihn -- trotz großer Taten für die Gemeinschaft -- in immer neue Schuld.

In den meisten Fällen ergeben sich die tragischen Konflikte aus äußeren Situationen und der inneren Haltung des betroffenen[1] Charakters. Luise Miller aus <u>Kabale und Liebe</u> möge wieder als Beispiel dienen. Sie kann das Leben des geliebten Vaters nur retten, wenn sie den geliebten Mann opfert, indem sie diesen glauben läßt, daß sie ihn mit einem anderen Mann herzlos und schamlos betrügt. Sie kann den alten gefangenen Vater nicht im Stich lassen, auch wenn ihr der scheinbare Betrug am Geliebten das Herz bricht. Das ist ihr Charakter. Daß sie Ferdinand später nicht die Wahrheit sagen kann, weil sie auf den gefälschten[2] Brief einen erzwungenen Eid geleistet hat, liegt an ihrer kleinbürgerlichen Erziehung.

Kraft ihres Charakters gerät auch Goethes Iphigenie in eine scheinbar ausweglose Situation. Der König der Taurier hat gerade das Gesetz der Opferung aller Fremden wieder eingeführt, weil Iphigenie ihn nicht heiraten will, als ihr Bruder Orestes mit seinem Freund ankommt und von ihr am Altar geopfert werden soll. Die Iphigenie des Euripides braucht unbedenklich Trug und List zur gemeinsamen Flucht. Goethes Iphigenie aber ist eine reine, wahrhaftige Seele. Sie sieht sich in den furchtbaren Konflikt gestellt, mit der

[1]affected [2]counterfeited

102

Wahrheit das Leben des geliebten Bruders zu riskieren oder
den König, der gut zu ihr gewesen ist, betrügen zu müssen
und damit nicht nur ihr jahrelanges Humanisierungswerk aufs
Spiel zu setzen, sondern auch die ersehnte Möglichkeit auf-
zugeben, mit reiner Seele nach Griechenland zurückzukehren,
um den blutigen Altar ihrer Väter zu entsühnen. Im Ver-
trauen auf die Götter wagt sie schließlich das Risiko der
Wahrheit. Goethe hat die Konsequenz des tragischen Konflikts
vermieden und an die Stelle der Katastrophe ein "verteufelt
humanes" Ende gesetzt. König Thoas ringt sich durch, Wahr-
haftigkeit mit Großmut zu belohnen. So entstand ein Schauspiel, ein Lösungsdrama, ein ernstes Drama ohne komische Einlagen.

Ohne Wissen des Helden um seine tragische Situation
gäbe es für den Leidenden nicht die Möglichkeit, seinen un-
vermeidlichen[1] Untergang[2] würdevoll[3] zu akzeptieren. Wo der
Mensch nur noch ein Gestoßener, ein blind Getriebener ist,
wo man daran glaubt, daß Vererbung[4] und Milieu sein Leben
bestimmen[5], da gibt es auch keine Schuldigen mehr, und die
Tragödie wird vom s o z i a l e n   D r a m a abgelöst[6].
"Verbrecherin, wohin ich mich neige!" sagt Luise in klarer
Erkenntnis ihrer tragischen Situation. Sie muß entweder zur
Verbrecherin an ihrem Vater oder an ihrem Geliebten werden.
Faust spricht die Erkenntnis seiner inneren Tragik mit den
berühmten Worten aus "Zwei Seelen wohnen, ach, in meiner
Brust ..." Schillers tragische Helden und Heldinnen, wie
Wallenstein in Wallensteins Tod (1798-99), Königin Elisabeth
in Maria Stuart (1799/1800) und Johanna d'Arc in der Jung-
frau von Orleans (1801), sie sind sich alle ihres Dilemmas
bewußt. Indem sie durch ihre Handlung einer Anforderung gerecht werden, verletzen sie eine andere, vielleicht eine
ebenso berechtigte.

In Georg Büchners Woyzeck (1857) und Friedrich Hebbels
Maria Magdalene (1843) ist das Bewußtsein der tragischen
Situation nur noch in geschwächtem Maße vorhanden, und in
Gerhart Hauptmanns sozialen Dramen fehlt es so vollkommen,
daß damit auch die eigentliche Tragik verschwindet. Für ei-
nen der produktivsten Dramenschreiber unserer Zeit, den
Schweizer Friedrich Dürrenmatt, ist die Tragödie als Form
gar nicht mehr möglich. "Die Tragödie setzt Schuld, Not,

[1]inevitable [2]downfall [3]with dignity [4]heredety [5]determine
[6]taken over

Maß, Übersicht, Verantwortung voraus. In der Wurstelei
unseres Jahrhunderts, in diesem Kehraus der weißen Rasse,
gibt es keine Schuldigen und auch keine Verantwortlichen
mehr ... Wir sind zu kollektiv schuldig, zu kollektiv ge-
bettet in die Sünden unserer Väter und Vorväter ... Uns
kommt nur noch die Komödie bei."[20)]

Zum Begriff der Tragödie gehört der der F a l l -
h ö h e. Bis Lessing wurde er ständisch[1] verstanden. Nur
Personen hohen Standes –– anderen fehlte die nötige Würde ––
durften in der Tragödie agieren. Ihre Fallhöhe hing davon ab,
wie hoch sie vor ihrem Unglück auf der aristokratischen
Rangleiter gestanden hatten und wie tief sie gefallen waren.
Der Fall von Oedipus Rex zu dem Bettler Oedipus ist gewal-
tig. Lessing beseitigte das Monopol hochgestellter Personen
in der Tragödie mit der Begründung[2], daß wir nur mitleiden
und ein ähnliches Schicksal für uns fürchten können, wenn
wir mit den Helden auf gleicher Stufe[3] stehen. So entstand
das b ü r g e r l i c h e T r a u e r s p i e l , bei dem
die Fallhöhe einzig vom Kontrast zwischen Glück und Unglück
vor und nach der Katastrophe und dem Tempo, mit dem sich
dieser Wechsel vollzieht[4], bestimmt wird.

Zusammenfassung:

Eine Tragödie endet mit dem Tod oder Unglück des Helden. Zur echten Tragödie ist erfoderlich: Eine t r a -
g i s c h e S c h u l d in Form von Hybris oder Hamartia.
Die Hybris ist eine Schuld der Anmaßung, für die der Held
persönlich verantworlich ist; die Hamartia ist eine unschuldige Schuld, gewöhnlich in Form von Verblendung und
manchmal nicht mehr als der unschuldige Grund der tragischen Verwicklung. Ein u n l ö s b a r e r K o n f l i k t.
Der Held wird zum ausweglosen Scheitern verurteilt. Das
W i s s e n d e s H e l d e n u m s e i n e t r a -
g i s c h e S i t u a t i o n . –– Der Begriff F a l l -
h ö h e wurde vor Lessing ständisch verstanden, bedeutet
aber im bürgerlichen Trauerspiel den raschen Wechsel vom
Glück zum Unglück.

Aufgabe: Überprüfen Sie Ihr Drama auf diese drei Merkmale
hin.

[1] a matter of social class [2] reasoning [3] social level [4] occurs

2. Komödie und Lustspiel

Das griechische Wort "komodia" geht zurück auf "komos" (lustiger Umzug als Bestandteil des Dionysos-Kults) und "Ode" (Gesang). Die Komödie ist das Gegenstück zur Tragödie. Der tragische Konflikt existiert nur scheinbar. Statt zur Katastrophe zu führen, wird er unerwartet komisch aufgelöst[1]. Statt tragischer Erschütterung[2] erlebt der Zuschauer eine innere Befreiung durch Lachen.

In der deutschen Literatur gibt es viel weniger Komödien oder Lustspiele als Tragödien, und die besten der wenigen, die wir haben, gehen haarscharf an der Tragödie vorbei. Wenn Lessing in Minna von Barnhelm den dramatischen Konflikt (der Major von Tellheim glaubt, seine Verlobte nicht mehr heiraten zu dürfen, weil er duch einen falschen Verdacht Ehre und Geld verloren hat), konsequent durchgeführt hätte, wäre ein unglückliches Ende unvermeidlich gewesen. Nur durch den Rehabilitationsbrief des Königs, der in seiner Funktion dem "deus ex machina", dem Gott aus dem Theaterhimmel des antiken Dramas, vergleichbar ist, kann sich alles noch zum Guten wenden. Franz Grillparzers Lustspiel Weh dem, der lügt hätte vom Konflikt her auch leicht ein tragisches Ende nehmen können. Leon will den Neffen eines fränkischen Bischofs aus der Gefangenschaft bei den barbarischen Germanen befreien, darf aber aufs strengste Gebot des Bischofs hin nicht lügen. Da greift er als Tarnung zur direkten Wahrheit, die ihm niemand abnimmt. Auf der Flucht muß er dann aber dem Fährmann und einzig möglichen Retter die Wahrheit ohne Täuschungsabsicht gestehen. Wie bei Goethes Iphigenie auf Tauris ist die Wahrheit ein großes Risiko, bringt aber wider alle Erwartungen und vielleicht nur durch göttliche Fügung die Rettung.

Bei den eben genannten Stücken unterscheidet sich also der dramatische Konflikt der Komödie von dem der Tragödie nur durch die Art seiner Lösung. Das versöhnliche Ende allein macht allerdings noch nicht die Komödie aus. Bei ernstem Tone und würdevoller Sprache hätten wir ein Schauspiel oder Lösungsdrama. Zur Komödie gehören eine lockere, manchmal witzige oder komische Sprache und amüsante Situationen, in denen die Akteure oft am Kontrollhebel der Er-

[1]dissolved [2]violent emotion

eignisse zu sitzen glauben und dann zu ihrer Überraschung
herausfinden, daß ihnen vom Schicksal arg mitgespielt wird.
Drei Typen der Komödie werden unterschieden, obwohl sie
selten in reiner Form vorkommen: die Charakterkomödie, die
Situationskomödie und die Intrigenkomödie.

Bei der C h a r a k t e r k o m ö d i e liegt, wie
schon der Name sagt, die Komik im Charakter. Im Gegensatz
zum Helden der Tragödie versucht der komische Charakter,
seine Umwelt und oft genug auch sich selbst über seinen
wahren Zustand zu täuschen[1]. Die Komik besteht gerade darin, daß er sich, wie die Zuschauer sofort erkennen, für jemand anders hält oder ausgibt, als er wirklich ist. Er will
z. B. heldenhaft und würdevoll erscheinen, während die Zuschauer wissen, daß er ein Feigling[2] ist, oder er spielt die
Rolle des großzügigen[3] Gönners[4] und ist in Wahrheit ein
Knauser. Er tut, als ob er fromm sei, und ist dabei ein
schamloser Ausbeuter seiner Mitmenschen, oder er will als
reicher, eleganter, hochgebildeter und kunstliebender Welt-
bürger beeindrucken und ist im Grunde seines Herzens ein un-
gehobelter, materialistischer Kleinbürger. Wir kennen diese
Hochstapler[5] menschlicher Tugenden[6] aus Molières Komödien.
Sie alle sehen ihre Lächerlichkeit nicht, bis sie öffent-
lich entlarvt[7] und ausgelacht werden. Eine Charakterkomödie
ist gleichzeitig eine Gesellschaftskomödie, wenn der
schwache Held als Vertreter einer bestimmten gesellschaftlichen Schicht verstanden werden soll.

In der S i t u a t i o n s k o m ö d i e wächst die
Komik mehr aus der Situation als aus dem Charakter. Die Situation wird, vom Zuschauer beobachtet, auf der Bühne vorbereitet, aber die handelnden Personen geraten unvorbereitet
hinein, durchschauen sie oft nicht bis zum verblüffenden[8]
Ende und verhalten sich deshalb komisch. Mit diesem Prinzip
arbeiten viele Fernsehkomödien. Komisch ist z. B. eine Si-
tutation wie die folgende aus Max Frischs Don Juan oder die
Liebe zur Geometrie: Don Juan hat alle seine früheren Geliebten zum Essen geladen. Jede glaubt, allein zu einem
neuen Liebesfest geladen zu sein, und sieht sich plötzlich
enttäuscht und eifersüchtig unter lauter Enttäuschten und
Eifersüchtigen.

In der I n t r i g e n k o m ö d i e beruht die Komik

[1]deceive [2]coward [3]generous [4]patron [5]charlatan [6]virtues
[7]unmasked [8]startling

mehr auf der Handlung als auf Charakter oder Situation.
Eine Intrige ist ein verwickeltes[1] Komplott[2] zwischen
einigen Personen des Dramas zur Täuschung[3] anderer. Bei
Shakespeare ist dazu Verkleidung ein beliebtes Mittel. In
Lessings Minna von Barnhelm wird die Ringintrige zum wich-
tigen Vehikel der Handlung und zur Quelle komischer Ausrufe,
Gesten und Situationen.

Bei Minna von Barnhelm haben wir es mit einer neuartigen
Form von Komödie zu tun, dem L u s t s p i e l, in dem,
wie Lessing es wollte, Humor an Stelle von Komik und Witz
und reines menschliches Lachen an die Stelle vom Verlachen
menschlicher Schwächen[4] tritt. Diese Idee übernahm Lessing
von dem französischen Zeitgenossen[5] Didérot, der ein neues
"genre sérieux" oder "comique sérieux" propagierte, in
dessen Mittelpunkt eine Tugend stehen sollte. Das Lustspiel
hat sich im Deutschen als die angemessenere Form der Komödie durchgesetzt.

Die Komödie nimmt häufig Bezug[6] auf die gesellschaftliche
Situation der Zeit, weshalb ihre Komik zeitgebunden sein
kann. Wenn sie zielbewußt und satirisch gesellschaftliche
Mißstände angreift, sprechen wir auch von einer k o m i -
s c h e n   S a t i r e .

Wie in der Tragödie vor Lessing nur hochgestellte Personen die Handlungsträger sein durften, so waren in der Komödie jener Zeit nur Leute niedrigen Ranges als Gegenstand
der Belustigung erlaubt. Minna von Barnhelm brach dieses
Tabu in der Geschichte der deutschen Komödie.

In der zeitgenössischen Literatur sucht man umsonst
nach einer reinen Komödie. Es gibt zwar viele, die sich Komödien nennen, aber sie sind bei allen komischen Motiven,
Charakteren und Situationen so makaber[7], unheimlich und oft
auch deprimierend, daß sie zur Gattung T r a g i k o -
m ö d i e gehören, in der komische und tragische Elemente unauflösbar miteinander verflochten sind. Man lacht
zwar oft, aber man wird gleichzeitig von Grauen beschlichen[8].
Als Beispiel möge Dürrenmatts bekanntes Drama Der Besuch der
alten Dame gelten. Der Anmarsch der lächerlich aufgetakel-

[1]complicated [2]plot [3]deception [4]weaknesses [5]contemporary
[6]reference [7]sinister [8]befallen

107

ten[1] Millionärin Claire Zachanassian mit ihrem Gefolge von
Butlern, geblendeten Eunuchen, einem leeren Sarg[2], für den
immer mehr Kränze[3] besorgt werden, und einem Käfig[4] mit
einem Panther sind so grotesk wie die unmittelbar aufein-
anderfolgenden Eheschließungen[5] mit Gatte VIII und IX.
Es ist zum Lachen, wenn ihr früherer Geliebter ihre kühle
weiße Hand, die noch so schön wie eh und je sei, schmei-
chelnd ergreift und dann erfahren muß, daß es eine Prothese[6]
ist, wie auch der Schenkel, an dem er sich bei einer ver-
suchten Schäkerei[7] fast die Hand bricht. Komisch sind auch
die linkischen Versuche der schäbig[8] gekleideten Güllener
Bürger, die frühere Mitbürgerin und jetzige Millionärin
festlich und feierlich zu empfangen, um von ihr beschenkt zu
werden, und zum Lachen reizen auch die verlogenen Ruhmreden
der Güllener auf das damals so kluge, bezaubernde und auf-
opfernde[9] Mädchen Klara, die allerdings durch Klaras bru-
tale Ehrlichkeit sofort entlarvt[10] werden.

Doch das Lachen bedeutet keine befreiende Heiterkeit.
Grauen und Mitlied befallen den Zuschauer, der der alten
Dame glaubt, daß sie durch das ihr in der Jugend angetane
Unrecht durch und durch böse geworden ist und mit unbeug-
samem Rachegefühl ihr Opfer verfolgen wird. Das wirklich
tragische Element ist vielleicht die Charakterschwäche, die
Verderblichkeit[11] und die Bestechlichkeit jedes Menschen,
der an Mangel[12] leidet. Selbst die eigene Familie beteiligt sich am Verrat des gejagten Opfers.

Zusammenfassung:

In Komödie und Lustspiel wird der Konflikt zur Zu-
friedenheit der wohlmeinenden Protagonisten und zum Spott
der lasterhaften oder betrügerischen Antagonisten gelöst.
Die Sprache ist leicht, amüsant und witzig gehalten, und
das Stück hat komische oder humorvolle Charaktere und
Situationen. Wir unterscheiden zwischen Charakter-, Situa-
tions- und Intrigenkomödie.

Aufgabe: Überlegen Sie, worin die Komik Ihrer Komödie eigentlich besteht. Gibt es darin komische Charaktere? Wenn ja,

[1]togged-up [2]coffin [3]wreaths [4]cage [5]weddings [6]artificial limb
[7]flirt [8]shabby [9]sacrificing [10]unmasked [11]corruptibility
[12]want, need

wodurch sind sie komisch? Gibt es eine Intrige? Wodurch entsteht die Situationskomik?

3. Der Stoff und seine Quellen
(Vgl. S. 12)

Aufgabe: Geben Sie den Stoff Ihres Dramas wieder und erforschen Sie nach Möglichkeit die Quellen.

4. Die Exposition

Gewöhnlich dient der Dialog zu Beginn des Dramas dazu, den Zuschauer mit den Hauptcharakteren und ihrer gegenwärtigen Situation bekannt zu machen. Wir erfahren, wo und wann und in welchem Milieu sich die Ereignisse abspielen. Auch die Vorgeschichte, soweit sie zum Verständnis der Situation nötig ist, gehört mit zur Exposition.

In der Regel -- oder so behauptete es wenigstens Gustav Freytag bei seiner Aufstellung des Schemas des klassischen Dramas -- wird die Exposition mit dem ersten erregenden Moment (s. w. u.) am Ende des ersten Aktes abgeschlossen. Es gibt aber viele Ausnahmen, die u. U. als besonders kunstvoll empfunden werden, weil durch den verzögerten[1] Abschluß der Exposition Spannung und Neugierde aufrecht erhalten bleiben, z. B. bei Minna von Barnhelm und Maria Stuart. Bei einem analytischen Drama reicht die Exposition bis in den letzten Akt.

Die Exposition kann auch in Form eines Prologs oder Monologs dem eigentlichen Drama vorangestellt sein.

Aufgabe: Umreißen Sie die Exposition Ihres Dramas.

5. Das Zentralmotiv
(Vgl. S. 17)

Aufgabe: Geben Sie das Zentralmotiv Ihres Dramas wieder.

[1]delayed

109

6. Die Fabel

Bei dem Wort "Fabel" denkt man gewöhnlich an Aesops lehrhafte Tiergeschichten, aber in der Literaturgeschichte hat dieser Begriff noch eine andere Bedeutung. Man versteht darunter das Schema der Handlung in dramatischer oder epischer Dichtung oder, anders gesagt, die Fabel ist eine auf das Wesentliche[1] reduzierte Inhaltsangabe ohne Angabe von Namen oder spezifischen Einzelheiten, die die Handlung örtlich und zeitlich festlegen. Noch anders gesagt, ist die Fabel eine chronologische Aneinanderreihung der wichtigsten Motive, die der Handlung zugrunde liegen. Bei der künstlerischen Gestaltung der Fabel braucht der Autor allerdings nicht chronologisch vorzugehen[2]. Besonders in epischer Dichtung ist die Rückblende[3] ein beliebter Kunstgriff[4], und im analytischen Drama (s. w. u.) wird die Handlung gleichzeitig rückwärts und vorwärts aufgerollt.

Jede einen Vorgang gestaltende Dichtung braucht eine Fabel. Beim Drama wie bei der Novelle ist eine klar konzipierte Fabel besonders wichtig, weil für diese Gattung ein straffer[5] Gang der Handlung[6] gefordert wird. Für das epische Theater (s. w. u.) wie auch andere moderne Formen gilt das nicht in gleichem Maße. Ohne klare Fabel sind Anfang und Ende des Dramas mehr oder weniger willkürlich[7] gesetzt, und es fehlt die Geschlossenheit.

<u>Aufgabe:</u> Schreiben Sie die Fabel Ihres Dramas. Benutzen Sie das Praesens.

7. Erregendes und retardierendes Moment

Das errregende Moment bringt die Handlung in Gang[8]. Der Zuschauer hat bisher die Charaktere in ihrer Situation kennengelernt, und plötzlich geschieht etwas, was den Spieler (Protagonisten) oder Gegenspieler (Antagonisten) zum Handeln antreibt und die Richtung der Handlung und vielleicht schon das Ende andeutet.

[1]essential [2]proceed [3]flashback [4]artistic device [5]tight [6]course of action [7]arbitrarily [8]sets the action in motion

Das retardierende Moment erscheint gewöhnlich im vierten Akt einer Tragödie als kurzer Hoffnungsschimmer für den
Helden. Es sieht vorübergehend so aus, als ob es doch noch
eine Rettung für ihn geben könnte, als ob sich die Katastrophe doch noch vermeiden ließe. Umso schmerzlicher wirkt diese
dann auf den mitleidenden Zuschauer.

Aufgabe: Untersuchen Sie das erregende und das retardierende
Moment in Ihrem Drama.

8. Der Gehalt
(Vgl. S. 26)

II. Formale Aspekte

1. Die Sprache: Stil und Form

Die Untersuchung der Sprachgestaltung im Drama betrifft
sowohl den schon in Teil I besprochenen Sprachstil in seiner
Syntax, Wort- und Bilderwahl (Vgl. S. 55-83) als auch den
Realismus in der Sprache der Charaktere,wobei man sich fragt,
wie weit sie die Sprache von Charaker zu Charakter differen-
ziert, wie weit sie stilisiert. Dazu kommt noch etwas Vorder-
gründigeres, schon im Druckbild in die Augen Fallendes, nämlich der freie Fluß der Rede in Prosa oder ihre relative Ge-
bundenheit[1] in Versen.

Den nur mit dem Drama unserer Zeit Vertrauten mag die
Fragestellung verwundern. Dramen in Versen? Vor der Periode des "Sturm und Drang" (um 1765 - 1785), als die jungen
Genies allen Zwang und alle Regeln abschütteln[2] wollten,
waren alle Dramen in Versen geschrieben. Die Klassiker
wählten dann wieder den Vers als erwünschte Form der Bänd-
digung[3].

Die frühmittelalterlichen Osterspiele des 13. und 14.
Jahrhunderts waren im Vers der höfischen Epen[4] geschrieben,
einem paarweise gereimten, zwischen Hebungen und Senkungen
alternierenden Vierheber, den man wohl als Vorläufer des

[1]constraint [2]shake off [3]restraining (thoughts) [4]courtly
epics

111

K n i t t e l v e r s e s (Vgl. S.46) bezeichnen darf,
denn die weniger geschickten Dichter waren freizügig mit
Tonbeugungen (Vgl. S. 41). Dadurch, daß sinnbetonte Silben
oft nicht mit der Hebung des Metrums zusammenfielen, war
der Vers mehr oder weniger holprig[1]. Er wurde in den Fast-
nachtsspielen[2] des 16. Jahrhunderts in alternierender Form
von Hans Sachs (1494-1576) und mit freier, unregelmäßiger
Senkungsfüllung von Rosenplüt u. a. angewandt. Wegen seiner
Unregelmäßigkeit wurde er von Opitz (1597-1639) bekämpft und
von Gottsched (1700-1766) nur für komische Dichtung empfohlen. Wenn auch in der Barocktragödie durch den Alexandriner
verdrängt, setzte er sich in der volkstümlichen Dichtung
weiter durch und wurde von Goethe in seinem Faust wieder zu
Ehren gebracht.

　　Der A l e x a n d r i n e r, aus der französischen
Alexanderepik des 12. Jahrunderts stammend und seit Mitte
des 16. Jahrhunderts der klassische Vers der französischen
Tragödie, wurde, durch Opitz und Gottsched eingeführt, zum
vorbildlichen[3] Vers des Barockdramas und der damaligen
Lyrik. Aber in der deutschen Sprache erwies sich dieser
sechshebige Jambus mit männlicher oder weiblicher Kadenz
und einer Zäsur nach der dritten Hebung als steif und mono-
ton. Mit Lessings Nathan der Weise (1779) wurde er in der
deutschen Dramendichtung durch den viel freieren Blankvers ersetzt.

　　Kein Wunder, daß der B l a n k v e r s , ein fünfhebiger Jambus ohne Reim, mit der begeisterten Shakespeare-
verehrung eines Lessing, Wieland, Goethe, Schiller und
vieler ihrer Zeitgenossen in die deutsche Dramatik Eingang
fand, denn es war der eigentliche Shakespeare-Vers, der von
ihm und seinen Zeitgenossen vervollkommnet[4] worden war.
Außer ihren frühen Sturm- und Drangdramen schrieben Goethe
und Schiller nun ihre Schauspiele und Tragödien in Jamben
um, wenn sie nicht von Anfang an so gedichtet waren. Der
Blankvers mit seiner männlichen oder weiblichen Kadenz und
den beliebigen[5] Zäsuren gestattete ihnen viel Freiheit,
zumal am Anfang und Ende der Rede auch kürzere Verszeilen
gebräuchlich waren, und doch verlangte der Blankvers viel
mehr Disziplin als die Prosa. Dieses goldene Mittelmaß kam

[1]rough [2]carnival play [3]model [4]perfected [5]any

112

dem klassischen Ideal des harmonischen Ausgleichs[1] von
Geist und Gefühl, von Form und Gehalt sehr entgegen[2]. In
der Folge schrieben andere bedeutende Dramatiker, wie Heinrich von Kleist (1777-1811), Franz Grillparzer (1791-1872)
und Friedrich Hebbel (1813-1863), vorwiegend in Blankversen,
und selbst Gerhart Hauptmann (1862-1946) dichtete neben seinen naturalistischen Prosadramen Märchenstücke und antiki-
sierende Dramen in Blankversen. Im Drama der Gegenwart ist
der Blankvers auch noch nicht ausgestorben, man findet ihn
z. B. vermischt mit anderen freien Rhythmen, in Rolf Hoch-
huts Der Stellvertreter (1963).

Schiller schließt seine Akte, wie es auch bei Shakespeare zu finden ist, zu erhöhter Wirkung gern mit Reimen ab.
In Augenblicken des starken Pathos bricht er auch mitten in
einem Auftritt in Reime aus, wie es oft in Maria Stuart geschieht.

Eine sehr kunstvolle und wirksame Technik des dramatischen Dialogs zum Zwecke besonderer Lebhaftigkeit und Emphase ist die S t i c h o m y t h i e (griech. "stichos" =
Zeile und "mythos" = Rede), der schnelle Wechsel von Rede
und Gegenrede in je einer Zeile. Das folgende Beispiel
stammt aus Maria Stuart, 2. Aufzug, 8. Auftritt. Graf Leicester und Mortimer streiten sich darum, ob sie es wagen
sollen, Maria mit Gewalt zu retten:

L. Ich seh' die Netze, die uns rings umgeben.
M. Ich fühle Mut, sie alle zu durchreißen.
L. Tollkühnheit, Raserei ist dieser Mut.
M. Nicht Tapferkeit ist diese Klugheit, Lord.
L. Euch lüstet's wohl, wie Babington zu enden?
M. Euch nicht, des Norfolks Großmut nachzuahmen.
L. Norfolk hat seine Braut nicht heimgeführt.
M. Er hat bewiesen, daß er's würdig war.
L. Wenn w i r verderben, reißen wir sie nach.
M. Wenn wir uns schonen, wird sie nicht gerettet.

Wie sich zeigt, eignet sich die Stichomythie vorzüg-
lich zu pointiertem Argument und Gegenargument. Daneben ist
sie ein geeignetes Gefäß[3] für die Sentenz[4] (vgl. Goethes
"Iphigenie", 4. Aufzug, 4. Auftritt).

[1]balance [2]entgegenkommen = accommodate [3]vessel [4]maxims

Pylades: Das ist nicht Undank, was die Not gebeut[1].
Iphigenie: Es bleibt wohl Undank, nur die Not entschuldigt.

Ein nach der Periode des Sturm und Drang in Versen geschriebenes Drama deutet allein durch diese Tatsache auf einen strengen Formwillen.

Aufgabe: Untersuchen Sie ein Versdrama auf die Art des
Verses. Wechselt er möglicherweise mit anderen Metren?
Wie paßt die gewählte Form mit dem Gehalt zusammen?
Untersuchen Sie den Sprachstil. Sind Stilzüge zu er-
kennen? Inwiefern ist die Sprache den Charakteren in-
dividuell angepaßt? Inwieweit ist sie stilisiert?

2. Innere Struktur

Wie Wolfgang Kayser in seinem schon erwähnten Sprachlichen Kunstwerk erklärt, kann das Hauptinteresse des Dichters beim Schreiben des Dramas an der Portraitierung und
Entwicklung der Hauptperson liegen. Diese Figur steht dann
im Mittelpunkt, sie bestimmt die Struktur des Dramas. Die
Ereignisse dienen mehr oder weniger nur als Folie[2], die die
innere Entfaltung des Helden sichtbar macht. Die Gegenhandlung, wo sie überhaupt existiert, ist verhältnismäßig
schwach. Man nennt das ein F i g u r e n d r a m a . Shakespeares Macbeth möge als Beispiel dienen.

Beim R a u m d r a m a geht es dem Dichter in erster
Linie um die Gestaltung und Kritik einer gewissen Zeit oder
Gesellschaft. Hauptcharaktere und Handlung sind gleichsam
der rote Faden[3], der einen Zusammenhang schafft und für Anfang und Ende sorgt. Weil eben die Gesellschaftskritik Vorrang[4] hat, gibt es in solchen Dramen u. U. Szenen, die die
Handlung überhaupt nicht weiterführen, z. B. in Reinhold
Lenz' Soldaten, wo einige Szenen nur dazu dienen, das al-
berne[5], sinnleere und andern oft schädliche Leben der Soldaten anzuprangern[6]. Charakteristisch für Raumdramen sind
eine Vielzahl von Personen und Schauplätzen. Es ist oft
schwer, ein überzeugendes Ende zu finden, und es fehlt dem

[1]demands [2]foil, background [3]thread [4]precedence [5]silly
[6]expose

Raumdrama häufig an innerer Geschlossenheit.

Am straffsten ist das G e s c h e h n i s d r a m a
gebaut. In ihm hat die Handlung Vorrang vor Personen und
Raumgestaltung. Eine zügige[1] Handlung und Gegenhandlung
sorgen für Anfang, Höhepunkt und Ende des Dramas. Weil in
diesem Genre die Gegenhandlung wichtig ist, gibt es mindestens zwei Hauptpersonen: den Protagonisten und den Antagonisten. Mischformen sind nicht selten.

Aufgabe: Ist Ihr Drama ein Figuren-, oder ein Raum- oder
Geschehnisdrama, oder ist es eine Mischform?

3. Die Bauform

a) Zieldrama und analytisches Drama

Im Z i e l d r a m a, auch Entfaltungsdrama genannt,
entfaltet oder entwickelt sich die Handlung -- nach vorausgegangener, verhältnismäßig kurzer Exposition -- vor den
Augen des Zuschauers auf ein Ziel zu. Ein Vorgang baut auf
dem anderen auf, und der Zuschauer erlebt ihn zurselben
Zeit mit, wie er geschieht. Im a n a l y t i s c h e n
D r a m a, auch Enthüllungsdrama genannt, ist dagegen der
Hauptteil der Ereignisse schon vorm Öffnen des Vorhangs
geschehen und wird allmählich enthüllt[2], während sich die
Folgen dieser vergangenen Ereignisse auf der Bühne abspielen. Auch in diesem Falle ist das Drama nicht immer
das eine oder das andere. Wenn die Exposition lang ist, d.
h., wenn ein großer Teil, aber doch nicht der größte Teil
der Handlung, vor ihrem Beginn auf der Bühne liegt, dann
sprechen wir von einem M i s c h d r a m a.

b) Inhaltliche Gliederung

Die Überzahl der deutschen Dramen ist in A k t e und
S z e n e n, auch A u f z ü g e[3] und A u f t r i t t e
genannt, eingeteilt. Im Mittelalter gab es noch keine Akteinteilung. Sie geht aufs römische Theater zurück und kam
erst mit dem Humanismus in die deutsche Dichtung. Bis ins
19. Jahrhundert war im Deutschen wie im Französischen und

[1]uninterrupted [2]unveiled [3]curtain openings

115

Englischen der Fünftakter die Regel, im Spanischen und
Portugiesischen dagegen der Dreiakter. Das naturalisti-
sche Drama hat neben den traditionellen fünf Akten oft
auch nur drei und vier. Einakter wurden beim neuroman-
tischen Drama populär. Spätere Dichter verzichteten[1] oft
ganz auf Akteinteilung und schrieben ihre Dramen in belie-
big vielen Bildern, je nachdem, wie oft der Ort gewechselt
wurde.

Szenen wurden meist nach rein äußerlichen Gesichts-
punkten[2] festgelegt,zur Unterstützung des Spielleiters.
Jeder Auftritt oder Abgang einer Person ergab eine neue
Szene. Gelegentlich ließ mal einer die Szeneneinteilung vom
Schauplatzwechsel bestimmen, aber nur ganz selten wurde die
Szene als eine sinnvolle Einheit im Geschehen verstanden.
Mit der Akteinteilung ist es anders. Selten zeigt ein neuer
Akt nur einen Ortwechsel an, besonders nicht seit dem 18.
Jahrhundert, als der Zwischenvorhang[3] eingeführt wurde und
schnellen Schauplatzwechsel innerhalb des Aktes möglich
machte. Der Akt wurde vielmehr in der Regel als bedeutungs-
voller Teil der Handlung aufgefaßt.

In seiner Technik des Dramas, der maßgebenden Theorie
des 19. Jahrhunderts, stellte Gustav Freytag als Modell des
Dramas den Fünfakter auf, in dem die Handlung, wie es natürlich sei, folgendermaßen auf die fünf Akte verteilt sein
solle:

1. Akt: Einleitung (Exposition)
2. Akt: Steigerung
3. Akt: Höhepunkt mit Umschwung (Perepetie)
4. Akt: Fallen der Handlung
5. Akt: Lösung (Katastrophe)

Das Schema der Dreiakter lautete:

1. Akt: Einleitung (Protasis)
2. Akt: Verwicklung (Epitasis)
3. Akt: Lösung (Katastrophe)

Nach diesen Schemen gebaute Dramen galten als t e k-
t o n i s c h e oder g e s c h l o s s e n e Dramen; diejenigen, die keinen strengen Bauwillen zeigten, dagegen als
a t e k t o n i s c h oder o f f e n.

[1]did without [2]for practical purposes [3]second curtain

116

c) Die drei Einheiten[1]

E i n h e i t   d e r   H a n d l u n g bedeutet eine
"vollständige Durchführung eines einzigen Grundmotivs ohne
Episoden, Nebenhandlungen nur in direktem Sinnbezug zu diesem und nicht ablösbar" (Wilpert) 21). E i n h e i t
d e s   O r t e s bedeutet, daß der Schauplatz derselbe
bleibt, und die E i n h e i t   d e r   Z e i t bedeutet,
daß die Zeit der Handlung nicht mehr als vierundzwanzig
Stunden dauern darf.

Es hat heftige Debatten darum gegeben, ob diese drei
Einheiten beim Drama eingehalten[2] werden sollten oder nicht.
Bekannt ist Lessings Polemik gegen Gottsched, der in der
Mitte des 18. Jh. in Anlehnung[3] an die Praxis der Franzosen,
aus Gründen der Wahrscheinlichkeit, die Beobachtung der drei
Einheiten im deutschen Theater forderte. Lessing wies auf
Aristoteles zurück, der in Kapitel 8 seiner <u>Poetik</u> nur auf
der Einheit der Handlung bestehe[4]. Einheit des Ortes und der
Zeit seien bei den Griechen durch die vorhanglose Bühne und
die ständige Anwesenheit des Chors gegeben gewesen. Trotz
Lessings Auflehnung gegen eine solche Regel hat er sich
selbst beim Schreiben seiner Dramen ziemlich genau an alle
drei Einheiten gehalten. Die Dramatiker des 18. Jh. betrach-
teten die Einheit des Ortes als eingehalten, wenn der Schauplatz innerhalb des Aktes nicht verändert wurde.

Die Befolgung der drei Einheiten besagt nichts über die
künstlerische Qualität eines Dramas. Die Vielzahl der be-
deutenden Dramen hält sie aber mehr oder weniger ein. Ein
häufiger Wechsel des Schauplatzes und eine große Zeitspanne
des Geschehens wirken gewöhnlich der Geschlossenheit eines
Dramas entgegen. Die Frage nach der Befolgung der drei Einheiten trägt auf jeden Fall zur Bewußtmachung der Sachver-
halte und des Bauwillens[4] bei.

<u>Aufgabe:</u> Untersuchen Sie die Behandlung der drei Einheiten
in Ihrem Drama. Gibt es mehr als eine Haupthandlung? Wieviel Zeit vergeht während der Geschehnisse? Wie oft wird
der Ort gewechselt? Gibt es Szenenwechsel innerhalb der
Akte? Wie sind die Akte untergliedert? Versuchen Sie, das
Geschehen in jedem Akt in einem Satz zusammenzufassen. Ist
der Akt eine sinnvolle Einheit in der Handlung des Dramas?
Entspricht die Gliederung dem Schema von Gustav Freytag?
Ist es ein Zieldrama, ein analytisches Drama, oder Mischdrama?

[1]unities [2]observed [3]imitation [4]insists [5]intent of clear
structure.

4. Technische Kunstgriffe

Manche Teile der Handlung eines Dramas sind schwer oder unmöglich direkt auf der Bühne zu zeigen, wie Naturkatastrophen, Schlachten[1], Hinrichtungen[2] und grausame Szenen aller Art. Der Dramatiker kann die Zuschauer dann auf dem Wege der M a u e r s c h a u (T e i c h o - s k o p i e) oder des B o t e n b e r i c h t s an den Ereignissen teilnehmen lassen. Der Begriff Mauerschau wurde im Hinblick auf Homers "Ilias" geformt, wo der Leser den Kampf zwischen Achilles und Hektor durch die Augen der Trojaner erlebt, die von der Stadtmauer den Zweikampf beobachten. Dieser Kunstgriff erscheint im Drama in manchen Variationen. Statt der Mauer kann es ein Turm, ein Baum oder ein Fenster sein, von wo aus beobachtet und berichtet wird. In Schillers Maria Stuart gibt es eine ganz originelle Form der Teichoskopie. Statt zu schauen und das Geschehnis mitzuteilen, hört Graf Leicester die Hinrichtung im Zimmer unter sich und, halb wahnsinnig vor Schuldgefühl und Grauen, stammelt er vor sich hin, was er hört und sich dazu vorstellt. Alles wird so lebendig dargestellt, daß der Zuschauer im Rückblick glaubt, die Hinrichtung selbst gesehen zu haben.

Durch den Kunstgriff der Mauerschau wird dem Zuschauer Ungesehenes vermittelt[3], während es geschieht. Anders im B o t e n b e r i c h t. Da berichtet eine der Personen einer anderen oder mehreren und damit gleichzeitig den Zuschauern, was bereits geschehen ist, also Handlung, die zeitlich schon zurückliegt. Daher, weil im Botenbericht Vergangenes mitgeteilt wird, gilt er als episches Element in einem Drama. Es ist eine viel einfachere und undramatischere Lösung, nicht Darstellbares zu vermitteln, als die Mauerschau. Trotzdem kann er zu dramatischen Höhepunkten im Drama führen, wenn die Reaktion derer, die den Botenbericht hören, entsprechend ist. Man denke an Macduffs Klage "All my babes ...," nachdem man ihm den Mord seiner Familie berichtet hat (Shakespeares Macbeth) oder an Melchtals Jammer über den geblendeten Vater (Schillers Wilhelm Tell).

Aufgabe: Suchen Sie nach Teichoskopien und Botenberichten in Ihrem Drama. Wenn Sie welche finden, fragen Sie sich, warum der Dichter wohl diese Kunstgriffe gewählt hat.

[1]battles [2]executions [3]conveyed

5. Monologe

Ein Monolog ist nicht mehr als ein technisches Hilfsmittel[1], wenn er nur dem Zweck dient, die Bühne nicht leer
zu lassen. So vermeidet man, den Vorhang schließen zu müssen,
wenn etwa Zeit zum Kostümwechsel benötigt wird. Dieser
t e c h n i s c h e   M o n o l o g   ist der künstlerisch am
wenigsten wertvolle und wird nach Möglichkeit vermieden. Der
e p i s c h e   M o n o l o g , in dem nicht dargestellte Ereignisse erzählt werden (vgl. den Eingangsmonolog von Iphigenie auf Tauris von Goethe), erscheint fast nie in reiner
Form, sondern häufig in Verbindung mit lyrischen und reflek-
tierenden Elementen. Der   l y r i s c h e   M o n o l o g
ist, wie das Wort sagt, der Ausdruck seelischer Gestimmtheit[2], und   im   R e f l e x i o n s m o n o l o g   wird eine
Situation reflektiert. Diese beiden erscheinen häufig in
kombinierter Form, weil Reflexionen leicht in Gefühle über-
gehen und   umgekehrt. Den künstlerischen Vorrang[3] vor den
anderen hat der   d r a m a t i s c h e   M o n o l o g ,
weil in ihm ein für den Verlauf der Handlung wichtiger Ent-
schluß gefaßt wird. So ein Monolog kann zum eigentlichen
Klimax der Handlung werden.

Bei Monologen gibt es immer das Problem der Unwahrschein-
lichkeit[4]. Einige Dichter und literarische Epochen haben sie
deshalb gemieden. Andere haben versucht, sie wahrscheinlicher
zu machen, indem sie z. B. den Monolog in Gebetsform[5] schrieben oder jemand sich einen eben geschriebenen Brief laut vor-
lesen oder beim Schreiben laut mitreden ließen.

Aufgabe: Betrachten Sie die Monologe in Ihrem Drama und bestimmen Sie die Art der Monologe und ihren künstlerischen
Wert.

6. Charaktergestaltung

Zur Würdigung eines Dramas gehört ein klares Verständnis der Charaktere. Mittel zu ihrer Darstellung für den
Dichter sind   d i r e k t e   und   i n d i r e k t e   C h a -
r a k t e r i s i e r u n g. Von direkter Charakterisierung

[1]tool [2]frame of mind [3]superiority [4]improbability [5]in the
form of prayer

spricht man, wenn eine Person im Stück direkte Aussagen
über eine andere macht. Eine wichtigere Rolle spielt die indirekte Charakterisierung, wobei sich die dramatische Person durch Sprache, Mimik und Gebärden selbst charakteri-
siert. Monologe sind natürlich sehr aufschlußreich über
Charaktere, weil sie darin ihre wahren Gefühle und Gedanken
sehen lassen.

Es lohnt sich auch oft, die Konstellation der Charaktere zueinander zu betrachten, da manche als Komplementär-
oder Kontrastfiguren konzipiert[1] wurden.

__Aufgabe:__ Untersuchen Sie die Charakterisierung der Haupt-
und Nebenfiguren und ihre Konstellation zueinander.

7. Episches Theater

Die Regeln für das e p i s c h e T h e a t e r wurden vom Dramatiker und Regisseur Berthold Brecht im Kleinen
Organon für das Theater (1948) formuliert. Brecht wollte mit
seinen Dramen zu gesellschaftskritischer Auseinandersetzung[2]
im marxistischen Sinne anregen[3]. Der Zuschauer soll danach
nicht wie im dramatischen Theater durch Identifizierung mit
den Charakteren in einem Gefühlserlebnis aufgehen[4], das
durch die Bühnenillusion der Wirklichkeit ermöglicht wird,
sondern er soll nüchtern und kritisch prüfen, was auf der
Bühne gezeigt wird. Zu diesem Endzweck wird die Illusion
dauernd durch V e r f r e m d u n g s e f f e k t e [5]
zerstört. Solche Verfremdungseffekte sind u. a. der Mangel
eines Vorhangs, die Zurschaustellung[6] der Bühnenapparatur,
die Unterbrechung der Handlung durch moralisierende Songs,
von der Decke heruntergelassene Schilder mit den Titeln der
Songs, gelegentliche Anrede der Zuschauer durch die Schauspieler, die etwas erklären wollen, und das Vorwegnehmen
des Ausgangs der Handlung. Auf den dramatischen Aufbau nach
traditionellem Muster wird verzichtet zugunsten loser Aneinanderreihung von Bildern, die oft durch einen Erzähler
verbunden werden. Die folgende Übersichtstabelle, die auch
das hier nicht besprochene Theater des Absurden mit ein-

[1]conceived [2]argument [3]stimulate [4]be spent [5]disillusioning
devices [6]exposure

schließt, ist aus dem Buch Das Studium der deutschen
Literatur von Wolfgang Ruttkowski und Eberhard Reichmann[22] mit freundlicher Genehmigung des Verlags übernommen worden.

Übersichtstabelle DRAMATIK II

	Dramatisches Theater	Episches Theater	Theater des Absurden
1.	handelnd	erzählend	geschehend
2.	verwickelt den Zuschauer in eine Bühnenaktion	macht den Zuschauer zum Betrachter, aber	befremdet den Zuschauer intellektuell und bestürzt ihn emotionell
3.	verbraucht seine Aktivität	weckt seine Aktivität	schließt seine Aktivität aus wegen pessimistisch-resignierender Weltsicht: kaum Identifikation
4.	ermöglicht ihm Gefühle	erzwingt von ihm Entscheidungen	schließt eigene Entscheidungen aus; konfrontiert ihn mit Absurdität seiner Existenz
5.	Erlebnis	Weltbild	innere Wirklichkeit projiziert in symbolischen Traumszenen, die Essenz des Daseins enthüllend
6.	Der Zuschauer wird in etwas hineinversetzt	er wird gegenübergestellt	beides: er wird gefühlsmäßig hineinversetzt, zugleich (durch groteske Verzerrungen) verstandesmäßig hilflos gegenübergesetzt (wie im Traum)

#	Suggestion	Argument	
7.			Konfrontation; oft Hypnose; Fragmentierung; kein logisches Argument
8.	Die Empfindungen werden konserviert	bis zu Erkenntnissen getrieben	verwirrt, verzerrt, pervertiert
9.	Der Zuschauer steht mittendrin, miterlebt	Der Zuschauer steht gegenüber, studiert	Zuschauer ist verwirrter oder befremdeter Augenzeuge, oft gefühlsmäßig engagiert, nach Erklärungen suchend
10.	Der Mensch als bekannt vorausgesetzt	Der Mensch ist Gegenstand der Untersuchung	Der Mensch ist nicht mehr der Untersuchung wert; als willen- und machtlose Marionette des blinden Schicksals lächerlich gemacht oder gar verneint
11.	Der unveränderliche Mensch	Der veränderliche und verändernde Mensch	Veränderung des Menschen ist irrelevant, da seine Substanz abgeleugnet wird
12.	Spannung auf den Ausgang	Spannung auf den Gang	Spannung auf das Verstehen des Hergangs, die Symbolik und Erlebensweise des Autors

13.	Eine Szene für die andere	Jede Szene für sich	Nur eine Szene (verkappter Einakter)
14.	Wachstum	Montage	Kollage; anscheinend willkürliche sich häufig spiegelnde Bilder mit unverbundener Traumqualität
15.	Geschehen linear	in Kurven	im Kreise, keine echte Entwicklung
16.	Evolutionäre Zwangsläufigkeit	in Kurven, Sprünge	Stagnation, Finalität
17.	Der Mensch als Fixum	Der Mensch als Prozeß	Der Mensch als eine Illustration;ein Reflexbündel; Marionette; Instrument; Anti-Held ohne verbindliches Wesen
18.	Das Denken bestimmt das Sein	Das gesellschaftliche Sein bestimmt das Denken	Denken und gesellschaftliches Sein sind irrelevant
19.	Gefühl	Ratio	Traum, Rätsel, Angst, Absurdität

Die lose Aneinanderreihung von Einzelszenen (auch
S t a t i o n e n d r a m a   genannt) statt einer kunstvollen, geschlossenen Struktur fand Brecht schon bei Büch-
ner, Strindberg, Wedekind und anderen expressionistischen
Dramen vorgebildet. In Brechts Nachfolge, wenn auch ohne
die marxistische Politisierung, stehen besonders die er-
folgreichen Schweizer Dramatiker Friedrich Dürrenmatt und
Max Frisch.

III. Modell einer Analyse

1. Richtlinien zur Interpretation von Dramen

DIE GATTUNG: Tragödie oder bürgerliches Trauerspiel? Wenn
ja, was ist die tragische Schuld und der tragische Konflikt? Komödie oder Lustspiel? Wenn ja, liegt die Komik in
der Situation, den Charakteren oder einer Intrige? -
Welch andere Gattung?

DER STOFF UND SEINE QUELLEN: Inhalt der Handlung mit Angabe
der Personen und örtlicher und zeitlicher Fixierung. Hat
der Stoff eine Vorlage? Wenn ja, wie ist er verändert
worden?

DIE EXPOSITION: Einführung in die Hauptcharaktere, ihre Situation mit zum Verständnis nötiger Vorgeschichte)

DAS ZENTRALMOTIV: Die zentrale Situation in verallgemeinerter Form.

DIE FABEL: Der Inhalt auf die knappmöglichste Formel gebracht

ERREGENDES UND RETARDIERENDES MOMENT: Was bringt die Handlung in Gange? - Wenn es eine Tragödie ist, gibt es nach
dem entscheidenden Höhepunkt etwas, was die Katastrophe
doch noch abzuwenden scheint?

INNERE STRUKTUR: Ist die Struktur hauptsächlich von den Ge-
schehnissen, der Entwicklung der Hauptperson oder von der
Schilderung der Gesellschaft bestimmt?

ZIELDRAMA ODER ANALYTISCHES DRAMA? Ist die Handlung mehr vorwärts als rückwärts gerichtet oder umgekehrt?

INNHALTLICHE GLIEDERUNG: Wie ist das Drama unterteilt? In
Akte und Szenen? Bilder? Nach welchen Gesichtspunkten?
Geschlossene oder offene Struktur?

DIE DREI EINHEITEN: Sind die Einheiten der Handlung, des
Orts und der Zeit im Stück oder innerhalb des Aktes eingehalten? Wenn nicht, wie stark ist die Abweichung?

TECHNISCHE KUNSTGRIFFE: Gibt es Teichoskopie oder Botenbe-
richte?

MONOLOGE: Gibt es technische, epische, lyrische, dramatische oder Reflektions-Monologe?

CHARAKTERGESTALTUNG: Wie sind die Charaktere? Direkte und indirekte Charakterisierung. Konstellation der Charaktere.

EPISCHES THEATER: Wenn ja, wie ist es aufgebaut? Welche Verfremdungseffekte werden benutzt?

STIL: Realistischer Sprachstil oder stilisierte Sprache? Besondere Sprachmerkmale der Charaktere?

DER GEHALT: Die im Drama enthaltenen Ideen.

2. Arbeitsblatt

DIE GATTUNG:

DER STOFF UND SEINE
QUELLEN:

DIE EXPOSITION:

DAS ZENTRALMOTIV:

DIE FABEL:

ERREGENDES UND
RETARDIERENDES MOMENT:

INNERE STRUKTUR:

ZIELDRAMA ODER
ANALYTISCHES DRAMA?

INHALTLICHE GLIEDERUNG:

DIE DREI EINHEITEN:

TECHNISCHE KUNSTGRIFFE:

MONOLOGE:

CHARAKTERGESTALTUNG:

EPISCHES THEATER:

STIL:

DER GEHALT:

III. TEIL

EPIK

EINLEITUNG

Die Epik und ihre Formen

Epik (griech. "epos" = Wort, Erzählung) ist der Sammelbegriff[1] für erzählende Dichtung. Das allgemeinste Aufbauprinzip der Erzählkunst ist nach Eberhard Lämmerts bekanntem Buch <u>Bauformen des Erzählens</u>[23] das Prinzip der Sukzession. Wenn auch lyrische und erörternde[2] Züge ihren Platz in der Epik hätten, so wäre doch die Quelle der epischen Energie in Begebenheiten zu suchen. "Dem Dichter ist es wohl aufgegeben, seine Ideen und Meinungen, seine Raum- und Charaktervorstellungen in zeitliche Vorgänge[3], in Geschehen umzusetzen oder doch einzubetten, wenn er sie erzählbar machen will " (S. 21). Die Formel "Es ward ... und dann ..." ergäbe den idealen Grundriß des Erzählten.

Die Formen der Epik sind mannigfaltig[4]. Man unterscheidet zunächst zwischen G r o ß f o r m e n und K l e i n - f o r m e n. Zur Großform rechnet man R o m a n e und E p e n und die unter dem Namen <u>Edda</u> bekannte Sammlung von altnordischen Götter- und Heldensagen (S a g a s); diese sind zwischen dem 9. und 12. Jahrhundert entstanden und im 13. Jahrhundert in Island aufgeschrieben worden. Roman und Epos werden in individuellen Kapiteln besprochen, und zwar unter "Formale Aspekte," da ihre Gattung, im Gegensatz zur Tragödie, Komödie usw. von der Form und nicht vom Inhalt her bestimmt wird.

Die ältesten zur Kleinform gehörenden, zunächst nur mündlich überlieferten[5] Erzählungen sind M ä r c h e n, L e g e n d e und S a g e. Wie bei aller Volksdichtung sind die Autoren unbekannt. Die Volkssage erzählt unkritisch und naiv von merkwürdigen, erstaunlichen Ereignissen inmitten der Alltagswelt, die aber wahr sein sollen. Dagegen erheben die in Märchen erzählten Begebenheiten keinen Anpruch[6] auf Glaubwürdigkeit[7]. Es sind vielmehr Phantasiegebilde wunderbarer Lebewesen und Ereignisse, es ist eine Welt von Königen, Prinzen und Prinzessinnen, von Riesen und Zwergen, Hexen und Zauberern und redenden Tieren, die alle dafür sorgen, daß die Menschen auf ihren inneren Wert hin

[1]general concept [2]debating [3]occurences in time [4]manifold
[5]handed-down [6]claim [7]credibility

131

geprüft, daß die Guten reich belohnt und die Schlechten fürchterlich bestraft werden. Diese poetische Gerechtigkeit ist vielleicht seine stärkste Anziehungskraft[1] fürs kindliche und naive Gemüt.

Legenden sind erbauliche[2] Heiligengeschichten[3] von lehrhaftem[4] Charakter. Sie sind wahrscheinlich auch im Volk entstanden, aber unter dem Einfluß der Kirche. Wenn diese präliterarischen Formen später von Dichtern gebraucht und bewußt ausgeformt wurden, sprechen wir von K u n s t - m ä r c h e n , K u n s t l e g e n d e usw.

Besonders gut zum mündlichen Vortrag eignen sich auch die epischen Kleinformen die A n e k d o t e oder der S c h w a n k[6] . D i e Anekdote erzählt in pointierter Weise aus dem Leben eines berühmten Menschen eine Begebenheit, die charakteristisch für ihn und amüsant für den Zuhörer oder Leser ist. Ein Schwank ist die Erzählung eines lustigen Streichs, der harmlos-fröhlich, aber auch derb-drastisch oder sogar obszön sein kann. Nähere Definitionen und literar-historische Details würden uns hier zu weit führen und können in literarischen Sachwörterbüchern nachgelesen werden.

Durch die Erfindung der Buchdruckerpresse im 16. Jahrhundert war das V o l k s b u c h die erste Form der Erzählung, die schriftlich statt mündlich verbreitet wurde. Ursprünglich waren diese frühneuhochdeutschen Prosanacherzählungen[7] epischer Dichtung gar nicht für das Volk, sondern für den Adel und die gebildeten Bürgerschichten geschrieben. Doch mit dem billig gewordenen Druck fanden sie neue Käufer und paßten sich allmählich dem Geschmack des einfachen Mannes an. Die Form verflachte[8] zugunsten der Befriedigung des Stoffhungers. Die Bücher waren gewöhnlich anonym verfaßt, verdienten aber nicht den Namen "Volksbücher," weil sie nicht aus dem Volk entstanden waren.

Den bedeutendsten epischen Kleinformen N o v e l l e , E r z ä h l u n g , G e s c h i c h t e und K u r z g e - s c h i c h t e , werden, wie dem Roman und Epos, individuelle Kapitel gewidmet.

[1]power of attraction [2]edifying [3]stories of saints [4]instructive [6]funny tale [7]prose adaption [8]became shallow

A. VERBALISIERUNG SPONTANER ERSTEINDRÜCKE
(Vgl. S. 9)

B. RICHTLINIEN ZUR ANALYSE

I. Inhaltliche Aspekte

1. Der Stoff und seine Quellen

Es wird empfohlen, an dieser Stelle die entsprechenden
Kapitel in Teil I und Teil II (S. 12 und S. 109) wieder
durchzulesen. Da Romane gewöhnlich nach stofflichen bzw.
thematischen Ordnungsprinzipien kategorisiert werden,
scheint es hier angebracht[1],die bekanntesten Formen kurz zu
definieren.

Der A b e n t e u e r r o m a n ist eine Sammelbe-
zeichnung[2] für verschiedene Formen von Romanen abenteuer-
licher Art. Die bedeutendsten davon sind der p i k a r i -
s c h e R o m a n und der R e i s e r o m a n. Das Wort
"pikarisch" ist vom spanischen "picaro" = Gauner[3], Schelm[4]
abgeleitet, daher auch die andere Bezeichnung S c h e l -
m e n r o m a n. Beispiele aus der deutschen Literatur:
Grimmelshausens Der abenteuerliche Simplizissimus (1669)
und Thomas Manns Bekenntnisse des Hochstablers Felix Krull
(1954). Reiseromane: Tiecks Franz Sternbalds Wanderungen
(1798), Jean Pauls Flegeljahre (1805) und Eichendorffs Aus
dem Leben eines Taugenichts (1826).

Der E n t w i c k l u n g s r o m a n schildert die
Entwicklung eines Menschen von der Jugend bis ins reife
Alter. Er kann in der Ich-Form (Autobiographie) oder der Er-
Form erzählt werden. Besondere Formen sind der B i l -
d u n g s r o m a n, in dem viel Gewicht auf die kulturellen Bildungsfaktoren gelegt wird, der K ü n s t l e r-
r o m a n, in dem die Hauptfigur Dichter, Maler oder Musi-
ker ist, und der p s y c h o l o g i s c h e R o m a n,

[1]appropriate [2]general designation [3]scoundrel [4]rogue

in dem die seelische Entfaltung besonders viel Beachtung findet. Beispiele: Wielands Agathon (1767), Goethes Wilhelm Meister (1775-1829), Novalis' Heinrich von Ofterdingen (1801) und Thomas Manns Der Zauberberg (1924).

Der Z e i t r o m a n bemüht sich, ein umfassendes[1] Portrait einer Zeit mit ihrer gesellschaftlichen Zusammensetzung[2] wie auch ihren geistigen Zügen darzustellen. Ein G e s e l l s c h a f t s r o m a n kann sich dabei auf e i n e Gesellschaftsschicht[3] konzentrieren. Es gibt noch weitere Unterscheidungen, wie G r o ß s t a d t - und D o r f r o m a n. U t o p i s c h e R o m a n e, die neue Staats- und Gesellschaftsformen erfinden, gehören auch zu dieser Gattung. Beispiele: Immermanns Die Epigonen (1836) Fontanes Frau Jenny Treibel (1892), Döblins Berlin Alexanderplatz (1929), Musils Der Mann ohne Eigenschaften (1930-1952).

Der h i s t o r i s c h e R o m a n gestaltet geschichtliche Personen und Begebenheiten, erlaubt sich aber -- aus ästhetischen oder sonstigen Gründen -- künstlerische Freiheiten dabei. Sein großes Verdienst ist die Lebendigmachung trockener geschichtlicher Tatsachen, indem er persönlich-menschliche Beweggründe[4] hinter den historischen Ereignissen aufleuchten läßt. Beispiele: Freytags Die Ahnen (1872-80), Meyers Huttens letzte Tage (1872), Fontanes Vor dem Sturm (1878), Huchs Der große Krieg (1912), Brochs Der Tod des Vergil (1945).

Aufgabe: Nennen Sie epische Werke, deren Quellen Sie aufzeigen können.

2. Das Zentralmotiv
(Vgl. S. 17)

Aufgabe: Bestimmen Sie von einigen epischen Werken das Zentralmotiv.

---

[1]comprehensive [2]composition [3]social stratum, class [4]motives

3. Die Fabel
(Vgl. S. 110)

Aufgabe: Geben Sie die Fabel einer Novelle wieder.

4. Der Gehalt
(Vgl. S.26)

Aufgabe: Wählen Sie ein episches Werk, dessen Gehalt Sie klar zu erkennen glauben. Schreiben Sie einige Sätze darüber auf.

II. Formale Aspekte

Vorwort:

Um die verwirrende Fülle der Erscheinungsformen des Romans übersichtlicher zu machen und fruchtbare Ansätze zur Interpretation zu finden, hat man wiederholt versucht, Typologien des Romans aufzustellen. Auch die theoretisierenden Romanautoren haben sich daran beteiligt, um Klarheit über das eigene Schaffen zu gewinnen, darunter Gustave Flaubert, Henry James, Marcel Proust und James Joyce.

Gestützt auf[1] Norman Friedmans Aufsatz "Point of View in Fiction" [24] and W. C. Booths Arbeit The Rhetoric of Fiction[25] hat Karl Stanzel in seinem Buch Typische Formen des Romans[26] die Typen der Erzählsituation formuliert. Im Anschluß daran zeigt er, wie Eberhard Lämmert in dem schon erwähnten Buch eine Typologie der Aufbauformen, von der Zeitstruktur aus gesehen, aufstellt. Lämmert baut auf Günther Müllers Aufsätzen über das Verhältnis von Erzählzeit und erzählter Zeit[27] auf. Als dritte Methode der Typologisierung bespricht er Wolfgang Kaysers Versuch, nach Typen der Substanz zu unterscheiden, und Stanzel betont, daß sich diese verschiedenen Methoden fruchtbar ergänzen können. In der Tat erweisen sich die Fragestellungen nach der Erzählhal-

[1] leaning on

135

tung, der zeitlichen Struktur und der tragenden Substanzschicht[1] als sehr relevant fürs Verständnis des Romans. Die
beiden ersten Aspekte, Erzählhaltung und zeitliche Struktur, müssen auch bei anderen Formen der Epik untersucht
werden, so daß die sich damit beschäftigenden Kapitel an
erster Stelle stehen, damit bei der Definition von Roman,
Novelle usw. darauf Bezug genommen werden kann. Die Frage
der Substanzschicht wird im Kapitel "Roman" behandelt.

Den eben erwähnten Theoretikern und Kritikern ist die
folgende, nicht literaturgeschichtlich ausgerichtete[2], sondern auf praktische Hilfsmittel der Interpretation orien-
tierte Darstellung stark verpflichtet[3].

1. Erzählhaltung

Unter Erzählhaltung versteht man die Haltung des Erzählers zu seinem Stoff und seinem Leser. Distanziert er
sich von der erzählten Geschichte oder ist er mehr oder
weniger stark in die geschilderten Ereignisse verwickelt?
Bleibt er als Erzähler anonym, oder stellt er sich dem Leser
vor und läßt ihn womöglich sogar am Vorgang[4] seiner Erzählkunst teilhaben: Nimmt er eine bestimmte Erzählerrolle an,
oder will er mit dem Autor identisch erscheinen? Hält er
sich als Vermittler[5] der Geschichte zurück, oder greift[6] er
kommentierend und interpretierend ins Geschehen ein? Erzählt
er in der ersten oder dritten Person, und was ist genau dabei seine Perspektive? Diese und ähnliche Fragen muß sich
der Interpret stellen, wenn er nicht nur an der Form, sondern auch am Gehalt des Erzählten nicht vorbeigehen will,
denn erst in der Spiegelung von Stoff und Erzählhaltung
werden diese Ideen des Autors deutlich. Stanzel unterscheidet drei Typen der Erzählsituation: die auktoriale Erzählsituation, die Ich-Erzählsituation und die personale
Erzählsituation:

a) Die auktoriale Erzählsituation
Die auktoriale Erzählform ist die älteste in der Epik.
Der allwissende Erzähler macht sich durch direkte Anrede des
Lesers wie durch Meinungsäußerungen zu seinen Charakteren
und ihren Handlungen deutlich bemerkbar. Manchmal versucht

[1]dominating layer of substance [2]oriented [3]obliged [4]process
[5]mediator [6]eingreifen = interrupt

136

er sogar, den Leser für seine Erzählkunst zu interessieren,
wie Henry Fielding (1705-54) in Tom Jones, wo er nicht nur
im ersten Kapitel sein Vorhaben mit dem Roman diskutiert,
sondern auch in vielen Kapitelüberschriften den Leser darauf
vorbereitet, was er, außer der Weiterentwicklung der Geschichte, zu erwarten hätte. So steht z. B. über Kapitel 3
"... The decent behaviour of Mrs. Deborah Wilkins, with
some proper animadversions on bastards," über Kapitel 2
"The reader's neck brought into danger by a description; .."
über Kapitel 5 "Containing a few common matters, with a
very uncommon observation upon them" usw. Fielding ist der
Extremfall eines Autors, der seinen Stoff mit dem Leser diskutiert, steht aber keineswegs allein. Bei André Gides Romanen findet man viele Einwürfe, die die auktoriale Erzählhaltung deutlich werden lassen, z. B. in Die Verliese des
Vatikan (Übersetzung aus dem Französischen von Ferdinand
Hardekopf): "An diesem Punkte meiner Erzählung muß, sosehr
ich nur Wesentliches mitzuteilen wünsche, die Geschwulst erwähnt werden, mit der Anthimos Armand-Dubois leider be-
haftet war. Denn solange ich noch nicht perfekt bin in der
Scheidung des Zufälligen vom Unvermeidlichen: was sollte
ich von meiner Feder fordern, wenn nicht genauesten Bericht?"

Der Interpret muß sich davor hüten, daß er die Kommentare unbesehen für authentische Meinungen des Autors hält. In
den meisten Fällen ist nämlich der Erzähler auch eine fiktive
Gestalt, was aber auf den ersten Blick nur deutlich wird,
wenn sich eine konstruierte Persönlichkeit von der des Autors, wie man ihn kennt oder aus anderer Literatur kennenlernen kann, wesentlich unterscheidet. In jedem Fall muß
die Mentalität mit dem Umfang seiner Weltkenntnis, mit seinen
moralischen, sozialen und politischen Einstellungen, seinen
Interessen und Voreingenommenheiten[1] vom Interpreten genau
untersucht werden, bevor er die Ideen des Autors entschlüsseln[2] kann. Vielleicht hält der Autor es mit dem vom Erzähler kritisierten Helden und mockiert[3] sich insgeheim über
des Erzählers philisterhafte Selbstgerechtigkeit[4], oder
vielleicht ist die Wahrheit, wie sie der Autor sieht, irgend-
wo in der Mitte zwischen dem Erzähler und seinem Objekt zu
finden.

In diesen Überlegungen wird die mögliche Spannung[5]
zwischen Darsteller und Dargestelltem sichtbar. Sie kann ge-

[1]prejudices [2]decode [3]mocks [4]self-righteousness [5]tension

ring sein oder auch starke Polarisierung repräsentieren,
z. B. von Ordnung und Chaos, Schein und Sein, Tradition und
Anarchie, wobei dem Erzähler gewöhnlich die ordnende, rich-
tigstellende Funktion zufällt. Die klare Distanzierung des
Erzählers von der dargestellten Welt ist ein wesentliches
Merkmal der auktorialen Erzählsituation und drückt sich auch
in der gewählten Zeitform, dem Praeteritum, aus. Alles Geschehen wird als vergangen dargestellt.

Diese Erzählperspektive aus der Distanz erlaubt Raum
für ein ironisches Spiel mit der dargestellten Welt. Der
lächelnde, nicht sarkastische Ironiker sympathisiert liebevoll mit seinen Charakteren, weiß es aber doch besser als
sie. "Nicht von ungefähr kommt es, daß Cervantes, Fielding
und Jean Paul, die Klassiker des auktorialen Romans, auch
als Meister der ironischen Abgründe[1] gelten können"[28]. In
neuerer Zeit gesellt sich Thomas Mann zu ihnen, z. B. mit
seinem Zauberberg.

b) Die Ich-Erzählsituation
"Die dargestellte Welt des auktorialen Romans ist aus
der Distanz kontemplierte Welt, die des Ich-Romans in der
Erinnerung wiedererlebte Welt." So formuliert Stanzel (S.
30) und macht damit auf einen wesentlichen Unterschied in
der Perspektive aufmerksam. Sie ist beim Ich-Erzähler, dadurch daß er sich, wenn er konsequent sein will, in seinem
Bericht beschränken[2] muß auf das, was er selbst erlebt,
gehört, gelesen haben und sich vorstellen kann, enger, aber
auch schärfer, weil der Erzähler charakterlich, räumlich
und zeitlich genauer fixiert ist. Von modernen Dichtern
wird diese begrenzte aber intimere Weltschau vorgezogen.

Der Ich-Erzähler kann selbst die Hauptfigur in seiner
Darstellung sein, er kann im Gegenteil als Zeuge und Be-
richterstatter ganz am Rande des Geschehens stehen, oder er
kann als eine mehr oder weniger wichtige Figur in die Ereignisse verwickelt[3] sein. Die verschiedenen Möglichkeiten
des Standortes haben viele verschiedene Varianten im Ich-
Erzähltypus zur Folge, wobei manche sich dem auktorialen
und andere sich dem personalen Erzähltypus nähern.

Beim gleichsam autobiographischen oder fingiert[4]
autobiographischen Roman (vgl. Thomas Manns Die Bekennt-

[1]chasms [2]limit [3]involved [4]fictitious

138

nisse des Hochstaplers Felix Krull) ist der Erzähler identisch und doch nicht mehr identisch mit der Hauptfigur. Vielleicht durch bittere Lebenserfahrungen ist er ein anderer geworden. Darin, wie dieser Bekehrte[1] oder einsichtiger gewordene Erzähler im Rückblick seinen Werdegang[2] beurteilt, ist der eigentliche Gehalt des Romans zu suchen. Wie bei der auktorialen Erzählform haben wir eine medialisierte Erzählung, aber das Medium hat eine intimere, beschränkte, nicht allwissende Perspektive. Wenn man die beiden Fassungen[3] von Gottfried Kellers Der grüne Heinrich miteinander vergleicht, wird einem deutlich, wie ganz anders der Ich-Erzähler vorgehen[4] muß. Die erste Fassung war in der dritten Person geschrieben, von einem allwissenden Verfasser medialisiert. Beim Umschreiben[5] mit dem Erzähler in der ersten Person sah Keller sich gezwungen, ganze Teile auszulassen, weil sein Heinrich keine Kenntnisse von ihnen haben konnte, oder er mußte sie in den Bereich seiner Vorstellungen statt seiner Erfahrungen transponieren. Wie beim auktorialen Roman wird noch aus Distanz erzählt, aber sie ist viel geringer geworden. Neben dieser sozusagen "reinen" Form der Ich-Erzählsituation, wo aus der Distanz der Erinnerung wiedererlebte Welt von einem deutlichen Medium erzählt wird, gibt es viele verschiedene Zwitterformen[6], die trotz des Berichts in erster Person entweder auch Merkmale der auktorialen oder der personalen Erzählhaltung aufweisen. Ersteres ist der Fall, wenn der Ich-Erzähler zwar zu den Charakteren seiner geschilderten Welt gehört, aber mehr als Außenseiter, der mit großer Distanz und oft mehr Wissen erzählt und kommentiert, als er realistisch haben kann. Dann unterscheidet er sich vom auktorialen Erzähler nur durch die schärfere Perspektivierung.

Am anderen Ende der Skala finden wir viele moderne Ich-Romane, die ihre erzählerische Distanz fast ganz aufgegeben haben. Es sind keine Selbstdarstellungen mehr aus weisem Rückblick, sondern der schreibende Ich-Erzähler, den eine Krise aus dem Gleichgewicht[7] geschleudert[8] hat, ist auf der Suche, sich und die Welt zu verstehen (Vgl. Max Frischs drei Ich-Romane: Stiller, Homo faber und Mein Name sei Gantenbein). Der mehr oder weniger bündige[9] Bericht von Ereignissen und ihren Folgen, den ein auktorialer Erzähler oder ein Ich-Erzähler mit Distanz gibt, wird weitgehend durch

[1]convert [2]growth process [3]version [4]proceed [5]rewriting
[6]hybrids [7]balance [8]catapulted [9]concise

Darstellung von Bewußtseinsprozessen, von Reflexionen, Gefühlsäußerungen und Träumen ersetzt. Der Leser wird unmittelbar mit in die inneren Vorgänge der Hauptfigur hineingezogen. Die Erzählhaltung nähert sich der noch zu besprechenden personalen Erzählsituation.

Briefromane nehmen unter den Ich-Romanen eine besondere Stellung ein. Der Abstand vom Erlebten und Geschilderten ist gering oder nicht vorhanden, und wenn mehrere Briefschreiber beteiligt sind, kann durch die von Korrespondent zu Korrespondent wechselnde Erzählperspektive eine Objektivität erreicht werden, die man sonst im Ich-Roman nicht findet. Briefromane, in denen nur eine Person sich ihre Erlebnisse, Stimmungen, Gedanken und Gefühle von der Seele schreibt, neigen zum personalen Erzähltypus, der im folgenden besprochen wird.

c) Die personale Erzählsituation

Der personale Roman, den es erst seit Mitte des 19. Jahrhunderts gibt, der dann aber schnell zu großer Bedeutung gelangte, wurde der modernen Forderung nach Objektivität der Darstellung und dem neu erwachten Interesse am Bewußtsein und Unterbewußtsein[1] des Menschen durch eine neue Erzähltechnik gerecht.

Diese Erzähltechnik eliminiert einen durch Kommentare in Erscheinung tretenden Erzähler mit seiner subjektiven Wertung, die er dem Leser aufdrängt[2]. Der personale Roman ist scheinbar erzählerlos und wird auch "Es-Roman" genannt, weil "es" erzählt, ohne ein Medium. Die Erzählperspektive ist in die Hauptperson verlegt[3], daher "personale Erzählsituation." Der Leser wird in den Bewußtseinsprozeß dieser Person gleichsam hineingezogen, er sieht, hört, denkt und fühlt mit ihr, was auch oft eine humanitäre Wirkung zur Folge hat, indem der Leser auch solche Personen zu verstehen lernt, die ihm nicht besonders sympathisch sind. Natürlich kann der Autor auch in dieser Erzählform den Leser beeinflussen, aber nur auf subtile und nicht so eindeutige Art. Um seine Ideen zu entschlüsseln, muß sich der Interpret ganz genau die seelisch-geistige Physiognomie der dargestellten Person und die Wechselwirkung zwischen ihr und ihrer Umwelt ansehen. Wenn z.B. Franz Kafkas Joseph K. in dem Roman Der Prozeß immer wieder ganz andere Reaktionen

[1]subconsciousness [2]urges upon [3]shifted

der Umwelt hervorruft, als er geplant und erwartet hat, wird damit sein Weltverständnis unauffällig korrigiert. An den Leser werden viel größere Ansprüche gestellt als in der auktorialen und der Ich-Erzählsituation, wo die Deutung der Ereignisse gleichsam mitgeliefert wird.

In solchen Romanen, wo das Innenleben des Menschen im Mittelpunkt des Interesses steht, ist der Stoff im Vergleich zu den anderen Erzählgattungen verhältnismäßig karg[1]. Da geht es gewöhnlich nicht um Kriege und Abenteuer, um Haupt- und Staatsaktionen, sondern um ganz alltägliche Dinge, und aus dem Helden ist ein Nicht-Held, ein ganz gewöhnlicher, womöglich schwacher Mensch geworden.

Der karge Stoff und der Zweck der Bewußtseinsspiegelung bedingt ein ganz anderes Zeitgerüst. Die Zeit der Handlung ist gewöhnlich kurz, manchmal nicht mehr als vierundzwanzig Stunden (vgl. James Joyces Ulysses, der im wesentlichen ein personaler Roman ist), wobei die Dauer der erinnerten Zeiten viel länger ist. Das diktiert auch die Zeitfolge. Statt chronologisch verlaufender Abfolge[2] gilt das Prinzip der inneren Zeit, d. h., das Nacheinander der Zeit, in der die Person gedanklich verweilt.

Diese andere Behandlung der Zeit bedingt wiederum einen anderen Modus des Erzählens. Die Reihenfolge des Erzählens wird nicht mehr durch Handlungssukzessionen, sondern durch Bewußtseinsassoziationen bestimmt, und an die Stelle berichtender Erzählweise tritt die breitere szenische Darstellung. Die Gedanken einer handelnden Person werden durch Monologe in direkter oder indirekter Rede, durch erlebte Rede[3] und inneren Monolog[4] wiedergegeben.

Zusammenfassung:
    Es gibt drei grundsätzlich verschiedene Erzählsituationen und ihre Mischformen. Die auktoriale Form ist durch einen deutlich in Erscheinung tretenden Erzähler gekennzeichnet, der sich ausgesprochen oder indirekt mit seiner Stellungnahme[5] zu dem, was er erzählt, an den Leser wendet. Er erzählt aus der Distanz mit Übersicht und mehr oder weniger Allwissenheit. Der Ich-Erzähler gehört zu den Charakteren,

[1]meagre [2]sequence [3]indirect interior monologue [4]stream of consiousness [5]expressed opinion

141

deren Geschichte er erzählt. Daher ist seine Perspektive
schärfer, aber auch begrenzter. Er darf, wenn er konsequent
sein will, nur schildern, was er aus eigener Erfahrung
wissen kann. Er schreibt aus der Erinnerung, also auch mit
Distanz, die allerdings geringer ist als bei dem nicht am
Geschehen beteiligten Erzähler. Dieser Typ hat viele Varianten, weil der Erzähler die Hauptperson des Dargestellten
sein oder in verschiedenen Entfernungen davon berichten kann.
Beim personalen Roman gibt es weder Distanz noch einen er-
kennbaren Erzähler. Alles wird aus der Perspektive der Hauptperson erlebt und erzählt. Statt der bunten Schilderung von
Ereignissen steht das Innenleben dieser Person im Brenn-
punkt[1] des Interesses. Bei der Gestaltung dieser Innenwelt
tritt die berichtende Erzählform zugunsten szenischer Darstellung und häufigen Gebrauchs von innerem Monolog, von
Dialog und erlebter Rede zurück. In dieser modernsten Form
des Romans wird die Zeitstruktur nicht durch die Chronolo-
gie der Ereignisse, sondern durch Bewußtseinsassoziationen
bestimmt.

Aufgabe: Untersuchen Sie die Erzählsituation eines Romans.
Ist es ein Er-, oder Ich- oder Es-Roman? Begründen Sie es!
Was ist genau die Perspektive?

2. Behandlung der Zeit

Die Untersuchung der Zeitstruktur gibt wichtigen Aufschluß über die Schwerpunkte[2] der Erzählung und ihre dadurch
entstehenden Erzählphasen. Das beste Mittel, sie zu finden,
ist der Vergleich der erzählten Zeit[3] mit der Erzählzeit[4],
wobei die e r z ä h l t e Z e i t den Zeitraum[5] der geschilderten Ereignisse bedeutet und die E r z ä h l z e i t
nach Seiten bemessen[6] wird. Es ist die Zeit, die der Autor
zur Schilderung eines oder mehrerer Ereignisse aufwendet[7],
oder anders gesagt, der Raum, den er ihnen innerhalb der
anderen Ereignisse zumißt.

Eberhard Lämmert stellt in seinem schon erwähnten Buch
Bauformen des Erzählens drei Typenreihen des Erzählens auf,

[1]focal point [2]focal points [3]narrated time [4]time of narration
[5]time span [6]measured [7]devotes

die durch ihre besondere Struktur gekennzeichnet sind. Bei
der ersten Typenreihe geht es um den Umfang der erzählten
Zeit. Am einen Ende der Skala steht die knappe Krisengeschichte, wie wir sie gewöhnlich in der Novelle finden, am
anderen Ende eine breite Lebensgeschichte, wie bei Autobiographien oder Familienromanen. Wenn allerdings wie
in Fieldings Tom Jones, die ersten zwanzig Jahre seines Lebens in starker Raffung[1] mitgeteilt und nur die letzten
Wochen und Tage der erzählten Zeit viel Erzählzeit
in Anspruch nehmen[2], ist die Lebensgeschichte eher wie eine
Krisengeschichte aufgebaut. Hier gibt es Mischformen.

Die zweite Typenreihe wird von der Reihenfolge des Erzählens bestimmt. Ihre beiden extremen Pole sind die "einsinnig" erzählte und die aufgesplitterte Geschichte. Unter
"einsinning" ist dabei zu verstehen, daß die Ereignisse in
derselben Reihenfolge, wie sie geschehen sind, erzählt werden. Im Gegensatz dazu können große Abschnitte[3] der Geschichte umgestellt sein: früher Geschehenes kann nachgeholt
oder das Ende kann vorweggenommen sein. Bei mehreren Hauptpersonen können mehrere Erzählstränge[4] nebeneinander herlaufen, und die Erzählphasen können durch Orts- und Per-
sonenwechsel statt durch eine neue Zeitperiode bestimmt
sein. Die Stränge können klar zu Ende geführt, aber auch
mit anderen verschlungen[5], abgebrochen und wieder aufgenommen werden. Die Geschichte kann sich auch in viele
einzelne zersplittern, die dann alle dazu dienen sollen,
ein Milieu zu malen.

Bei der dritten Typenreihe ist entscheidend, wieviel
Gewicht dem äußeren Geschehen im Verhältnis zu anderen
Bestandteilen der Erzählung gegeben wird. Da fragt man sich,
wie relativ breit die Umweltsbeschreibungen sind, in welchem Umfang Dialoge, Reflexionen, innere Monologe und Essay-
istisches eingebaut sind.

Der Interpret hat sich schon einige Klarheit geschaffen,
wenn er seine Geschichte auf den Skalen der drei Typenreihen
richtig angesiedelt[6] hat.

Wenn der Autor durch ein entsprechendes Verhältnis von
Erzählzeit und erzählter Zeit seine Schwerpunkte setzen will,

[1]compressing [2]claim [3]sections [4]lines of narrative [5]inter-
twined [6]placed

143

muß er die Kunst der R a f f u n g und der D e h n u n g[1]
und die der V e r k n ü p f u n g[2] verschiedener Erzählphasen beherrschen.

Von Zeitraffung sprechen wir, wenn die Erzählzeit
kürzer als die erzählte Zeit ist. Im Extremfall der Raffung
werden kürzere oder längere Perioden einfach übersprungen
oder ausgespart[3]. Der Autor übergeht sie mit Wendungen[4]
wie "Ein paar Jahre später...," "Bald danach..." usw. Er
kann aber auch raffen, indem er besondere oder sich oft
wiederholende Ereignisse während einer längeren Periode
zur Schilderung auswählt ("In den Zwischenjahren geschah es
einmal, daß ...;" "In dieser Zeit geschah es immer wieder,
daß ...").

Wenn umgekehrt die Erzählzeit länger als die erzählte
Zeit ist, sprechen wir von Zeitdehnung. Sie entsteht, wenn
während einer kurzen Handlung die Gedanken und Erinnerungen
einer Person mitbeschrieben werden. Nur in der Wiedergabe
eines Dialoges decken[5] sich reale Zeit und Erzählzeit.

Erzählphasen sind zeitliche Einheiten[6] ohne Unterbrechungen im Erzählstrom. Sie können, in geraffter Weise,
größere Zeiträume umspannen, wie ganze Lebensepochen, oder
auch nur eine Reihe von Tagen oder auch nur Stunden. Die
Schwerpunkte sind in Phasen von kurzer erzählter Zeit, also
von Tagen oder Stunden zu suchen, weil nur dort die verhältnismäßig lange Erzählzeit es dem Autor möglich macht, einen
tiefen Einblick in die Charaktere zu geben.

Die Verknüpfung der Erzählphasen kann auf verschiedene
Weise geschehen. Eine Geschichte mit e i n e r Haupthandlung kann sukzessiv, ohne Unterbrechungen und Einschübe[7],
erzählt werden. Die Erzählphasen ähneln dann den einzelnen
Szenen oder Auftritten im Zieldrama. Sie bauen zeitlich und
kausal aufeinander auf. Der Autor kann aber auch von der
eigentlichen Handlung abschweifen[8] und z. B. Erinnerungen,
Reflexionen, ganze Exkurse oder in sich geschlossene Geschichten einflechten[9]. Ob das seiner Erzählung nützt oder
schadet, hängt davon ab, wie gut sie episch integriert sind.
Man muß sich fragen, in welcher Weise diese Abschweifungen
den Sinn der eigentlichen Geschichte aufdecken. Dieser Sinn-

[1]expansion (of time) [2]linking [3]left out [4]phrases [5]are iden-
tical [6]units [7]insertions [8]digress [9]interweave

144

bezug[1] ist hier das Prinzip der Verknüpfung. Zahlreiche Abschweifungen machen die Erzählweise bunt oder beschaulich[2].

Um die Aufdeckung innerer Zusammenhänge von Ereignissen geht es auch oft bei zeitlichen Umstellungen[3] von Phasen der Handlung. Der Autor hat einen Grund, wenn er nicht chronologisch vorgeht. Vielleicht geht es ihm aber vorwiegend um Spannungserhöhungen[4], wenn er wichtige Ereignisse überspringt und erst später nachholt.

Das Verknüpfungsprinzip der Erzählphasen in vielen modernen Romanen ist die Gedankenassoziation. Da findet man oft Geschichten eingeschoben, die auf den ersten Blick gar nichts miteinander zu tun haben, doch bei näherer Betrachtung tiefe Beziehungen zueinander aufweisen. Wenn z. B. in Max Frischs Roman <u>Mein Name sei Gantenbein</u> Professor Enderlin, der in fast humoristischem Tone von der Untreue seiner Frau erzählt hat, plötzlich die Geschichte von einem Bäckermeister einschiebt, der den Liebhaber seiner Frau in die Lenden geschossen und ihr das Gesicht zerschnitten hat, ahnt man die gefährlichen Abgründe[6] seiner eigenen Eifersucht.

Mehrsträngige Erzählungen können hintereinander oder nebeneinander herlaufen. Im ersteren Falle sind es gewöhnlich Geschichten, von verschiedenen fiktiven Erzählern mit gleichem Thema oder mit demselben Ziel, z. B. dem der Unterhaltung während einer Wartezeit. Sie sind durch einen gemeinsamen Rahmen[7] locker[8] verknüpft. Das trifft auf zyklische Rahmenerzählungen zu. Parallel laufende Stränge sind in Familiengeschichten oder Romanen mit mehreren Hauptpersonen zu erwarten. Der Autor macht seinen parallelen Rückschritt mit Worten wie "inzwischen" und "unterdessen" deutlich.

Das vom Film her so benannte Phänomen der R ü c k - b l e n d e[9] ist in der Epik bei näherem Hinsehen ein Sammelbegriff für viele verschiedene Formen der Unterbrechung einer Gegenwartshandlung durch den Bericht davorliegender Ereignisse. Lämmert unterscheidet grundsätzlich zwischen V o r z e i t h a n d l u n g e n und R ü c k w e n - d u n g e n. Bei einer Vorzeithandlung wird die Handlungs-

[1]related meaning [2]contemplative [3]transposition [4]hightened tension [5]loins [6]depth [7]frame [8]loosely [9]flashback

145

ebene gewechselt, der Erzähler wendet sich einem anderen, davorliegenden Teil seiner Erzählung zu und verläßt die Erzählgegenwart auf längere Zeit. Die Rückwendung ist dagegen ein untergeordneter Bestandteil[1] der Gegenwartshandlung. Die Vergangenheit wird zur Ausweitung der Gegenwart hineingezogen, ohne daß sich der Erzähler lange von der Schilderung der Gegenwart entfernt.

Bei den Rückwendungen unterscheidet Lämmert weiter zwischen a u f b a u e n d e n, a u f l ö s e n d e n[2] und e i n g e s c h o b e n e n R ü c k w e n d u n g e n. Die aufbauende Rückwende hat die Funktion einer nachgeholten Exposition und bildet nach einer ersten Erzählphase sehr wahrscheinlich die zweite. Die auflösende Rückwende ist dazu das Gegenstück. "Ihrer Stellung nach bildet sie einen Teil des Erzählungs-Schlusses oder bereitet diesen vor. Durch die Aufdeckung bisher unbekannter Ereignisse oder Zusammenhänge oder durch die Aufklärung eines bislang in der Erzählung noch rätselhaft gebliebenen Geschehens löst sie die Knoten der Handlung auf, glättet[3] die Konflikte oder macht sie begreiflich ..."29)

Bei den eingeschobenen Rückwendungen unterscheidet Lämmert weiter zwischen dem Rückschritt und seinen Spielarten[4], dem Rückgriff und dem Rückblick. Für unsere Zwecke bedarf es dieser feinen Unterschiede nicht.

Ein weiteres Kunstmittel in der zeitlichen Gestaltung der epischen Dichtung ist die V o r a u s d e u t u n g[5]. Vorausdeutungen können das Ende vorausnehmen und damit das Interesse vom was der Handlung auf das wie verlagern[6]. Aber halbe und rätselhafte[7] Andeutungen reizen die Neugierde auf den Ausgang der Geschichte um so mehr. Darin liegt der große Unterschied zwischen b e s t i m m t e r und u n b e - s t i m m t e r V o r h e r s a g e. Erstere kann nur von einem Erzähler gemacht werden, der Abstand vom Geschehen und Übersicht darüber hat. Sie sind also in personalen Erzählformen nicht zu finden. Unbestimmte Vorausdeutungen können in mancherlei Form auftreten, z. B. als Träume, als symbolische Gesten, als Wetter oder in Form von eingeschobenen Gedichten oder Geschichten. Dabei muß die Vorausdeutung keineswegs so spezifisch sein wie in der von Werther erzählten Geschichte

[1]component [2]resolving [3]smoothes [4]varieties [5]foreshadowing [6]shift [7]puzzling

über das Mädchen, das aus Liebesverzweiflung Selbstmord begeht. Vielleicht nimmt sie nur die Ausgangsstimmung voraus wie Gretchen mit ihrem Lied vom König in Thule. Solche Mittel tragen dazu bei, uns auf das Ende vorzubereiten.

Zusammenfassung:

Zur gründlichen Beschäftigung mit einem epischen Werk gehört unbedingt die Untersuchung seiner zeitlichen Struktur. Die klare Erkenntnis der Erzählphasen erlaubt eine Übersicht des Aufbaus der Erzählung. Die Art der Verknüpfung der Erzählphasen deutet auf Zusammenhänge, die zum Verständnis des Gehalts erkannt werden müssen.

In der zeitlichen Anordnung und Zuordnung der Ereignisse liegt ein wesentliches Kunstmittel des Erzählers. Er wählt sich zunächst den Umfang des Zeitausschnitts, den er gestalten will. Er kann Teile der Handlung umstellen, um größere Spannung zu erzeugen oder um damit einen Sinnbezug zu schaffen, er kann mit Rückblenden und Vorausdeutungen arbeiten, er kann verschiedene Handlungsstränge kunstvoll verflechten, er kann eine Haupthandlung durch Nebenhandlungen und beziehungsreiche Abschweifungen aller Art bunter und beschaulicher machen, er kann seinen Erzählstrom von der inneren Zeit seiner Figur statt von äußerer Zeit lenken lassen usw.

Sein praktisches Mittel, deutliche Akzente in seiner Erzählung zu setzen, ist das von ihm in den verschiedenen Erzählphasen gewählte Verhältnis von Erzählzeit und erzählter Zeit. Wenn z. B. hundert Seiten auf den Verlauf dreier Jahre verwendet werden und fünfzig auf die Schilderung eines einzigen Tages, dann tritt dieser Tag als eine eigene und wichtige Erzählphase heraus. Der Erzähler kann entscheiden, ob er der Entwicklung seines Helden oder dem Milieu oder den äußeren Ereignissen mehr Raum geben will. Auch das wird im Verhältnis von seiner Erzählzeit und erzählter Zeit wiedergespiegelt.

Aufgabe: Untersuchen Sie an einem epischen Werk: a) wie sich die erzählte Zeit zur Erzählzeit verhält und welche Erzählphasen dadurch entstehen, b) ob es sich um eine einsinnig erzählte oder aufgesplitterte Erzählung handelt, c) ob es darin Vorausdeutungen und Rückblenden gibt.

3. Die Gattung

a) Das Epos

Fast bei allen Völkern entstanden weiter zurück in ihrer Geschichte Epen. Das älteste bekannte Epos der Orientalen ist das berühmte Gilgamesch-Epos aus dem 3. Jahrtausend v. Chr. Unter den abendländischen Epen haben Homers Ilias und Odyssee (um 700 v. Chr.) den Anfang gemacht und sind zusammen mit Vergils Aeneis (29-19 v. Chr.) bis ins 19. Jahrhundert die maßgebenden[1] Vorbilder geblieben. Bei den germanischen Völkern bildeten sich aus den Sagen der Völkerwanderungs- und Christianisierungszeit anonyme V o l k s- und H e l d e n e p e n (In England Beowulf, um 1000 n. Chr. aufgeschrieben; in Island die Edda, um 1300; in Deutschland Das Nibelungenlied, um 1200, und Kudrun, um 1240 aufgeschrieben).

Im Mittelalter entstanden in Deutschland h ö f i s c h e[2] E p e n eines Heinrich von Veldecke (Eneide), Hartman von der Aue (Erec, Der arme Heinrich, Iwein), Wolfram von Eschenbach (Parzival, Willehalm, Titurel) und eines Gottfried von Straßburg (Tristan und Isolt), die Vorbilder in den Ritterepen des französichen Chrétien de Troyes gefunden hatten.

In der Renaissance begann mit Dantes Divina Commedia (1307-21) eine neue Blütezeit, und im 18. Jahrhundert versuchte u. a. Milton mit seinem Paradise Lost und Klopstock mit dem Messias die epische Form neu zu erwecken[3]. Im 19. und 20. Jh. gab es auch noch vereinzelte Versuche, aber die Voraussetzungen für ein Epos waren in einer pluralistisch gewordenen Gesellschaft nicht mehr gegeben. Man war außerdem nicht mehr auf mündlich vorgetragene Dichtung angewiesen, und auch das Pathos betrachtete man nicht mehr als angemessene[4] Ausdrucksform.

Was sind die charakteristischen Merkmale dieser verschiedenen Epen? Wolfgang Kayser nennt das Epos die Erzählung von der totalen Welt. Damit ist gemeint, daß es hier nicht um private Schicksale sondern um solche von Völkern geht, selbst wenn nur einzelne Helden im Vordergrund der Geschichte stehen. Das Epos hat Tiefe und Fülle. Im höfischen Epos verliert es allerdings schon einen Teil seines öffent-

[1]standard [2]courtly [3]revive [4]appropriate

148

lichen Charakters und nähert sich mit seinem psychologischen Interesse an Einzelfiguren der Gattung des Romans.

Das Epos, das in seiner Frühzeit von einem Rhapsoden[1] mündlich vorgetragen wurde, wendet sich an eine homogene, gleichgesinnte Zuhörerschaft, die aristokratische Gesellschaft der Höfe. Der auktoriale Erzähler des Epos konnte darauf rechnen, daß dieses Publikum seine Weltansicht teilte. Ein Epos ist in Versen geschrieben, in Hexametern, Blankversen, in der Nibelungenstrophe oder anderen festen Metren, dazu in gehobenem Tone, feierlich, mit viel Pathos und formelhaften Wiederholungen. Viele beginnen mit dem Anruf an die Musen.

In den nach-mittelalterlichen Epen bleibt die Form zwar erhalten, aber oft wird keine "totale Welt" mehr gestaltet. Seit Mitte des 18. Jh. entwickelten sich in Deutschland neue Spielarten des Epos: W e l t a n s c h a u u n g s e p e n, wie Klopstocks Messias und Wielands Oberon; b ü r - g e r l i c h - i d y l l i s c h e E p e n, wie Johann Heinrich Voss' Luise (1795), Goethes Hermann und Dorothea (1797), Mörikes Die Idylle am Bodensee (1846) und Gerhard Hauptmanns Anna (1921); g e s c h i c h t l i c h e E p e n , wie Herders Cid (1805) und C. F. Meyers Huttens letzte Tage (1871); k o m i s c h e E p e n , die die hohen Epen parodierten, indem sie ihre Form mit trivialen Inhalten füllen, wie Georg Rollenhagens Froschmeusler (1595) und Wilhelm Zachariaes der Renommiste (1744).

Aufgabe: Weisen Sie an einem Ihnen bekannten Epos die eben genannten Merkmale nach. Wenn Sie keins kennen, zeigen Sie an einem anderen epischen Werk, warum es kein Epos ist. Nennen Sie mindestens drei Gründe.

b) Der Roman

Mit der Vertreibung der Mythen und Sagen durch eine prosaische Welt ohne Wunder und ein Publikum, das nicht mehr in Gemeinschaft einem feierlich vorgetragenen Erzähler lauschte, sondern als lauter Privatmenschen in privater Umgebung Bücher las, die ihrem persönlichen Geschmack entsprachen, trat der Roman an die Stelle des Epos. "Die Erzählung von der totalen Welt (in gehobenem Tone) hieß Epos; Die Er-

[1]rhapsodist

zählung von der privaten Welt in privatem Tone heißt ROMAN,"
definiert Kayser[30].

Den Glauben an Mythen und Sagen gab es nicht mehr. Der
Leser wollte seine Alltagswelt auf wahrscheinliche Art dargestellt finden, allerdings poetisiert. Der Grad der Poeti-
sierung wie auch die Bevorzugung[1] von Stoff und Themen hängt
weitgehend vom Zeitgeschmack ab.

Bei der Diskussion von Theorien, was neben der eigentlichen Handlung in den Roman aufgenommen werden dürfte und
was dagegen nicht zulässig[2] sei, kommt Stanzel zu dem Schluß,
daß alles Raum darin finde, was episch integriert sei, denn
dem Roman seien — im Gegensatz etwa zum Drama und zur Novelle — keine festen Grenzen gesetzt: "Genetisch betrachtet ist der Roman gar keine "reine" Gattung. Zu seiner Entstehung haben das in Prosa aufgelöste Epos, die Biographie,
der Essay, das Schauspiel, die Chronik und die Realienli-
teratur der verschiedensten Gebiete beigetragen."[31]

Die eigentliche Gattung entsteht nach Kayser erst,
wenn eine der drei epischen Substanzschichten: Geschehen,
Figur oder Raum zum Tragen kommen[3]. Jede Form von Epik besteht aus diesem dreifachen Baumaterial. Wenn eines davon
deutlich dominiert und dadurch die Struktur des Romans über-
nimmt, erhalten wir einen Geschehnisroman, einen Figuren-
oder Raumroman (Vgl. auch "Geschehnis-, Figuren- oder Raumdrama" S. 114). Auch hier gibt es viele Mischformen, aber
es lohnt sich immer für den Interpreten, die Frage nach der
tragenden Substanzschicht zu stellen.

Der G e s c h e h n i s r o m a n , schon von Heliodor
in der spätgriechischen Periode vorgebildet und damit die
älteste der drei Formen, hat die festeste Struktur. Beginn,
Entwicklung und Ende der Handlung bestimmen Anfang, Verlauf und Ende des Romans. Die Erzählweise ist straff[4] und
zielgerichtet. Die Gefahr der Uferlosigkeit[5], die der Figurenroman und besonders der Raumroman laufen, besteht
nicht. Die meisten Geschehnisromane sind Liebesromane.

Während der Geschehnisroman gewöhnlich zwei Hauptfigu-
ren hat, gibt es im F i g u r e n r o m a n nur eine. Sie
hält die Ereignisse zusammen, die nicht mehr um ihrer selbst

[1]preference [2]permissible [3]become domineering [4]tight [5]bound-
lessness

150

willen, sondern als formende Kräfte dieses Charakters wichtig sind. Daher gehören vor allen Entwicklungsromane — sowohl in der Ich- als auch der Er-Erzählform — zu dieser Gattung. Wenn der Held ein passives Dasein führt, wenn er mehr träumt und grübelt[1] als handelt, neigt der Figurenroman, wie Goethes Die Leiden des jungen Werther, zur Lyrisierung.

Auch der R a u m r o m a n wird oft durch eine Figur zusammengehalten, aber sie muß nicht, wie die Persönlichkeit des Helden im Figurenroman, durch scharfe Konturen, durch Tiefe, Fülle, Individualität und Wachstum gekennzeichnet sein. Wenn die Substanzschicht des Raumes dominiert, geht es hauptsächlich um Schilderung der vielfältigen, offenen Welt. "Das Mosaikhafte, die Addition, ist das notwendige Bauprinzip, und die Fülle der Schauplätze und auftretenden Figuren wird von innen her verlangt."[32] Im 19. Jh. entwikkelten sich der Zeitroman und Gesellschaftsroman als besondere Typen des Romans. Es ging darum, eine Periode oder bestimmte Gesellschaftsschicht darzustellen, oft in satirischer Weise.

Vorbild für den europäischen Figurenroman ist Cervantes' Don Quijote (1605-15) und für den Raumroman der pikarische Roman Lazarillo de Tormes, der 1554 in Spanien anonym veröffentlicht wurde. Ein exemplarischer Figurenroman in der deutschen Literatur ist Gottfried Kellers Der grüne Heinrich (1. Fassung 1855, 2. Fassung 1880), der bekannteste pikarische Roman Grimmelshausens Simplizissimus (1669), und Theodor Fontane (1819-98) ist der bedeutendste Autor deutscher Gesellschaftsromane.

Mit den zwei anderen typenformenden Prinzipien in der Epik, Erzählsituation und Zeitstruktur, sind wir schon vertraut[2]. Bei der Interpretation sollte die Frage nach allen dreien gestellt werden. Hat man sich mehrere Romane nach dieser Methode angesehen, so wird sich zeigen, daß viele, aber doch nicht alle Kombinationen der Typen möglich sind. So kann ein Roman mit auktorialer Erzählhaltung Figuren-, Geschehnis- oder Raumroman sein, er kann mehr Krisengeschichte als Darstellung einer langen Lebensgeschichte sein, der Erzähler kann einsinnig oder mehrsträngig erzählen, aber es ist unwahrscheinlich, daß er, der doch alles Geschehen von Anfang bis Ende übersieht, sich des Vorrechts nicht be-

[1]broods [2]familiar

dient, zeitliche Umstellung einiger Erzählphasen vorzunehmen. Bestimmt wird er auf Rückblenden und Vorausdeutungen nicht verzichten.

Ein Roman mit Ich-Erzählung hat ebenfalls eine, wenn auch geringere Distanz und eignet sich daher zu ähnlichen Kombinationen. Wenn aber, wie es meistens geschieht, die eigene wahre oder fingierte Geschichte erzählt wird, wie beim Entwicklungsroman, dominiert die Figur, im Falle eines Abenteuer- oder Reiseromans bestimmt der Raum die Struktur.

Die personale Erzählhaltung tendiert klar zur Substanz der Figur und läßt keine souveräne Zeitbehandlung zu. Die inneren und äußeren Erlebnisse in ihrer realen Folge diktieren die zeitliche Struktur des Romans. Diese moderne Form wird im Gegensatz zum t r a d i t i o n e l l e n R o m a n, bei dem ein vermittelnder Erzähler deutlich wird, auch e x - p e r i m e n t i e r e n d e r R o m a n genannt. Er stellt an den Interpreten die höchsten Ansprüche, weil er keine direkten Verständnishilfen bietet und den Leser durch Mangel an zeitlicher Ordnung und logischer Folge der Ereignisse leicht verwirrt. Er macht aber auch ein tieferes Eindringen in das Innenleben der Figur möglich.

Aufgabe: Suchen Sie in Ihrem Gedächtnis nach Geschehnis-, Figuren- und Raumromanen. Untersuchen Sie, welche der drei Substanzen in Ihrem Roman die Struktur bestimmt.

c) Die Novelle
    Ähnlich wie der Roman bildet sich die Form der Novelle zu einer Zeit, wo sich das Interesse des Lesers, weg von Mythen und Sagen und Märchen, realistischen Ereignissen zuwendet. Man möchte Neues und Seltenes, (italienisch "novela" = Neuigkeit), aber doch im Rahmen der Wirklichkeit Mögliches lesen, was dabei durchaus wunderbar sein kann. So finden wir die in der Novelle geschilderten Ereignisse oft hart an der Grenze des Erfahrbaren. Sie überschreitet sie aber nicht und unterscheidet sich gerade dadurch von Märchen und Legenden. Im Gegensatz zum Roman, der eine Fülle von Welt gestaltet, konzentriert sich die Novelle auf e i n Ereignis, und ihre Formgesetze sind viel strenger.

Eine klare, wenn auch vereinfachende Darstellung der

152

deutschen Novelle mit ihrer Herkunft[1], ihrer inneren und äußeren Form und den verschiedenen Typen nach Struktur und Aufbau findet sich in den einleitenden Kapiteln von Johannes Kleins Geschichte der deutschen Novelle [33]. Auch die anderen epischen Formen gewinnen hier größtmögliche Klarheit, wenn der Autor die Novelle in pointierten Formulierungen von ihnen abgrenzt[2]. Die Lektüre dieser Kapitel ist von besonderem Wert, wenn man mit den bekanntesten deutschen Novellen bereits vertraut ist, denn sie werden oft zur Illustration der Theorien herangezogen. Da beim Leser dieser Interpretationsanleitung noch keine umfassende deutsche Lektüre vorausgesetzt[3] werden kann, wird auf die mit Beispielen belegte[4] Entwicklungsgeschichte der Novelle so weit wie möglich verzichtet. Wir konzentrieren uns stattdessen auf die Besprechung der Merkmale, die Novellendichter wie Theoretiker als charakteristisch für die Novelle bezeichnet haben, wenn auch der eine oder andere diese oder jene Forderung nicht unbedingt als verbindlich[5] anerkennen oder anders ausgelegt[6] haben wollte.

Nur so viel Geschichtliches sei über die deutsche Novelle gesagt: Sie hat ihre großen Vorbilder in Boccaccios Decamerone (1348-1358) und Cervantes Novelas ejemplares (1613). Das gilt mehr für die Form als den Gehalt, denn die deutsche Novelle übernahm weder den geselligen Charakter des Decamerone noch den belehrenden der Novelas ejemplares. Als sie sich, erst im 18. Jh., in Deutschland zu bilden begann, war ganz Europa von Napoleons Eroberungszügen[7] bedroht. "Die Geschichte der deutschen Novelle wurde zur Geschichte künstlerisch gestalteter Schicksalsbegegnungen, weil das ungewöhnliche Ereignis und die Gewalt des Schicksals zum täglichen Erlebnis wurden. Deshalb tritt bei uns die humoristische Novelle zurück, und die tragische überwiegt."[34]

Das wesentlichste Merkmal der Novelle ist, daß sie sich auf den Bericht eines einzelnen Geschehens beschränkt. Nach Goethe, dem ersten deutschen Novellendichter, sollte eine u n e r h ö r t e (noch nicht gehörte) B e g e b e n - h e i t im Mittelpunkt der Novelle stehen. Spätere Dichter meinten, daß dieses Neue nicht unbedingt im "was" des Stoffes zu suchen sei, sondern auch im "wie" der Gestaltung

[1]origin [2]sets off [3]expected [4]supported [5]binding [6]interpreted [7]conquests

gefunden werden könne. Theodor Storms Forderung nach e i -
n e m   e i n z i g e n   K o n f l i k t   in der Novelle bedeutet im Grunde dasselbe wie die Beschränkung auf ein ein-
zelnes Geschehen.

Die Gestaltung nur eines Erlebnisses, nur eines einzigen Konflikts, macht die Novelle dem Drama verwandt (Storm
hat sie die Schwester des Dramas genannt), und läßt sie andere Züge[1] mit ihm teilen: einen zielgerichteten Aufbau mit
Höhe- und Wendepunkten[2] und einen Schluß, der die Zukunft
nur ahnen[3] läßt. Aber wie es im Drama Typen von unterschiedlich straffer Struktur gibt, so auch bei der Novelle. Johannes Klein unterscheidet zwischen episch-gebändigter, dra-
matisch-gespannter und lyrischer Novelle, wobei in letzterer
Gattung der Konflikt ganz in den Charakter der Hauptperson
verlegt ist (Vgl. Thomas Manns Bürger-Künstler Konflikt).

Das Drama ist eine objektive Gattung der Dichtung.
Außer beim epischen Theater, einer Sonderform, mischt sich
kein kommentierender Erzähler in die Handlung ein. Auch die
Novelle soll in   o b j e k t i v e m   S t i l   erzählt werden. Die Möglichkeit, objektiv zu erzählen und dennoch einen Kommentar anzubringen, bietet sich in der   R a h m e n -
n o v e l l e   an. Im Rahmen erscheint ein fiktiver Erzähler, der sich vorstellt und den Leser wissen läßt, wo er
die folgende Geschichte gehört, gelesen oder miterlebt hat,
wodurch der Leser überredet[4] wird, die Geschichte als wirklich wahr anzunehmen. Oder der Kommentar kommt von Zuhö-
rern, denen der Erzähler im Rahmen die Geschichte erzählt.
Der Rahmen kann auch eine eigenständige[5] Geschichte enthalten. Dann sprechen wir von einer Rahmen- und einer
B i n n e n n o v e l l e.   Wenn der Rahmen mehrere Novellen zusammenhält, wie im Decamerone, haben wir einen
N o v e l l e n z y k l u s   oder   N o v e l l e n k r a n z.
Es gibt auch Novellen mit doppeltem Rahmen (Vgl. Theodor
Storms Der Schimmelreiter).

Ein fester Bestandteil der Novellentheorie ist der sogenannte   F a l k e[6]   geworden. Paul Heyse hat in Boccaccios
Novelle vom Falken die reinste Form der Novelle gesehen und
behauptet, daß jede gute Novelle einen Falken haben sollte.
Er sei dasselbe, meint Klein, wie das von Goethe und Hein-

[1]features [2]climax & turning points [3]surmise [4]persuades
[5]independent [6]falcon

rich von Kleist benutzte, aber erst von Heyse in seiner Funktion klar erkannte L e i t m o t i v. Hermann Pongs habe den Begriff wesentlich vertieft, indem er auf die Symbolkraft des Falken hingewiesen und ihn ein D i n g - s y m b o l genannt habe. In der Novellendiskussion sind diese literarischen Begriffe heute mehr oder weniger gleichbedeutend, obwohl -- nach Klein -- nicht jedes Leitmotiv ein Ding sein müsse. Er gibt als Beispiel Goethes Wahlverwandschaften, wo das Leitmotiv "als Formel und als Vertauschung ursprünglicher Gruppierungen erscheint"35). Der Falke sei wohl die deutlichste und wichtigste, aber nicht die einzige Form des Leitmotivs, von denen auch mehrere in einer Novelle vorkommen könnten.

Die Tatsache, daß ein Leitmotiv ein Ding sein kann, deutet auf den großen Unterschied zwischen dem Leitmotiv und dem regulären Motiv, das eine typische, menschlich bedeutungsvolle Situation formuliert. Das Motiv zeigt Bewegung: es entsteht und wird aufgelöst. Das Leitmotiv ist etwas Starres[1], gewöhnlich ein Ding (sei es der Falke im Decamerone, der umstrittene Acker in Gottfried Kellers "Romeo und Julia auf dem Dorfe," die beiden Pferde in Kleists "Michael Kohlhaas" oder der Schleier in der gleichnamigen Novelle von Emil Strauß), zu dem die Handlung in entscheidenden Augenblicken immer wieder zurückkehrt, das die Handlung vorantreibt und deutet und damit Symbolkraft gewinnt.

Man spricht von S c h i c k s a l s - und C h a r a k - t e r n o v e l l e n. In der ersten Gattung spielen scheinbare, aber als S c h i c k u n g[2] empfundene Zufälle eine entscheidende Rolle. Dagegen soll in der Charakternovelle die Person des Helden für sein Los[3] die größere Verantwortung tragen. Tatsächlich sind in einer guten Novelle Charakter und Zufall aufs engste miteinander verwoben. Was dem Helden "zufällt," kommt ihm kraft seines Charakters zu. Er fordert das Schicksal auf seine persönliche Weise heraus, und auf des Schicksals Herausforderungen[4] antwortet er, wie es zu seinem Charakter paßt.

Die hier erklärten Begriffe sollten, weil sie viele Novellen entscheidend mitformen, bei ihrer Interpretation in die Fragestellung aufgenommen werden, auch wenn man sich Benno von Wieses Warnung vor Dogmatisierung in der Novellen-

[1]rigid [2]fate [3]lot [4]challenges

theorie anschließt. "Bindende Vorschriften, wie der Novellendichter die Geschlossenheit und Prägnanz eines einmaligen
Falles erreichen sollte, gibt es nicht. Auch "Wendepunkt"
und "Falke" können durch andere Stilformen ersetzt werden;
ebenso sind "Rahmen," "Leitmotiv," "Idee," Hilfsbegriffe,
die uns einen Zugang eröffnen, aber nicht mehr."[36]

Aufgabe: Überlegen Sie sich, welches in Ihrer Novelle die
unerhörte Begebenheit ist, ob es ein Dingsymbol oder Leitmotiv gibt und inwieweit Charakter und Schicksal das Geschehen
in der Novelle bestimmen. Welche Funktion hat der Rahmen,
wenn es einen gibt?

d) Erzählung und Geschichte
    Die Grenze zwischen Novelle und Erzählung ist nicht
immer deutlich. Manche Dichter, wie Heinrich von Kleist,
nannten ihre Novellen Erzählungen. Es ist aber inzwischen allgemein akzeptiert worden, daß die Erzählung sich nicht auf
e i n Mittelpunktereignis konzentriert, sondern mehrere Ereignisse, die zusammengehören, hintereinander und mit ähnlicher Wichtigkeit erzählen kann. Der Unterschied zum Roman
besteht darin, daß die Erzählung kürzer ist und sich auf einen Handlungskreis beschränkt. Innerhalb dieser Grenze kann
sie aber reich an Handlung sein und -- in kleinerem Umfang
als der Roman -- auch seelische Entwicklung zeigen. Die Geschichte unterscheidet sich von der Erzählung nur dadurch,
daß sie weniger formbewußt ist.

e) Die Kurzgeschichte
    Die Kurzgeschichte ist in der Regel wesentlich kürzer
als die Novelle und die Erzählung. Obwohl das Wort eine Übersetzung des Englischen "short story" ist, bedeutet es im
Deutschen nicht dasselbe, denn "short story" ist gewöhnlich
die Bezeichnung für die angelsächsische Novelle, während
"short shortstory" mehr dem Begriff der Kurzgeschichte entspricht. In Deutschland hat sie sich erst während der zwei
Weltkriege unter stark angelsächsischem Einfluß zu einer viel
beachteten literarischen Form entwickelt.

    Die bekanntesten Kurzgeschichten sind unmittelbar nach
dem zweiten Weltkrieg entstanden. Schriftsteller wie Borchert, Böll, Langgässer, Weißenborn, Eich u. a., haben sie
als angemessene Form gewählt für den Ausdruck der damaligen
Not und die scheinbare Sinnlosigkeit der Zeit. Nach Johannes Klein geht die Form der Kurzgeschichte -- oder ihr

Mangel an Form -- Hand in Hand mit dem Zweifel am Sinn des
Lebens. Dieser Zweifel sei das Verbindende zwischen so ver-
schiedenartigen Dichtern von Kurzgeschichten wie Edgar Alan
Poe und Wilhelm Schäfer, wie umgekehrt bei den zwei großen,
aber so andersartigen Novellendichtern Boccaccio und Kleist
das Verbindende der Glaube an den unzweifelhaften Sinn des
Lebens sei, aus dem allein echte Form entstehe.[37]

Bei der Kurzgeschichte steht gewöhnlich nur eine Person im Mittelpunkt, ohne daß eine Charakterentwicklung gezeigt würde. Die einheitliche Handlung ist zielgerichtet
und ohne überraschende Wendepunkte, aber es trifft keineswegs immer zu, daß -- wie Johannes Klein und Gero Wilpert
behaupten[38] -- das Ende vom Anfang an vom Leser gewußt oder
wenigstens geahnt würde. Oft bleibt es offen wie in Borcherts "Die Küchenuhr", oder kommt überraschend wie in
Bölls "Der Kumpel mit den langen Haaren" und Siegfried Lenz'
"Die Nacht im Hotel." Hans Bender schreibt in "Ortsbestim-
mung der Kurzgeschichte:" "Die Lösung ist unwichtig. Die
Frage allein wird zum erregenden Moment."[39]

Die kurze Form dieser Gattung fordert scharfe Konzen-
tration. Es ist typisch für die Kurzgeschichte, daß sie
ohne Exposition oder einleitende Wendung beginnt. Man wird
unmittelbar ins Geschehen hineingezogen, oft durch ein Gespräch am Anfang. Die Kurzgeschichte setzt auch oft mit dem
bestimmten Artikel oder mit einem Personalpronomen ein, als
ob man mit der Person schon bekannt wäre.

In der deutschen Kurzgeschichte trifft man keine allwissende Erzählerperspektive an. Sie paßt nicht zum modernen
Bewußtsein. Viele Kurzgeschichten sind Ich-Erzählungen, aber
auch bei den in dritter Person erzählten beschränkt man
sich auf den Bewußtseinsumfang der Hauptfigur. Durch sein
Bewußtsein erlebt der Leser die Welt in ihrer scheinbaren
Sinnlosigkeit. Er fühlt sich mitgefangen in Not und Ratlosig-
keit.

Die nackte Wirklichkeit, in die der Mensch sich gestellt fühlt, erlaubt keine poetisch geschmückte Sprache
und kein Pathos. Ein charakteristisches Merkmal der Kurzgeschichte von erstaunlich bezwingender Wirkung ist die knappe, oft karge Alltagssprache, bei der jedes überflüssige
Wort fehlt. Sie neigt zur Untertreibung, zum "understate-
ment," vielleicht beeinflußt von Hemingway, dessen Kurzge-

schichten nach dem zweiten Weltkrieg von den Deutschen mit
großem Eifer gelesen wurden.

Heinrich Böll, der vielleicht bedeutendste Erzähler von
Kurzgeschichten in deutscher Sprache, hat in seinem Gespräch
mit Horst Bieneck gesagt:

"Es gibt nicht d i e Kurzgeschichte. Jede hat ihre
eigenen Gesetze, und diese Form, die Kurzgeschichte,
ist mir die liebste. Ich glaube, daß sie im eigentlichen Sinne des Wortes modern, daß heißt gegenwär-
tig ist, intensiv, straff. Sie duldet nicht die ge-
ringste Nachlässigkeit, und sie bleibt für mich die
reizvollste Prosaform, weil sie auch am wenigsten
schablonisierbar ist. Vielleicht auch, weil mich das
Problem "Zeit" sehr beschäftigt und eine Kurzgeschichte alle Elemente der Zeit enthält: Ewigkeit, Augen-
blick, Jahrhundert."40)

4. Inhaltliche Gliederung

Wie es in der Lyrik Strophen und im Drama Akte oder
Aufzüge, Szenen oder Auftritte und Bilder gibt, so hat auch
die Epik kleinere Einheiten innerhalb des Werkes. So ist
ein Epos in Gesänge (vgl. Homers Epen, Klopstocks Messias,
Goethes Hermann und Dorothea) oder in Abenteuer (vgl. Das
Nibelungenlied und Kudrun) eingeteilt, und ein Roman zer-
fällt gewöhnlich in Bücher oder Teile, die wiederum aus
mehreren Kapiteln bestehen. Auch Novellen und längere Erzählungen sind oft untergliedert.

Beim Durchblättern bekannter epischer Werke findet man
allerlei Variationen in ihrer äußeren Bucheinteilung. Bei
den großen Epikern des 19. Jh. zeigt sich z. B. folgendes:
Gottfried Kellers großer Roman Der grüne Heinrich erschien
in vier Bänden mit einundzwanzig, achtzehn, sechzehn und
fünfzehn Kapiteln, die alle eine Überschrift haben. Seine
Novellen und Erzählungen sind nicht weiter untergliedert[1],
außer daß es im Druckbild einige große Absätze gibt. Theodor Fontane hat in seinen Romanen und Erzählungen Kapitelein-
teilung ohne Titel, nur im "Schach von Wuthenow" sind

[1]subdivided

158

die Kapitel betitelt.Kellers und Fontanes Zeitgenosse, der
große Novellendichter Conrad Ferdinand Meyer, teilt seine
Novellen in Kapitel ein, mit Ausnahme der Novelle "Die Hoch-
zeit des Mönchs," bei der im Schriftbild keine Gliederung
sichtbar wird. Meyer fühlte wohl, daß hier in ununter-
brochenem Fluß erzählt werden muß, denn er läßt hier Dante
mit seiner Geschichte eine Hofgesellschaft unterhalten, die
ihrerseits kommentierend eingreift[1]. Otto Ludwigs lange
Erzählungen sind nur durch große Absätze in deutliche Erzählphasen gegliedert. Man kann auch darauf verzichten wie
Heinrich von Kleist, der sogar mit den Absätzen äußerst
sparsam ist. Bei Michael Kohlhaas gibt es eine Passage von
neunzehn Druckseiten ohne Absatz! Das paßt zu Kleists straf-
fem, immer vorwärts treibenden Stil.

Beim Betrachten von Romanen des 20. Jh. findet man ähnliche Varianten. Die Überzahl ist in numerierte Abschnitte
oder Kapitel ohne Titel eingeteilt. Günter Grass' Die Blechtrommel hat Kapitel mit Titeln und Thomas Manns Der Zauberberg hat Kapitel, die aus mehreren betitelten Abschnitten bestehen. Eine wesentlich verschiedene Variante ist allerdings
in Romanen mit personaler Erzählhaltung zu finden. Der nicht
abbrechende Bewußtseinsstrom erlaubt keine Unterbrechung im
Erzählfluß. Durch Assoziationen werden Ereignisse und Gedanken pausenlos aneinandergereit. Daher gibt es in Romanen
wie Max Frischs Mein Name sei Gantenbein, in einigen Romanen von Peter Handke, in Brigitte Schwaigers Wie kommt das
Salz ins Meer u. a. keine Untergliederung.

Die äußere Einteilung, wie wir sie in Büchern, Kapiteln usw. sehen, muß nicht unbedingt sinnvoll sein. Der Autor kann sich an eine willkürlich gewählte Kapitellänge halten, weil sie sich aus ästhetischen oder praktischen Gründen
empfahl. Sie kann auch von einer Zeitung oder Zeitschrift
festgelegt worden sein, in der der Roman ursprünglich in
Fortsetzungen gedruckt wurde, aber meistens gliedern die gewählten Einheiten den Stoff in sinnvoller Weise. Die ur-
sprüngliche Bedeutung des Wortes Kapitel (aus dem Latei-
nischen "capitulum"=Köpfchen) deutet schon darauf hin. Es
war die noch im frühen 18. Jh. übliche stichwortartige Inhaltsangabe als Überschrift eines Abschnitts oder Buches.
Kapitelüberschriften, wie die des dritten Kapitels in Band
I von Der grüne Heinrich, "Kindheit Erste Theologie Schul-

[1]interrupts

159

bänkchen," erinnern noch stark an solche Zusammenfassungen. In Döblins 1961 veröffentlichtem Roman Berlin Alexanderplatz findet man sie wieder in ausführlicher Form. Auch den Kapiteln vorgesetzte Motti oder lyrische Verse deuten auf die beabsichtigte Sinn- oder Stimmungseinheit des Kapitels. Bücher oder Teile sind größere Einheiten, die zur Abgrenzung längerer Lebensphasen dienen oder starke Einschnitte in der Entwicklung des Menschen oder der Ereignisse kennzeichnen und oft auch mit einem Ortswechsel verbunden sind.

Wie beim Drama spricht man auch bei der Epik von einem tektonischen Bauwillen. Er wird dort gesehen, wo sinnvolle Einheiten in gewisser Symmetrie angeordnet sind. Dabei genügt die etwaige Gleichheit der Kapitellänge oder eine erkennbare Regelmäßigkeit im Wechsel verschieden langer Kapitel. Auch beim Umfang der Bücher oder Teile fordert man keine völlige Gleichheit, denn dadurch würde das Sinnvolle der Einheiten beeinträchtigt.

Aufgabe: Untersuchen Sie einen Roman und eine Novelle oder Erzählung auf ihre Untergliederung hin. Ist diese sinnvoll? Läßt sich ein entschiedener Bauwille entdecken, oder ist die Form locker? Wie paßt die gewählte Form zum Gehalt?

5. Epischer Stil

Bei der Begutachtung des epischen Stils gilt alles, was bisher über Stil gesagt wurde (Vgl. Kapitel "Der Stil" S. 81), aber es kommt noch ein neuer Aspekt hinzu, denn es gibt verschiedene Erzählweisen, und wenn ein Dichter die eine oder andere deutlich bevorzugt, prägt das seinen Stil.

Verschiedene Erzählweisen werden deutlich, wenn man Novellen von zwei sehr bekannten Erzählern in deutscher Sprache, Heinrich von Kleist und Gottfried Keller, miteinander vergleicht. Als Beispiel mögen die Anfänge von Kleists Die Marquise von O. und Kellers Züricher Novellen dienen. Während die ersten zwei Druckseiten von Kleists Novelle eine Fülle von Handlung bringen, von kurzer Ehe, Mutterschaft und Jahren der Witwenschaft im Elternhaus erzählen, vom Krieg, vom Schloßbrand und Fluchtversuch, vom Überfall der Gräfin durch russische Soldaten und von ihrer Rettung durch

einen galanten Offizier, von ihrer überraschenden Schwanger-
schaft und ihrer Suche nach dem unbekannten Vater durch eine
Zeitungsannonce, berichtet Keller auf gleichem Raum nur von
dem Trieb eines gewissen Herrn Jaques, ein Originalgenie zu
werden. Der Leser bekommt dafür aber schon Einblick in seelische Regungen und Neigungen des jungen Mannes und erkennt,
wie sich diese in seinem phrasenreichen und pomphaften
Schreibstil und in seinen persönlichen Habseligkeiten spie-
geln.

Der im soeben gemachten Vergleich deutlich hervortre-
tende Unterschied ist bezeichnend für Kleists und Kellers
Stil. In Kleists Erzählungen herrscht der zügige Bericht
über den Ablauf des Geschehens vor. Für Beschreibungen und
Gespräche in direkter Rede ist wenig Raum. Keller verweilt
dagegen mit Vorliebe bei detaillierten Beschreibungen von
Menschen und ihrer Kleidung und den Dingen, mit denen sie
sich umgeben und die viel Aufschluß über ihren Charakter geben. Bei anderen Epikern machen zahlreiche und lange Gespräche ihrer Personen einen wesentlichen Teil ihrer Romane
und Erzählungen aus. Theodor Fontane hat diese Kunst der
direkten Rede so auffallend entwickelt, daß für die langen
Gespräche seiner Spätromane der Ausdruck "Fontanisieren" ge-
prägt wurde. Auch bei Thomas Mann, besonders im <u>Zauberberg</u>,
hat das Gespräch Vorrang. Daneben finden sich lange kultur-
philosophische und wissenschaftliche Reflexionen und Exkurse.
Der Interpret kommt dem Wesen der epischen Erzählung näher,
wenn er untersucht, welcher der Bausteine des epischen Erzählens dominiert: der Bericht, die Beschreibung oder das
Gespräch, und wieviel Raum Reflexionen und sachlichen Erörterungen gegeben wird.

Die beiden extremen Erzählweisen, nämlich der knappe,
raffende Bericht und die ausführlich schildernde Darstellung von Ereignissen, müssen sich nicht gegenseitig ausschließen, sondern wechseln einander ab und formen dadurch,
wie schon besprochen, Erzählphasen mit unterschiedlichem
Verhältnis von Erzählzeit und erzählter Zeit. Die Bevorzugung des mehr oder weniger knappen Berichts oder der mehr
oder weniger minutiösen Schilderung des Geschehnisablaufs
hängt nicht nur vom Stil des Autors ab, sondern auch von der
gewählten epischen Form, welche Wahl natürlich auch von seinem Stil betimmt worden sein kann. Hier ist der Roman mit
personaler Erzählhaltung zu nennen. Die Fotolinse ist nicht
auf ein weites Panorama mit vielen Ereignissen eingestellt,

sondern sie verengt sich zur Nah- und Großaufnahme des inneren Dramas. Der angemessene epische Stil ist die detaillierte Schilderung.

In dieser Form des personalen Erzählens treten neben dem häufigen Gebrauch der direkten oder indirekten Rede noch zwei moderne Ausdrucksformen von Gedanken auf, die e r - l e b t e R e d e und der i n n e r e M o n o l o g. Bei ihnen entfallen Wendungen wie "Sie dachte ..., Er fragte sich ..., Er überlegte..." usw. und ermöglichen so die engere Identifizierung des Lesers mit der empfindenden Person. Der in direkter Rede lautende Gedanke:

Sie fragte sich: "Kann ich ihn je wieder vergessen?"
(1. Person, Präsens, Indikativ)

und in direkter Rede so aussehende Satz:

Sie fragte sich, ob sie ihn je wieder vergessen könne.
(3. Person, Präsens, Konjunktiv),

heißt in der erlebten Rede:

Konnte sie ihn je wieder vergessen?
(3. Person, Imperfekt, Indikativ)

und im inneren Monolog:

Kann ich ihn je wieder vergessen?
(1. Person, Präsens, Indikativ).

Der innere Monolog ist unter dem Begriff "stream of consciousness" bekannt. Er ist die Wiedergabe eines scheinbar unredigierten Bewußtseinsprozesses, an dem der Leser unmittelbar teilnimmt. Zehn Seiten lang läßt Thomas Mann uns am Anfang des siebten Kapitels von seinem Roman Lotte in Weimar die Gedanken des erwachenden Goethe miterleben, wie sie gerade zu kommen scheinen, ein Gemisch von hochfliegenden Künstlergedanken und ganz alltäglichen Überlegungen eines gewöhnlichen alternden Menschen. Die Wirkung ist erstaunlich. Der Abstand zu dem hohen Dichterfürsten ist dahin. Er ist plötzlich zum Mitmenschen geworden.

Aufgabe: Beschreiben Sie den Stil eines epischen Werkes Ihrer Wahl. Was dominiert in der epischen Szene: Bericht, Beschreibung oder Dialog? Welche anderen Erzählweisen (Reflexionen, sachliche Exkurse, Träume, innere Monologe usw.) nehmen viel Raum ein? Was ließe sich über Satzbau, Wort- und Bilderwahl sagen?

6. Richtlinien zur Interpretation von Epik

DIE GATTUNG: Epos? Roman? Novelle? Erzählung? Kurzgeschichte? Anderes? - Beim Roman: Ist es ein Geschehnis-, ein Raum- oder Figurenroman? - Bei der Novelle: Was ist der Konflikt, die unerhörte Begebenheit? Gibt es ein Dingsymbol oder Leitmotiv? Wendepunkte? - Bei der Kurzgeschichte: Welches sind charakteristische Merkmale?

DER STOFF UND SEINE QUELLEN: Inhalt und Handlung mit Angabe der Personen und örtlicher und zeitlicher Fixierung. Hat der Stoff eine Vorlage? Wenn ja, wie ist er verändert worden?

INNHALTLICHE GLIEDERUNG: Wie ist die Erzählung unterteilt? In Bücher und Kapitel oder nur durch größere Absätze? Nach welchen Gesichtspunkten? Geschlossene oder offene Struktur?

DAS ZENTRALMOTIV: Die zentrale Situation in verallgemeinerter Form.

DIE FABEL: Der Inhalt auf die knappmöglichste Form gebracht.

ERZÄHLHALTUNG: Ist es eine auktoriale, eine personale Erzählsituation oder eine Mischung? Untersuchen Sie genau die Person des Erzählers und seine Perspektive.

BEHANDLUNG DER ZEIT: Chronologische Zeit oder innere Zeit? Gibt es wichtige Vorausdeutungen oder Rückblenden? Untersuchen Sie das Verhältnis von Erzählzeit und erzählter Zeit in den verschiedenen Erzählphasen.

EPISCHER STIL: Knapper, raffender Bericht oder ausführlich schildernde Darstellung? Deutliches Vorherrschen von Bericht oder Beschreibung oder Dialog? Technik des inneren Monologes?

DER GEHALT: Die im Werk enthaltenen Ideen.

7. Arbeitsblatt

DIE GATTUNG:

DER STOFF UND SEINE QUELLEN:

INHALTLICHE GLIEDERUNG:

DAS ZENTRALMOTIV:

DIE FABEL:

ERZÄHLHALTUNG:

BEHANDLUNG DER ZEIT:

EPISCHER STIL:

DER GEHALT:

ANHANG

GEDICHTE IM ANHANG

BELSAZAR
(Heinrich Heine)

Die Mitternacht zog näher schon;
In stummer Ruh lag Babylon.

Nur oben in des Königs Schloß,
Da flackert's, da lärmt des Königs Troß.

Dort oben in dem Königssaal
Belsazar hielt sein Königsmahl.

Die Knechte saßen in schimmernden Reihn
Und leerten die Becher mit funkelndem Wein.

Es klirrten die Becher, es jauchzten die Knecht;
So klang es dem störrigen Könige recht.

Des Königs Wangen leuchten Glut;
Im Wein erwuchs ihm kecker Mut.

Und blindlings reißt der Mut ihn fort;
Und er lästert die Gottheit mit sündigem Wort.

Und er brüstet sich frech und er lästert wild;
Die Knechtenschar ihm Beifall brüllt.

Der König rief mit stolzem Blick;
Der Diener eilt und kehrt zurück.

Er trug viel gülden Gerät auf dem Haupt;
Das war aus dem Tempel Jehovas geraubt.

Und der König ergriff mit frevler Hand
Einen heiligen Becher, gefüllt bis am Rand.

Und er leert ihn hastig bis auf den Grund
Und rufet laut mit schäumendem Mund:

"Jehovah! dir künd ich auf ewig Hohn --
Ich bin der König von Babylon!"

Doch kaum das grause Wort verklang,
Dem König ward's heimlich im Busen bang.

Das gellende Lachen verstummte zumal;
Es wurde leichenstille im Saal.

Und sieh! und sieh! an weißer Wand
Da kam's hervor, wie Menschenhand;

Und schrieb, und schrieb an weißer Wand
Buchstaben von Feuer und schrieb und schwand.

Der König stieren Blicks da saß,
Mit schlotternden Knien totenblaß.

Die Knechtenschar saß kalt durchgraut,
Und saß gar still, gab keinen Laut.

Die Magier kamen, doch keiner verstand
Zu deuten die Flammenschrift an der Wand.

Belsazar ward aber in selbiger Nacht
Von seinen Knechten umgebracht.

EDWARD
(Johann Gottfried Herder)

Dein Schwert, wie ist's von Blut so rot?
 Edward, Edward!
Dein Schwert, wie ist's von Blut so rot,
 Und gehst so traurig her? -- O!
O ich hab geschlagen meinen Geier tot,
 Mutter, Mutter!
O ich hab geschlagen meinen Geier tot,
 Und keinen hab ich wie er -- O!

Dein's Geiers Blut ist nicht so rot,
 Edward, Edward!
Dein's Geiers Blut ist nicht so rot,
 Mein Sohn, bekenn mir frei -- O!
O ich hab geschlagen mein Rotroß tot,
 Mutter, Mutter!
O ich hab geschlagen mein Rotroß tot,
 Und's war so stolz und treu -- O!

A2

Dein Roß war alt und hast's nicht not,
   Edward, Edward!
Dein Roß war alt und hast's nicht not,
   Dich drückt ein ander Schmerz -- O!
O ich hab geschlagen meinen Vater tot,
   Mutter, Mutter!
O ich hab geschlagen meinen Vater tot,
   Und weh, weh ist mein Herz -- O!

Und was für Buße willt du nun tun?
   Edward, Edward!
Und was für Buße willt du nun tun?
   Mein Sohn, bekenn mir mehr -- O!
Auf Erden soll mein Fuß nicht ruhn,
   Mutter, Mutter!
Auf Erden soll mein Fuß nicht ruhn,
   Will gehn fern übers Meer -- O!

Und was soll werden dein Hof und Hall?
   Edward, Edward!
Und was soll werden dein Hof und Hall?
   So herrlich und schön -- O!
Ich laß es stehn, bis es sink und fall,
   Mutter, Mutter!
Ich laß es stehn, bis es sink und fall,
   Mag nie es wiedersehn -- O!

Und was soll werden dein Weib und Kind?
   Edward, Edward!
Und was soll werden dein Weib und Kind,
   Wann du gehst übers Meer? -- O!
Die Welt ist groß, laß sie betteln drin,
   Mutter, Mutter!
Die Welt ist groß, laß sie betteln drin,
   Ich seh sie nimmermehr -- O!

Und was willt du lassen deiner Mutter teu'r
   Edward, Edward!
Und was willt du lassen deiner Mutter teu'r
   Mein Sohn, das sage mir -- O!
Fluch will ich Euch lassen und höllisch Feu'r,
   Mutter, Mutter!
Fluch will ich Euch lassen und höllisch Feu'r
   Denn Ihr, Ihr rietet's mir -- O!

DES SÄNGERS FLUCH
(Ludwig Uhland)

Es stand in alten Zeiten ein Schloß, so hoch und hehr,
Weit glänzt' es über die Lande bis an das blaue Meer,
Und rings von duft'gen Gärten ein blütenreicher Kranz,
Drin sprangen frische Brunnen in Regenbogenglanz.

Dort saß ein stolzer König, an Land und Siegen reich,
Er saß auf seinem Throne so finster und so bleich;
Denn was er sinnt, ist Schrecken, und was er blickt, ist Wut,
Und was er spricht, ist Geißel, und was er schreibt, ist Blut.

Einst zog nach diesem Schlosse ein edles Sängerpaar,
Der ein' in goldnen Locken, der andre grau von Haar;
Der Alte mit der Harfe, der saß auf schmuckem Roß,
Es schritt ihm frisch zur Seite der blühende Genoß.

Der Alte sprach zum Jungen:"Nun sei bereit, mein Sohn!
Denk unsrer tiefsten Lieder, stimm an den vollsten Ton!
Nimm alle Kraft zusammen, die Lust und auch den Schmerz!
Es gilt uns heut, zu rühren des Königs steinern Herz."

Schon stehn die beiden Sänger im hohen Säulensaal,
Und auf dem Throne sitzen der König und sein Gemahl;
Der König furchtbar prächtig, wie blut'ger Nordlichtschein,
Die Königin süß und milde, als blickte Vollmond drein.

Da schlug der Greis die Saiten, er schlug sie wundervoll,
Daß reicher, immer reicher der Klang zum Ohre schwoll,
Dann strömte himmlisch helle des Jünglings Stimme vor,
Des Alten sang dazwischen, wie dumpfer Geisterchor.

Sie singen von Lenz und Liebe, von sel'ger goldner Zeit,
Von Freiheit, Männerwürde, von Treu und Heiligkeit;
Sie singen von allem Süßen, was Menschenbrust durchbebt,
Sie singen von allem Hohen, was Menschenherz erhebt.

Die Höflingsschar im Kreise verlernet jeden Spott,
Des Königs trotz'ge Krieger, sie beugen sich vor Gott,
Die Königin zerflossen in Wehmut und in Lust,
Sie wirft den Sängern nieder die Rose von ihrer Brust.

A4

"Ihr habt mein Volk verführet, verlockt ihr nun mein Weib?"
Der König schreit es wütend, er bebt am ganzen Leib,
Er wirft sein Schwert, das blitzend des Jünglings Brust
    durchdringt,
Draus statt der goldnen Lieder ein Blutstrahl hochaufspringt.

Und wie vom Sturm zerstoben ist all der Hörer Schwarm,
Der Jüngling hat verröchelt in seines Meisters Arm,
Der schlägt um ihn den Mantel und setzt ihn auf das Roß,
Er bind't ihn aufrecht feste, verläßt mit ihm das Schloß.

Doch vor dem hohen Tore, da hält der Sängergreis,
Da faßt er seine Harfe, sie, aller Harfen Preis,
An einer Marmorsäule, da hat er sie zerschellt.
Dann ruft er, daß es schaurig durch Schloß und Gärten gellt:

"Weh euch, ihr stolzen Hallen! Nie töne süßer Klang
Durch eure Räume wieder, nie Saite noch Gesang,
Nein! Seufzer nur und Stöhnen und scheuer Sklavenschritt,
Bis euch zu Schutt und Moder der Rachegeist zertritt!

Weh euch, ihr duft'gen Gärten im holden Maienlicht!
Euch zeig ich dieses Toten entstelltes Angesicht,
Daß ihr darob verdorret, daß jeder Quell versiegt,
Daß ihr in künft'gen Tagen versteint, verödet liegt.

Weh dir, verruchter Mörder, du Fluch des Sängertums.
Umsonst sei all dein Ringen nach Kränzen blut'gem Ruhms!
Dein Name sei vergessen, in ewge Nacht getaucht,
Sei, wie dein letztes Röcheln, in leere Luft verhaucht!"

Der Alte hat's gerufen, der Himmel hat's gehört,
Die Mauern liegen nieder, die Hallen sind zerstört,
Noch eine hohe Säule zeugt von verschwundner Pracht,
Auch diese, schon geborsten, kann stürzen über Nacht.

Und rings statt duft'ger Gärten ein ödes Heideland,
Kein Baum verstreuet Schatten, kein Quell durchdringt den
    Sand,
Des Königs Namen meldet kein Lied, kein Heldenbuch;
Versunken und vergessen! Das ist des Sängers Fluch.

MAIFEST
(Johann Wolfgang von Goethe)

Wie herrlich leuchtet
Mir die Natur!
Wie glänzt die Sonne!
Wie lacht die Flur!

Es dringen Blüten
Aus jedem Zweig
Und tausend Stimmen
Aus dem Gesträuch

Und Freud und Wonne
Aus jeder Brust.
O Erd, o Sonne,
O Glück, o Lust!

O Lieb, o Liebe,
So golden schön
Wie Morgenwolken
Auf jenen Höhn,

Du segnest herrlich
Das frische Feld –
Im Blütendampfe
Die volle Welt!

O Mädchen, Mädchen,
Wie lieb ich dich!
Wie blinkt dein Auge,
Wie liebst du mich!

So liebt die Lerche
Gesang und Luft,
Und Morgenblumen
Den Himmelsduft,

Wie ich Dich liebe
Mit warmem Blut,
Die du mir Jugend
Und Freud und Mut

Zu neuen Liedern
Und Tänzen gibst.
Sei ewig glücklich,
Wie du mich liebst.

GEDULD
(Marie-Luise Kaschnitz)

Geduld, Gelassenheit. O wem gelänge
Es still in sich in dieser Zeit zu ruhn,
Und wer vermöchte die Zusammenhänge
Mit allem Grauen von sich abzutun?

Zwar blüht das Land. Die reichen Zweige wehen,
Doch Blut und Tränen tränken rings die Erde
Und in der Tage stillem Kommen, Gehen
Verfällt das Herz der tiefsten Ungebärde.

Und ist des Leidens satt und will ein Ende
Und schreit für Tausende nach einer Frist,
Nach einem Zeichen, daß das Kreuz sich wende.

Und weiß doch nicht, mit welchem Maß der Bogen
Des Unheils über diese Welt gezogen
Und welches Schicksal ihm bereitet ist.

HEIMWEH
(Joseph von Eichendorff)

Wer in die Fremde will wandern,
Der muß mit der Liebsten gehn,
Es jubeln und lassen die andern
Den Fremden alleine stehn.

Was wisset ihr, dunkle Wipfel,
Von der alten, schönen Zeit?
Ach, die Heimat hinter den Gipfeln,
Wie liegt sie von hier so weit!

Am liebsten betracht ich die Sterne,
Die schienen, wie ich ging zu ihr,
Die Nachtigall hör ich so gerne,
Sie sang vor der Liebsten Tür.

Der Morgen, das ist meine Freude!
Da steig ich in stiller Stund
Auf den höchsten Berg in die Weite,
Grüß dich, Deutschland, aus Herzensgrund!

HEIMWEH
(Ricarda Huch)

Aus der Heimat verbannt,
Dem Freunde entrissen,
Schleppt mein Fuß sich durch fremden Sand,
Und ein Stein ist mein Kissen.

Mag der Lenzwind mein Haus
Jetzt rüttelnd umschlingen,
Nimmer wird er Nacht ein und Nacht aus
Mich in Schlummer mehr singen.

Diese Wälder belauscht
Mein Ohr stets vergebens.
Was zu Haus meine Bäume gerauscht,
Waren Klänge des Lebens.

Manche Nacht sann ich schon
Auf die herrlichen Lieder,
Auf den traurigen, wonnigen Ton,
Doch ich find ihn nicht wieder.

VEREINSAMT
(Friedrich Nietzsche)

Die Krähen schrein
Und ziehen schwirren Flugs zur Stadt:
Bald wird es schnein.-
Wohl dem, der jetzt noch - Heimat hat!

Nun stehst du starr,
Schaust rückwärts, ach! wie lange schon!
Was bist du Narr
Vor Winters in die Welt entflohn?

Die Welt - ein Tor
Zu tausend Wüsten stumm und kalt!
Wer das verlor,
Was Du verlorst, macht nirgends halt.

Nun stehst Du bleich,
Zur Winter-Wanderschaft verflucht,
Dem Rauche gleich,
Der stets nach kältern Himmeln sucht.

Flieg, Vogel, schnarr
Dein Lied im Wüstenvogel-Ton! -
Versteck, du Narr,
Dein blutend Herz in Eis und Hohn!

Die Krähen schrein
Und ziehen schwirren Flugs zur Stadt:
Bald wird es schnein, -
Weh dem, der keine Heimat hat!

A8

VERFALL
(Georg Trakl)

Am Abend, wenn die Glocken Frieden läuten,
Folg ich der Vögel wundervollen Flügen,
Die lang geschart, gleich frommen Pilgerzügen,
Entschwinden in den herbstlich klaren Weiten.

Hinwandelnd durch den dämmervollen Garten
Träum ich nach ihren helleren Geschicken
Und fühl der Stunden Weiser kaum mehr rücken.
So folg ich über Wolken ihren Fahrten.

Da macht ein Hauch mich vom Verfall erzittern.
Die Amsel klagt in den entlaubten Zweigen.
Es schwankt der rote Wein an rostigen Gittern,

Indes wie blasser Kinder Todesreigen
Um dunkle Brunnenränder, die verwittern,
Im Wind sich fröstelnd blaue Astern neigen.

DIE SONNENUHR
(Friedrich Georg Jünger)

Alle Wege führten mich im Kreise.
Heiter ging ich fort, wie ein Reigen
Zog der reiche Herbst um mich die Schleifen.
Wasser sah ich da, die immer schweigen.

Schwäne wie ein Bild des Schönen, Reinen,
Unberührt im herbstlichen Verwittern,
Und die Astern, die wie blaue Sterne
In dem Hauch des Morgenwindes zittern.

Aber wie ein Duft von Bittrem, Welken,
Den ich schon zu lang, zu lang vergessen,
Stieg es um mich auf, und wie durch Gitter
Ging ich durch das Grüne der Zypressen.

Zwischen Ranken, die zum Dache strebten,
In dem Laub des Weins, das spät sich rötet,
Las ich auf der Sonnenuhr die Worte:
Jede Stunde schmerzt, die letzte tötet.

ARCHIBALD DOUGLAS
(Theodor Fontane)

"Ich hab es getragen sieben Jahr,
Und ich kann es nicht tragen mehr!
Wo immer die Welt am schönsten war,
Da war sie öd und leer.

Ich will hintreten vor sein Gesicht
In dieser Knechtsgestalt,
Er kann meine Bitte versagen nicht,
Ich bin ja worden alt.

Und trüg er noch den alten Groll,
Frisch wie am ersten Tag,
So komme, was da kommen soll,
Und komme, was da mag."

Graf Douglas spricht's. Am Weg ein Stein
Lud ihn zu harter Ruh,
Er sah in Wald und Feld hinein,
Die Augen fielen ihm zu.

Er trug einen Harnisch, rostig und schwer,
Darüber ein Pilgerkleid. --
Da horch! vom Waldrand schwoll es her
Wie von Hörnern und Jagdgeleit.

Und Kies und Staub aufwirbelte dicht,
Her jagte Meut und Mann,
Und ehe der Graf sich aufgericht't
Waren Roß und Reiter heran.

König Jakob saß auf hohem Roß,
Graf Douglas grüßte tief;
Dem König das Blut in die Wange schoß,
Der Douglas aber rief:

"König Jakob, schaue mich gnädig an
Und höre mich in Geduld,
Was meine Brüder dir angetan,
Es war nicht meine Schuld.

Denk nicht an den alten Douglas-Neid,
Der trotzig dich bekriegt,
Denk lieber an deine Kinderzeit,
Wo ich dich auf den Knien gewiegt.

Denk lieber zurück an Stirling-Schloß,
Wo ich Spielzeug dir geschnitzt,
Dich gehoben auf deines Vaters Roß
Und Pfeile dir zugespitzt.

Denk lieber zurück an Linlithgow,
An den See und den Vogelherd,
Wo ich dich fischen und jagen froh
Und schwimmen und springen gelehrt.

O denk an alles, was einsten war,
Und sänftige deinen Sinn --
Ich hab es gebüßet sieben Jahr,
Daß ich ein Douglas bin."

"Ich seh dich nicht, Graf Archibald,
Ich hör deine Stimme nicht,
Mir ist, als ob ein Rauschen im Wald
Von alten Zeiten spricht.

Mir klingt das Rauschen süß und traut,
Ich lausch ihm immer noch,
Dazwischen aber klingt es laut:
Er ist ein Douglas doch.

Ich seh dich nicht, ich höre dich nicht,
Das ist alles, was ich kann --
Ein Douglas vor meinem Angesicht
Wär ein verlorener Mann."

König Jakob gab seinem Roß den Sporn,
Bergan ging jetzt sein Ritt,
Graf Douglas faßte den Zügel vorn
Und hielt mit dem Könige Schritt.

Der Weg war steil, und die Sonne stach,
Und sein Panzerhemd war schwer,
Doch ob er schier zusammenbrach,
Er lief doch nebenher.

"König Jakob, ich war dein Seneschall,
Ich will es nicht fürder sein,
Ich will nur warten dein Roß im Stall
Und ihm schütten die Körner ein.

Ich will ihm selber machen die Streu
Und es tränken mit eigner Hand,
Nur laß mich atmen wieder aufs neu
Die Luft im Vaterland!

Und willst du nicht, so hab einen Mut,
Und ich will es danken dir,
Und zieh dein Schwert und triff mich gut
Und laß mich sterben hier!"

König Jakob sprang herab vom Pferd,
Hell leuchtete sein Gesicht,
Aus der Schneide zog er sein breites Schwert
Aber fallen ließ er es nicht.

"Nimm's hin, nimm's hin und trag es neu
Und bewache mir meine Ruh!
Der ist in tiefster Seele treu,
Wer die Heimat liebt wie du.

Zu Roß,wir reiten nach Linlithgow,
Und du reitest an meiner Seit,
Da wollen wir fischen und jagen froh
Als wie in alter Zeit."

ABENDLIED
(Gottfried Keller)

Augen, meine lieben Fensterlein,
Gebt mir schon so lange holden Schein,
Lasset freundlich Bild um Bild herein:
Einmal werdet ihr verdunkelt sein!

Fallen einst die müden Lider zu,
Löscht ihr aus, dann hat die Seele Ruh;
Tastend streift sie ab die Wanderschuh,
Legt sich auch in ihre finstre Truh.

Noch zwei Fünklein sieht sie glimmend stehn
Wie zwei Sternlein, innerlich zu sehn,
Bis sie schwanken und dann auch vergehn,
Wie von eines Falters Flügelwehn.

Doch noch wandl ich auf dem Abendfeld,
Nur dem sinkenden Gestirn gesellt;
Trinkt, o Augen, was die Wimper hält,
Von dem goldnen Überfluß der Welt!

MONDNACHT
(Joseph von Eichendorff)

Es war, als hätt der Himmel
Die Erde still geküßt,
Daß sie im Blütenschimmer
Von ihm nun träumen müßt.

Die Luft ging durch die Felder,
Die Ähren wogten sacht,
Es rauschten leis die Wälder,
So sternklar war die Nacht.

Und meine Seele spannte
Weit ihre Flügel aus,
Flog durch die stillen Lande,
Als flöge sie nach Haus.

DIE SCHLESISCHEN WEBER
(Heinrich Heine)

Im düstern Auge keine Träne,
Sie sitzen am Webstuhl und fletschen die Zähne:
Deutschland, wir weben dein Leichentuch,
Wir weben hinein den dreifachen Fluch --
    Wir weben, wir weben!

Ein Fluch dem Gotte, zu dem wir gebeten
In Winterskälte und Hungersnöten;
Wir haben vergebens gehofft und geharrt,
Er hat uns geäfft und gefoppt und genarrt --
    Wir weben, wir weben!

Ein Fluch dem König, dem König der Reichen,
Den unser Elend nicht konnte erweichen,
Der den letzten Groschen von uns erpreßt
Und uns wie Hunde erschießen läßt --
    Wir weben, wir weben!

Ein Fluch dem falschen Vaterlande,
Wo nur gedeihen Schmach und Schande,
Wo jede Blume früh geknickt,
Wo Fäulnis und Moder den Wurm erquickt --
    Wir weben, wir weben!

Das Schiffchen fliegt, der Webstuhl kracht,
Wir weben emsig Tag und Nacht --
Altdeutschland, wir weben dein Leichentuch,
Wir weben hinein den dreifachen Fluch --
    Wir weben, wir weben!

DER VERBANNTE
(Ricarda Huch)

Der Abend grüßt das Tal; ihr feuchtes Schlafgemach
Betritt die Sonne froh auf der vertrauten Bahn.
Zum Ufer wieder lenkt der Schiffer seinen Kahn;
Schon winkt ihm durch das Grün ein wohlbekanntes Dach.

Gern wallt die Herde heim, dem müden Hirten nach.
Die Sorg und Müh und Last, den ruhelosen Wahn
Vergißt die Seele nun, der Heimat Bilder nahn,
Und freud'ge Sehnsucht wird in jedem Busen wach.

Wem aber ewig sich das Vaterland verschlossen,
Der sucht sich andre Wege. Wenn im dunklen Spiegel
Des Sees erloschen schon der Glanz der Silberfirne,

Zieht er noch seinen öden Pfad. Ihm sind Genossen
Nachtvögel nur, die freudlos flattern; denn das Siegel
Der Einsamkeit trägt er auf der umwölkten Stirne.

PROMETHEUS
(Johann Wolfgang von Goethe)

Bedecke deinen Himmel, Zeus,
Mit Wolkendunst!
Und übe, dem Knaben gleich,
Der Disteln köpft,
An Eichen dich und Bergeshöhn!
Mußt mir meine Erde
Doch lassen stehn,
Und meine Hütte,
Die du nicht gebaut,
Und meinen Herd,
Um dessen Glut
Du mich beneidest.

Ich kenne nichts Ärmeres
Unter der Sonn als Euch Götter.
Ihr nähret kümmerlich
Von Opfersteuern
Und Gebetshauch
Eure Majestät
Und darbtet, wären
Nicht Kinder und Bettler
Hoffnungsvolle Toren.

Da ich ein Kind war,
Nicht wußte, wo aus, wo ein,
Kehrte mein verirrtes Aug
Zur Sonne, als wenn drüber wär
Ein Ohr, zu hören meine Klage,
Ein Herz wie meins,
Sich des Bedrängten zu erbarmen.

Wer half mir wider
Der Titanen Übermut?
Wer rettete vom Tode mich,
Von Sklaverei?
Hast du's nicht alles selbst vollendet,
Heilig glühend Herz?
Und glühtest, jung und gut,
Betrogen, Rettungsdank
Dem Schlafenden da droben?

A15

Ich dich ehren? Wofür?
Hast du die Schmerzen gelindert
Je des Beladenen?
Hast du die Tränen gestillet
Je des Geängstigten?
Hat nicht mich zum Manne geschmiedet
Die allmächtige Zeit
Und das ewige Schicksal,
Meine Herrn und deine?

Wähntest du etwa,
Ich sollte das Leben hassen,
In Wüsten fliehn,
Weil nicht alle Knabenmorgen --
Blütenträume reiften?

Hier sitze ich, forme Menschen
Nach meinem Bilde,
Ein Geschlecht, das mir gleich sei,
Zu leiden, weinen,
Genießen und zu freuen sich,
Und dein nicht zu achten,
Wie ich!

DER ARBEITSMANN
(Richard Dehmel)

Wir haben ein Bett, wir haben ein Kind,
Mein Weib!
Wir haben auch Arbeit, und gar zu zweit,
Und haben die Sonne und Regen und Wind.
Und uns fehlt nur eine Kleinigkeit,
Um so frei zu sein, wie die Vögel sind:
Nur Zeit.

Wenn wir sonntags durch die Felder gehn,
Mein Kind,
Und über den Ähren weit und breit
Das blaue Schwalbenvolk blitzen sehn,
Oh, dann fehlt uns nicht das bißchen Kleid,
Um so schön zu sein, wie die Vögel sind:
Nur Zeit.

Nur Zeit! wir wittern Gewitterwind,
Wir Volk.
Nur eine kleine Ewigkeit;
Uns fehlt ja nichts, mein Weib, mein Kind,
Als all das, was durch uns gedeiht,
Um so kühn zu sein, wie die Vögel sind.
Nur Zeit!

AN DEN MOND
(Johann Wolfgang von Goethe)

Füllest wieder Busch und Tal
Still mit Nebelglanz,
Lösest endlich auch einmal
Meine Seele ganz;

Breitest über mein Gefild
Lindernd deinen Blick,
Wie des Freundes Auge mild
Über mein Geschick.

Jeden Nachklang fühlt mein Herz
Froh- und trüber Zeit,
Wandle zwischen Freud und Schmerz
In der Einsamkeit.

Fließe, fließe, lieber Fluß!
Nimmer werd ich froh,
So verrauschte Scherz und Kuß,
Und die Treue so.

Ich besaß es doch einmal,
Was so köstlich ist!
Daß man doch zu seiner Qual
Nimmer es vergißt!

Rausche, Fluß, das Tal entlang,
Ohne Rast und Ruh,
Rausche, flüstre meinem Sang
Melodien zu,

Wenn du in der Winternacht
Wütend überschwillst,
Oder um die Frühlingspracht
Junger Knospen quillst.

Selig wer sich vor der Welt
Ohne Haß verschließt,
Einen Freund am Busen hält
Und mit dem genießt,

Was, von Menschen nicht gewußt
Oder nicht bedacht,
Durch das Labyrinth der Brust
Wandelt in der Nacht.

WILLKOMMEN UND ABSCHIED
(Johann Wolfgang von Goethe)

Es schlug mein Herz, geschwind zu Pferde!
Es war getan fest eh gedacht.
Der Abend wiegte schon die Erde,
Und an den Bergen hing die Nacht;
Schon stand im Nebelkleid die Eiche,
Ein aufgetürmter Riese, da,
Wo Finsternis aus dem Gesträuche
Mit hundert schwarzen Augen sah.

Der Mond von einem Wolkenhügel
Sah kläglich aus dem Duft hervor,
Die Winde schwangen leise Flügel,
Umsausten schauerlich mein Ohr;
Die Nacht schuf tausend Ungeheuer,
Doch frisch und fröhlich war mein Mut:
In meinen Adern welches Feuer!
In meinem Herzen welche Glut!

Dich sah ich, und die milde Freude
Floß von dem süßen Blick auf mich;
Ganz war mein Herz an deiner Seite
Und jeder Atemzug für dich.
Ein rosenfarbnes Frühlingswetter
Umgab das liebliche Gesicht,
Und Zärtlichkeit für mich -- ihr Götter!
Ich hofft es, ich verdient es nicht!

Doch ach, schon mit der Morgensonne
Verengt der Abschied mir das Herz:
In deinen Küssen welche Wonne!
In deinem Auge welcher Schmerz!

Ich ging, du standst und sahst zur Erden
Und sahst mir nach mit nassem Blick:
Und doch, welch Glück geliebt zu werden!
Und lieben, Götter, welch ein Glück!

DIE WORTE DES GLAUBENS
(Friedrich von Schiller)

Drei Worte nenn ich euch, inhaltsschwer,
Sie gehen von Munde zu Munde,
Doch stammen sie nicht von außen her,
Das Herz nur gibt davon Kunde;
Dem Menschen ist aller Wert geraubt,
Wenn er nicht mehr an die drei Worte glaubt.

Der Mensch ist frei geschaffen, ist frei,
Und würd er in Ketten geboren,
Laßt Euch nicht irren des Pöbels Geschrei,
Nicht den Mißbrauch rasender Toren;
Vor dem Sklaven, wenn er die Ketten bricht,
Vor dem freien Menschen erzittert nicht.

Und die Tugend, sie ist kein leerer Schall,
Der Mensch kann sie üben im Leben,
Und sollt er auch straucheln überall,
Er kann nach der göttlichen streben;
Und was kein Verstand der Verständigen sieht,
Das übet in Einfalt ein kindlich Gemüt.

Und ein Gott ist, ein heiliger Wille lebt,
Wie auch der menschliche wanke,
Hoch über der Zeit und dem Raume webt
Lebendig der höchste Gedanke;
Und ob alles in ewigem Wechsel kreist,
Es beharret im Wechsel ein ruhiger Geist.

Die drei Worte bewahret euch, inhaltschwer,
Sie pflanzet von Munde zu Munde,
Und stammen sie gleich nicht von außen her,
Euer Innres gibt davon Kunde;
Dem Menschen ist nimmer sein Wert geraubt,
Solang er noch an die drei Worte glaubt.

WIEGENLIED
(Clemens Brentano)

Singet leise, leise, leise,
Singt ein flüsternd Wiegenlied,
Von dem Monde lernt die Weise,
Der so still am Himmel zieht.

Singt ein Lied so süß gelinde,
Wie die Quellen auf den Kieseln,
Wie die Bienen um die Linde
Summen, murmeln, flüstern, rieseln.

Aus "NATHAN DER WEISE"
(Gotthold Ephraim Lessing)

Vor grauen Jahren lebt' ein Mann im Osten,
Der einen Ring von unschätzbarem Wert
Aus lieber Hand besaß. Der Stein war ein
Opal, der hundert schöne Farben spielte,
Und hatte die geheime Kraft, vor Gott
Und Menschen angenehm zu machen, wer
In dieser Zuversicht ihn trug.

Aus "XENIEN"
(Goethe / Schiller)

Analytiker

Ist denn die Wahrheit ein Zwiebel, von dem man die Häute
                              nur abschält?
Was ihr hinein nicht gelegt, ziehet ihr nimmer heraus.

Wissenschaft

Einem ist sie die hohe, die himmlische Göttin, dem andern
Eine tüchtige Kuh, die ihn mit Butter versorgt.

Wiederholung

Hundertmal werd' ich's Euch sagen und tausendmal:
                              Irrtum ist Irrtum!
Ob ihn der größte Mann, ob ihn der kleinste beging.

HYPERIONS SCHICKSALSLIED
(Friedrich Hölderlin)

Ihr wandelt droben im Licht
Auf weichem Boden, selige Genien!
Glänzende Götterlüfte
Rühren euch leicht,
Wie die Finger der Künstlerin
Heilige Saiten.

Schicksallos, wie der schlafende
Säugling, atmen die Himmlischen;
Keusch bewahrt
In bescheidner Knospe,
Blühet ewig
Ihnen der Geist,
Und die seligen Augen
Blicken in stiller
Ewiger Klarheit.

Doch uns ist gegeben,
Auf keiner Stätte zu ruhn,
Es schwinden, es fallen
Die leidenden Menschen
Blindlings von einer
Stunde zur andern,
Wie Wasser von Klippe
Zu Klippe geworfen,
Jahrlang ins Ungewisse hinab.

LILOFEE
(Volkslied)

Es freit ein wilder Wassermann
In der Burg wohl über dem See;
Des Königs Tochter muß er han,
die schöne, junge Lilofee.

Sie hörte drunten die Glocken gehn
Im tiefen, tiefen See,
Wollt Vater und Mutter wiedersehn,
Die schöne, junge Lilofee.

Und als sie vor dem Tore stand
Auf der Burg wohl über dem See,
Da neigt' sich Laub und grünes Gras
Vor der schönen, jungen Lilofee.

Und als sie aus der Kirche kam
In der Burg wohl über dem See,
Da stand der wilde Wassermann
Vor der schönen, jungen Lilofee.

"Sprich, willst du hinuntergehn mit mir
Von der Burg wohl in den See?
Deine Kindlein unten weinen nach dir,
Du schöne, junge Lilofee."

"Und eh ich die Kindlein weinen laß
Im tiefen, tiefen See,
Scheid ich von Laub und grünem Gras,
Ich arme, junge Lilofee."

Aus "HERMANN UND DOROTHEA"
(Johann Wolfgang von Goethe)

Wie der wandernde Mann, der vor dem Sinken der Sonne
Sie noch einmal ins Auge, die schnellverschwindende, faßte,
Dann im dunklen Gebüsch an der Seite des Felsens
Schweben siehet ihr Bild; wohin er die Blicke nur wendet,
Eilet es vor und glänzt und schwankt in herrlichen Farben:
So bewegte vor Hermann die liebliche Bildung des Mädchens
Sanft sich vorbei und schien dem Pfad ins Getreide zu folgen.
Aber er fuhr aus dem staunenden Traum auf, wendete langsam
Nach dem Dorfe sich zu und staunte wieder; denn wieder
Kam ihm die hohe Gestalt des herrlichen Mädchens entgegen.

Aus "DITHYRAMBE"
(Friedrich von Schiller)

Nimmer, das glaubt mir, erscheinen die Götter,
Nimmer allein.
Kaum daß ich Bacchus den lustigen habe,
Kommt auch schon Amor, der lächelnde Knabe,
Sie nahen, sie kommen, die Himmlischen alle,
Mit Göttern erfüllt sich die irdische Halle.

ES IST ALLES EITEL
(Andreas Gryphius)

Du siehst, wohin du siehst, nur Eitelkeit auf Erden.
Was dieser heute baut, reißt jener morgen ein;
Wo jetzund Städte stehn, wird eine Wiese sein,
Auf der ein Schäferskind wird spielen mit den Herden;

Was jetzund prächtig blüht, soll bald zertreten werden;
Was jetzt so pocht und trotzt, ist morgen Asch und Bein;
Nichts ist, das ewig sei, kein Erz, kein Marmorstein.
Jetzt lacht das Glück uns an, bald donnern die Beschwerden.

Der hohen Taten Ruhm muß wie ein Traum vergehn.
Soll denn das Spiel der Zeit, der leichte Mensch, bestehn?
Ach, was ist alles dies, was wir für köstlich achten,

Als schlechte Nichtigkeit, als Schatten, Staub und Wind,
Als eine Wiesenblum, die man nicht wiederfind't!
Noch will, was ewig ist, kein einig Mensch betrachten.

SONETT
(August von Platen)

Wer wußte je das Leben recht zu fassen,
Wer hat die Hälfte nicht davon verloren
Im Traum, im Fieber, im Gespräch mit Toren,
In Liebesqual, im leeren Zeitverprassen?

Ja, der sogar, der ruhig und gelassen,
Mit dem Bewußtsein, was er soll, geboren,
Frühzeitig einen Lebensgang erkoren,
Muß vor des Lebens Widerspruch erblassen.

Denn jeder hofft doch, daß das Glück ihm lache,
Allein das Glück, wenn's wirklich kommt,
    ertragen,
Ist keines Menschen, wäre Gottes Sache.

Auch kommt es nie, wir wünschen bloß und wagen:
Dem Schläfer fällt es nimmermehr vom Dache,
Und auch der Läufer wird es nicht erjagen.

A23

DER FISCHER
(Johann Wolfgang von Goethe)

Das Wasser rauscht', das Wasser schwoll,
Ein Fischer saß daran,
Sah nach dem Angel ruhevoll,
Kühl bis ans Herz hinan.
Und wie er sitzt, und wie er lauscht,
Teilt sich die Flut empor;
Aus dem bewegten Wasser rauscht
Ein feuchtes Weib hervor.

Sie sang zu ihm, sie sprach zu ihm:
"Was lockst du meine Brut
Mit Menschenwitz und Menschenlist
Hinauf in Todesglut?
Ach wüßtest du, wie's Fischlein ist
So wohlig auf dem Grund,
Du stiegst herunter, wie du bist,
Und würdest erst gesund.

Labt sich die liebe Sonne nicht,
Der Mond sich nicht im Meer?
Kehrt wellenatmend ihr Gesicht
Nicht doppelt schöner her?
Lockt dich der tiefe Himmel nicht,
Das feuchtverklärte Blau?
Lockt dich dein eigen Angesicht
Nicht her in ewgen Tau?"

Das Wasser rauscht', das Wasser schwoll,
Netzt' ihm den nackten Fuß;
Sein Herz wuchs ihm so sehnsuchtsvoll,
Wie bei der Liebsten Gruß.
Sie sprach zu ihm, sie sang zu ihm;
Da war's um ihn geschehn:
Halb zog sie ihn, halb sank er hin,
Und ward nicht mehr gesehn.

AUFERSTEHUNG
(Marie Luise Kaschnitz)

Manchmal stehen wir auf
Stehen wir zur Auferstehung auf
Mitten am Tage
Mit unserem lebendigen Haar
Mit unserer atmenden Haut.

Nur das Gewohnte ist um uns.
Keine Fata Morgana von Palmen
Mit weidenden Löwen
Und sanften Wölfen.

Die Weckuhren hören nicht auf zu ticken
Ihre Leuchtzeiger löschen nicht aus.

Und dennoch leicht
Und dennoch unverwundbar
Geordnet in geheimnisvolle Ordnung
Vorweggenommen in ein Haus aus Licht.

AN ALLE FERNSPRECHTEILNEHMER*
(Hans Magnus Enzensberger)

etwas, das keine farbe hat, etwas,
das nach nichts riecht, etwas zähes,
trieft aus den verstärkerämtern,
setzt sich fest in die nähte der zeit
und der schuhe, etwas gedunsenes,
kommt aus den kokereien, bläht
wie eine fahle brise die dividenden
und die blutgen segel der hospitäler,
mischt sich klebrig in das getuschel
um professuren und primgelder, rinnt,
etwas zähes, davon der salm stirbt,
in die flüsse, und sickert, farblos,
und tötet den butt auf den bänken.

die minderzahl hat die mehrheit,
die toten sind überstimmt.

In den staatsdruckereien
rüstet das tückische blei auf,
die ministerien mauscheln, nach phlox
und erloschenen resolutionen riecht
der august. das plenum ist leer.
an den himmel darüber schreibt
die radarspinne ihr zähes netz.

die tanker auf ihren helligen
wissen es schon, eh der lotse kommt,
und der embryo weiß es dunkel
in seinem warmen, zuckenden sarg:

es ist etwas in der luft, klebrig
und zäh, etwas, das keine farbe hat
(nur die jungen aktien spüren es nicht):
gegen uns geht es, gegen den seestern
und das getreide, und wir essen davon
und verleiben uns ein etwas zähes,
und schlafen im blühenden boom,
im fünfjahresplan, arglos
schlafend im brennenden hemd,
wie geiseln umzingelt von einem zähen,
farblosen, einem gedunsenen schlund.

*Aus Landesgespräche. Frankfurt am Main:Suhrkamp Verlag,
1960.
Mit freundlicher Genehmigung des Verlages.

VERZEICHNIS HÄUFIG GEBRAUCHTER LITERARISCHER

BEGRIFFE UND AUSDRÜCKE

VERZEICHNIS HÄUFIG GEBRAUCHTER LITERARISCHER BEGRIFFE UND AUSDRÜCKE*

I. DEUTSCH-ENGLISCH

A

die Abhandlung	treatise, essay, discussion
der Absatz, ⁓e	paragraph
abschließen, o, o	complete
die Abschweifung	digression
abweichen, i, i	deviate
der Anakoluth, -e	anacoluthon
andeuten	hint, intimate
die Andeutung	hint
angemessen	appropriate
die Anerkennung	recognition
die Anmerkung	footnote
die Anrede, -n	spreech, address
die Anregung	stimulus, stimulation
die Anschaulichkeit	vividness
anspielen auf (Akk)	allude to
die Anspielung	allusion
der Antrieb, -e	motivation
die Auffassung	view, interpretation
die Aufführung	stage performance; listing
die Aufklärung	enlightenment
die Auflage, -n	edition
Aufsehen erregen	cause a sensation
der Auftakt, -e	unaccented opening syllable
die Aufzählung	listing
der Ausdruck, ⁓e	expression, term

* Es wird empfohlen, die hier verzeichneten Wörter nach und nach auswendig zu lernen, weil sie in der literarischen Diskussion immer wieder vorkommen. --Nomen sind mit Pluralendungen verzeichnet mit Ausnahme derer, die auf -ung, -heit, -keit, -schaft, -tät, -ur und -ion enden und im Plural immer ein -en anhängen. Ein "⁓" bedeutet, daß die Pluralform mit dem Singular identisch ist. Wenn die Genitivendung für m/s-Nomen vom üblichen -s abweicht, ist sie in Klammern angegeben. Sprachverwandte Wörter, deren deutsche Form für Englischsprechende verständlich ist, sind nur in dem Verzeichnis Englisch-Deutsch aufgeführt.

A

die	Ausdrucksweise, -n	style
	auseinandersetzen mit	deal with
die	Ausführung	completion, realization
die	Ausgabe, -n	edition
die	Auslegung	interpretation
	auslösen	cause, arouse, kindle
die	Aussage, -n	statement
	auswählen	select

B

die	Ballade, -n	ballad
das	Barock	baroque
die	Bedeutung	significance, meaning
	beeinflussen	influence
	behandeln	treat
das	Beispiel, -e	example; precedent
	begabt	gifted, talented
die	Begabung	talent
das	Bekenntnis (-ses), -e	confession
die	Belletristik	fiction, belles-lèttres
der	Bericht, e	report
	beruhen auf (Dat.)	be based on
	sich beschränken auf	to confine oneself
die	Betrachtung	consideration
die	Bevorzugung	preference
die	Bewertung	evaluation, rating
die	Beziehung	relationship
	sich beziehen auf	refer to
	in Bezug auf	in reference to
	bilden	form, shape
	bildlich	figurative
der	Binnenreim, -e	internal rhyme
der	Briefroman, -e	epistolary novel
der	Buchhandel	book trade
die	Bühne, -n	stage
das	Bühnenbild, -er	setting
die	Bühnenbearbeitung	stage edition
das	Bühnendeutsch	standard German
	bürgerlich	bourgeois, middle-class

D

die	Darlegung	representation
die	Dauer	duration
	sich decken	be identical
	dichten	write poetry
	dichterisch	poetical
die	Dichtung	poetry, creative writing
	drucken	print

E

die	Eigenart, -en	characteristics
der	Einakter, -	one-act play
der	Eindruck ⁱⁱe	impression
der	Einfluß (-sses), ⁱⁱsse	influence
die	drei Einheiten	unity of action, time, place
	einheitlich	uniform
die	Einlage, -n	insertion, digression
die	Einleitung	introduction
	einmalig	unique
die	Einsicht, -en	insight, understanding
die	Einzelheit	detail
	empfänglich	susceptible, impressionable
die	Empfänglichkeit	susceptibility, receptiveness
die	Empfindung	sensation, feeling
	empfindsam	sentimental, sensitive
die	Entfaltung	unfolding, development
	entsprechend (Dat.)	corresponding to
die	Entstehung	origin, formation
	sich entwickeln	develop
der	Epigone (-n), -n	follower, imitator
das	Epigonentum	decadence in literature
das	Epos, Epen	epic poem
	ergriffen	emotionally involved
	erhaben	lofty, exhalted
die	erlebte Rede	indirect interior monoloque
die	Erkenntnis, -se	knowledge, realization
das	Erlebnis (-ses), -se	experience, adventure
das	Erscheinungsjahr	year of publication
die	Erschütterung	violent emotion
	erwähnen	mention
die	Erzählzeit	narrative time (measured in pages)
die	erzählte Zeit	duration of narrated events

F

die Fabel, -n	fable, plot in most concise form
die Fallhöhe	hight of tragic fall
die Fassung, -en	form, wording, version
endgültige Fassung	final version
die Festschrift, -en	publication celebrating an event or honoring a person
fördern	promote, encourage
die Form, -en	form, shape
der Fortschritt, -e	progress

G

der Gang der Handlung	course of action
die Gattung, -en	genre
das Gedicht, -e	poem
der Gedankengang, ⁻e	line of thought
die Gegensätzlichkeit	contrast, difference
der Gehalt	contents, message, meaning
der Geist	spirit, mind, intellect
geläufig	well-known
gelten, a, o (i)	be valid, matter, carry weight
die Geltung	value, worth, recognition
der Gemeinplatz, ⁻e	commonplace, platitude
genial	highly gifted, ingenious
das Genie, -s	genius
die Genialität	originality, ingeniousness
die Gesellschaft	society
das Gesetz, -e	rule, law
gestalten	form, mould, shape
das Gleichnis (-ses), -se	image, allegory, parable
die Gliederung	structure, outline
der Grundton, ⁻e	underlying tone
das Grundproblem, -e	basic problem

H

die Hamartie	hamartia
die Handlung	action, plot
handlungsreich	rich in action
die Hauptperson, -en	main character
die Hebung	accented syllable, beat
der Held, -en	hero, main character

H

die Heldin, -nen	heroine, main character
der Hintergrund, ⁻e	background
der Höhepunkt, -e	climax
das Hörspiel, -e	radio drama
humanistische Bildung	classical education
die Hybris	sacrilegious presumption
die Hyperbel, -n	hyperbole, exaggeration

I

die Idee, -n	idea
der Ideengehalt	thought content
der Inhalt, -e	contents
die Inhaltsangabe, -n	summary of contents
die Innerlichkeit	inwardness, cordiality

J

| jambisch | iambic |
| der Jambus, Jamben | iambus |

K

das Kapitel, -	chapter
der Kehrreim, -e	refrain
der Kitsch	gaudy art
die Klangmalerei, -en	onomatopoeia
die Klassik	classical period
der Klassiker, -	classical author
der Knittelvers, -e	doggerel
die Komik	fun, humor
komisch	comical, funny, humorous
die Komödie, -n	comedy
das Konzept, -e	first draft, notes
konzipieren	conceive
die Korrektur, -en	correction
Korrektur lesen	proof-read
der Kreuzreim, -e	alternate rhyme
die Krise, -n	crisis
die Kritik, -en	critique, review
der Künstler, -	artist, performer
die Kulisse, -n	prop
der Kunstgriff, -e	artistic device
die Kürze, -n	unstressed syllable
die Kurzgeschichte, -n	short story

L

die Lautmalerei, -en	onomatopoeia
das Lehrstück, -e	play with political ideology
die Leidenschaft, -en	passion
die Lektüre	reading matter
das Leserpublikum	reading public
die Liebesgeschichte, -n	love story
die Literaturgeschichte, -n	history of literature
die Literaturwissenschaft	science of literature
das Lobgedicht, -e	eulogy
die Lösung	denouement, resolution
das Lustspiel, -e	comedy, humorous play
die Lyrik	lyric

M

das Märchen, -	fairy tale
der Maßstab, ⁻e	standard, scale, criterion
die Mauerschau	teichoscopia
das Merkmal, -e	characteristic mark
das Metrum, Metren	metre, beat
das Milieu, -s	social environment
das Mittel, -	means
das Mittelalter	medieval ages
mittelmäßig	mediocre, fair
das Moment	force, impulse
das ausschlaggebende Moment	decisive factor
das erregende Moment	starting point of the plot
das Motiv, -e	motif; motivation
die Mundart, -en	dialect
der Mythos (-), Mythen	myth

N

nachahmen	imitate
die Nachdichtung	free rendering
nachdrücklich	emphatic
der Nachlaß (-sses), ⁻sse	literary remains
nachprüfbar	verifiable
die Nachwelt	posterity
die Nebenhandlung, -en	sub-plot
neuzeitlich	modern, contemporary
die Novelle, -n	short story

P

der Paarreim, -e	couplet
die Persönlichkeit	personality
die Phrase, -n	catch-word
leere Phrasen	empty talk, clap-trap
das Plagiat, -e	plagiarism
prägen	coin, shape
die Prägnanz	precision, terseness
die Problematik	ambiguity, uncertainty
das Publikum	public

Q

die Quelle, -n	source, origin

R

die Rahmenerzählung, -en	frame story
der Redakteur, -e	editor
die Redaktion	editorial staff
der Reim, -e	rhyme
die Revolte, -n	rebellion, revolution
die Rezension	critique, review
der Roman, -e	novel
die Rückblende, -n	flashback
der Ruhm	fame, reknown

S

schaffen, u, a	create
der Schauplatz, ⁻e	setting
das Schauspiel, -e	drama (serious but not tragic)
das Schema, Schemen	pattern, scheme
scheitern	fail
das Schicksal, -e	fate
schildern	depict
der Schlüsselroman, -e	coded novel
der Schriftsteller, -	writer
die Schundliteratur	trashy literature
der Schwank, ⁻e	farce, slapstick
schwermütig	melancholy, sad
sensibel	sensitive
sentimental	sentimental, put-on feelings
sentimentalisch	subjective, reflective
die Silbe, -n	syllable
der Sinn, -e	meaning; senses (pl.)

S

sinnlich	sensual
die Spannung	suspense, excitement
die Sprechhaltung	mode of speech
das Sprichwort, ⁰er	proverb
der Spruch, ⁰e	adage, maxim
der Stabreim, -e	alliteration
der Standpunkt, -e	point of view
die Stanze, -n	octave
der Stand, ⁰e	class of society
aus dem Stegreif	impromptu, unprepared
der Stil, -e	style
die Stimmung	mood
stimmungsvoll	appealing to the emotions
streben nach	strive for
der Stoff, -e	subject matter
die Strömung	trend
die Strophe, -n	stanza

T

der Takt, -e	bar, metric unit
das Thema, Themen	topic, theme
die Tragödie, -n	tragedy
treffsicher	well-aimed, striking
der Trochäus, Trochäen	trochee

U

Die Überheblichkeit	presumption, arrogance
der Übermut	high spirits; arrogance
überholt	obsolete
überliefern	hand down, pass on
die Überlieferung	tradition
übersinnlich	supernatural, spiritual
übertrieben	exaggerated
umdeuten	give a new interpretation
umfassend	comprehensive
unsterblich	immortal
der Urheber, -	creator

V

die Verallgemeinerung	generalization
die Verbildung	bad training
verdanken	owe

V

verewigen	immortalize
der Verfasser, -	author
die Vergänglichkeit	transitoriness
der Vergleich, -e	comparison; simile
vergleichen	compare
das Verhältnis (-ses), -se	relationship; pl. circum-stances
verkürzt	condensed
versagen	fail
der Verschlußlaut, -e	stop
verschlüsselt	coded
das Verständnis (-ses), -se	understanding, appreciation
verursachen	cause
die Verzweiflung	despair
die Vielseitigkeit	versatility
die Vorahnung	presentiment, foreboding
voraussetzen	presuppose
das Vorbild, -er	model, pattern
der Vorgang, ⁻e	action
der Vorläufer, -	predecessor
vorlesen, a, e (ie)	read to, lecture
vortragen, u, a, (ä)	recite
das Vorurteil, -e	prejudice
das Vorwort, ⁻er	preface
der Vorwurf, ⁻e	reproach, blame

W

die Wandlung	change
den Weg bahnen	to smoothe the way
wehmütig	melancholy, sad
wehmutsvoll	melancholy
die Weltanschauung	world perception
der Weltschmerz	weariness of life, romantic discontent
werten	evaluate
der Widerspruch	contradiction
willkürlich	arbitrary
wirksam	effective
die Wirkung	effect
geflügelte Worte	household words
würdigen	appreciate
die Würdigung	appreciation

Z

die Zäsur, -en	caesura
der Zeitgeist	spirit of the age
der Zeitgenosse (-n), -n	contemporary
das Zentralmotiv, -e	central motif
das Zeugnis (-ses), -se	testimony
der Zischlaut, -e	sibilant
der Zug, ⁝e	trait, feature
die Zukunft	future
zukünftig	future
der Zustand, ⁝e	state of affairs, condition
zweideutig	ambiguous

A

accent	der Akzent, -e
accented syllable	die Hebung, -en
act	der Akt, -e
action	die Handlung, der Vorgang, ᵘe
adage	der Spruch, ᵘe
aesthetics	die Ästhetik
Alexandrine	der Alexandriner
to allude	anspielen
allusion	die Anspielung
allegory	die Allegorie, -n
alliteration	die Alliteration, -en
allusion	die Anspielung, -en
amateur	der Dilettant (-en), -en
anachronism	der Anachronismus, Anachronismen
to analyse	analysieren
analysis	die Analyse, -n
analytic drama	das analytische Drama, Enthüllungsdrama
anapaest	der Anapäst, -e
anaphora	die Anapher, -n
anecdote	die Anekdote, -n
anthology	die Anthologie, -n
aphorism	der Aphorismus, Aphorismen
appreciation	die Würdigung
appropriate	angemessen
arbitrary	willkürlich
artistic device	der Kunstgriff, -e
author	der Autor, -en, der Verfasser,-
autobiography	die Autobiographie, -n

B

based on	beruht auf (Dat.)
bibliography	die Bibliographie, -n
bourgeois	bürgerlich
blank verse	der Blankvers, -e
book trade	der Buchhandel

C

ceasura	die Zäsur, -en
caricature	die Karikatur, -en

A39

C

catastrophe	die Katastrophe, -n
catharsis	die Katharsis, die Läuterung, -en
to cause	verursachen, auslösen
cause	die Ursache, -n
main character	die Hauptperson, -en
characteristic mark	das Merkmal, -e
characteristics	die Eigenart, -en
	die Eigenschaft, -en
civilization	die Zivilisation, -en
class(es) in society	der Stand, ᵘe
classical	klassisch
chliché	das Klischée
coded	verschlüsselt
comedy	die Komödie, -n, das Lustspiel, -e
comical	komisch
commonplace	alltäglich, abgedroschen
compare	vergleichen
comprehensive	umfassend
conceive	begreifen, erfassen
concession	das Zugeständnis (-ses), -e
condensed	zusammengefaßt, verkürzt
confine oneself	sich beschränken auf
conflict	der Konflikt, -e
consideration	die Betrachtung
contemporary	der Zeitgenosse (-n), -n; modern
contents	der Inhalt, -e
contradiction	der Widerspruch, ᵘe
contrast	der Kontrast, -e
couplet	der Paarreim, -e
course of action	der Gang der Handlung
create	schaffen, u, a
creator	der Urheber, -, der Schöpfer, -
crisis	die Krise, -n
criterion	der Maßstab, ᵘe
critic	der Kritiker, -
critical	kritisch
criticism	die Kritik, -en
criticize	kritisieren
culture	die Kultur, -en

D

dactyl	der Daktylus, Daktylen
debate	die Debatte, -n
denouement	die Lösung
depict	schildern
describe	beschreiben
despair	die Verzweiflung
detail	die Einzelheit
development	die Entwicklung
dialect	der Dialekt, -e, die Mundart, -en
dialectics	die Dialektik, -en
diction	die Ausdrucksweise, -n
	der Stil, -e
didactics	die Didaktik, -en
digression	die Abschweifung, -en
diminutive	das Diminutive, -a
distich	das Distichon, Distichen
dithyramb	die Dithyrambe, -n
doggerel	der Knittelvers, -e
domineering	überwiegend, hauptsächlich
drama	das Drama, Dramen
	das Schauspiel, -e
dramatic	dramatisch
dramatize	dramatisieren
duration	die Dauer

E

edition	die Auflage, -n, die Ausgabe, -n
editor	der Herausgeber, -
editorial staff	die Redaktion, -en
effect	die Wirkung, -en
effective	wirksam
elegy	die Elegie, -n
emphasis	die Betonung, -en,
	der Nachdruck
emphatic	nachdrücklich
encyclopedia	die Enzyklopädie, -n
enlightenment	die Aufklärung
epic	die Epik; episch
epic poem	das Epos, Epen
epigram	das Epigramm, -e

E

epilogue	der Epilog, -e
episode	die Episode, -n
epoch	die Epoche, -n
epoch-making	epochemachend
essay	der Aufsatz, ⁻e
eulogy	das Lobgedicht, -e
evaluate	werten, auswerten
evaluation	die Bewertung, -en
example	das Beispiel, -e
expression	der Ausdruck, ⁻e
experience	die Erfahrung;
	das Erlebnis (-ses), -se
exposition	die Exposition, -en
extreme	das Extrem, -e

F

fairy tale	das Märchen, -
fail	scheitern, versagen
fame	der Ruhm
fate	das Schicksal, -e
farce	die Farce, -n
feeling	das Gefühl, -e
	die Empfindung, -en
figurative	bildlich
flashback	die Rückblende, -n
forerunner	der Vorläufer, -
form	bilden, formen, gestalten
footnote	die Anmerkung
frame story	die Rahmenerzählung
further	fördern
future	die Zukunft; zukünftig

G

generalization	die Verallgemeinerung
genius	das Genie, -s
grotesque	die Groteske, -n; grotesk

H

harmony	die Harmonie, -n
hero	der Held, -en
heroine	die Heldin, -nen

H

hexameter	der Hexameter
history	die Geschichte, -n
homeric	homerisch
humanism	der Humanismus
humor	der Humor
humorous	humoristisch
hymn	die Hymne, -n
hyperbole	die Hyperbel, -n

I

iambic	jambisch
iambus	der Jambus, Jamben
idea	die Idee, -n
ideal	das Ideal, -e; ideal
identical	identisch
ideological	ideologisch
imitate	nachahmen
immortal	unsterblich
immortalize	verewigen
impression	der Eindruck, ⁽ᵘ⁾e
impressionable	empfänglich
impromptu	aus dem Stegreif
influence	der Einfluß (-sses), -se
	beeinflussen
ingenious	genial
insertion	die Einlage, -n
insight	die Einsicht, -en
intermezzo	das Intermezzo, Intermezzi
internal rhyme	der Binnenreim, -e
interpretation	die Interpretation, -en
	die Auslegung, interpretieren
intrigue	die Intrige, -n
introduction	die Einleitung, -en

L

legend	die Legende, -n
leitmotif	das Leitmotiv, -e
listing	die Aufführung, -en,
	die Aufzählung
literature	die Literatur, -en
- primary lit.	die Primärliteratur
- secondary lit.	die Sekundärliteratur

L

literary	literarisch
lofty	erhaben
love story	die Liebesgeschichte, -n
lyric	die Lyrik, -en
lyric(al)	lyrisch

M

means	die Mittel (Pl.)
medieval ages	das Mittelalter
mediocre	mittelmäßig
mention	erwähnen
message	der Gehalt; die Botschaft,-en
metaphor	die Metapher, -n
metre	das Metrum, Metren; der Takt, -e
method	die Methode, -n
model	das Vorbild, -er
monologue	der Monolog, -e
montage	die Montage, -n
mood	die Stimmung, -en
motivate	motivieren, veranlassen
motivation	der Anlaß, ⁻sse, der Beweggrund, ⁻e
motto	das Motto, Motti
mystic	mystisch
myth	das Mythos, Mythen

N

narrative time	die Erzählzeit
novel	der Roman, -e
novella	die Novelle, -n

O

obsolete	überholt
octave	die Stanze, -n
ode	die Ode, -n
onomatopoeia	die Lautmalerei, -en
origin	die Entstehung, der Ursprung, ⁻e
originality	die Originalität die Genialität

O

outline	die Gliederung
owe	verdanken

P

parable	die Parabel, -n
paradox	das Paradox, -e
paragraph	der Paragraph, -en
parallel	die Parallele, -n
paraphrase	die freie Wiedergabe, -n
parody	die Parodie, -n
passion	die Leidenschaft
pathos	das Pathos
pattern	das Schema, Schemen
performance (stage)	die Aufführung
period	die Periode, -n
phenomenon	das Phänomen, -e
philosophy	die Philosophie, -n, die Weltanschauung
plagiarism	das Plagiat, -e
plagiarist	der Plagiator, -en
plagiarize	abschreiben, ein Plagiat begehen
platitude	die Platitüde, -n der Allgemeinplatz, ¨e
plot	die Handlung
- sub plot	die Nebenhandlung
poem	das Gedicht, -e
poetic	poetisch
poetry	die Dichtung, -en
point of view	der Standpunkt, -e
polemics	die Polemik, -en
posterity	die Nachwelt
preamble	die Präambel, -n
precision	die Prägnanz
preference	die Bevorzugung die Vorliebe
prejudice	das Vorurteil, -e
presentiment	die Vorahnung
presuppose	voraussetzen
print	der Durck; drucken
problem	das Problem, -e
productive	produktiv, schöpferisch

P

progress	der Fortschritt, -e
prologue	der Prolog, -e
proof-reading	das Korrekturlesen
prop	die Kulisse, -n
prose	das Sprichwort, ⍰er
public	das Publikum

R

radio drama	das Hörspiel, -e
realization	die Erkenntnis, -se
recital	der Vortrag, ⍰e
recite	vortragen
recognition	die Anerkennung
refer to	sich beziehen auf
- in reference to	in Bezug auf
refrain	der Refrain, -s, der Kehr-reim, -e
relation(ship)	die Beziehung, das Verhält-nis (-ses), -se
report	der Bericht, -e
review	die Rezension; rezensieren, kritisieren
revolutionary	revolutionär
rhetorics	die Rhetorik
rhetorical	rhetorisch
rhyme	der Reim, -e
rhythm	der Rhythmus, Rhythmen
- free rhythm	freie Rhythmen
romantic	romantisch
romanticism	die Romantik

S

satire	die Satire, -n
select	wählen, auswählen
sensation	die Sensation, das Aufsehen; die Empfindung
sensual	sinnlich
sensitive	sensibel
setting	der Schauplatz, ⍰e
short story	die Kurzgeschichte, -n
sibilant	der Zischlaut, -e
significance	die Bedeutung

S

simile	der Vergleich, -e
sceptical	skeptisch
society	die Gellschaft, -en
source	die Quelle, -n
spirit of the age	der Zeitgeist
stage	die Bühne, -n
stage directions	die Bühnenanweisungen (Pl.)
stage edition	die Bühnenausgabe, -n
stanza	die Strophe, -n
statement	die Aussage, -n, die Behauptung
stichomythia	die Stichomythie, -n
stimulus	die Anregung, der Anstoß, ⁼e
stop	der Verschlußlaut, -e
structure	die Gliederung, der Aufbau
style	die Ausdrucksweise der Stil, -e
subject	das Thema, Themen
subject matter	der Stoff, -e
suspense	die Spannung
symbol	das Symbol, -e
symbolic	symbolisch
symbolism	die Symbolik
symptom	das Symptom, -e
synonym	das Synonym, -e

T

tale	die Erzählung, die Geschichte, -n
talented	begabt
theme	das Thema, Themen
tradition	die Tradition, die Überlieferung
tragedy	die Tragik; die Tragödie, -n
tragic irony	tragische Ironie
trait	der Zug, ⁼e
transitoriness	die Vergänglichkeit
treat	behandeln
treatise	die Abhandlung
trend	die Strömung
trochaic	trochäisch
trochee	der Tochäus, Trochäen

U

unaccented syllable	die Senkung, die Kürze
unfolding	die Entfaltung
uniform	einheitlich
unities, the three	die drei Einheiten

V

verifiable	nachprüfbar
versatility	die Vielseitigkeit
version	die Fassung
view	die Ansicht, -en
	die Meinung
villain	der Bösewicht, -er
vividness	die Anschaulichkeit
	die Lebendigkeit

W

writer	der Schriftsteller, -

Anmerkungen

[1] 13. Aufl. (Bern, 1968), S. 330-338. (1. Aufl. 1948).

[2] Das Fischer Lexikon: Literatur II, hrsg. von Wolf-Hart-mut Friedrich und Walther Killy, 2 Bde. (Frankfurt am Main, 1965), 1. Teil, S. 333.

[3] 2. veränderte und erw. Aufl. (München, 1972).

[4] 4. erw. Aufl. (Stuttgart, 1964), S. 130.

[5] Ebda., S. 441-442 und Otto F. Best, Handbuch literarischer Fachbegriffe: Definitionen und Beispiele (Frankfurt am Main, 1972), S. 171.

[6] Das sprachliche Kunstwerk, S. 63.

[7] Deutsche Verslehre, 5. erw. Aufl. (Berlin, 1968).

[8] (Bern, 1946) S. 111-118.

[9] 3. neubearb. und erw. Aufl., Hirts Stichwörterbücher (Kiel, 1969), S. 29.

[10] Poetik in Stichworten, S. 34 und Sachwörterbuch der Literatur, S. 249-250.

[11] Kleine Poetik: Eine Einführung in die Formenwelt der Dichtung, 2. Aufl. (Frauenfeld, 1964), S. 59.

[12] Das sprachliche Kunstwerk, S. 120

[13] Moderne Lyrik: Monolog und Manifest. Ein Leifaden (Bremen, 1963), S. 35.

[14] Das Fischer Lexikon: Literatur II, Teil I, S. 96.

[15] Eine Sonderform der Metapher ist die S y n a e s t h e - s i e . Man bezeichnet so die Verschmelzung der Empfindungen verschiedener Sinnesorgane. Töne können gesehen und

geschmeckt, Farben gehört, Klänge gefühlt werden usw.
Ein beliebtes Beispiel ist Clemens von Brentanos "Abendständchen."

> Hör, es klagt die Flöte wieder,
> Und die kühlen Brunnen rauschen;
> Golden wehn die Töne nieder
> Stille, stille, laß uns lauschen!
> Holdes Bitten, mild Verlangen,
> Wie es süß zum Herzen spricht!
> Durch die Nacht, die mich umfangen,
> Blickt zu mir der Töne Licht!

> (Unterstreichungen sind von mir).

Diese Sinnesvermischung war in Deutschland besonders
während der Romantik und der Neuromantik beliebt, aber
sie ist auch in zeitgenössischer Literatur anzutreffen.
Z. B. stößt man bei Wolfgang Borchert auf Verbindungen
wie "naßgrüne Gräber," "blauweich," "violett stinkender
Kanal," "eisigrosig," "blutiges Gestöhn stinkt" usw.

[16] Vgl. Johannes Klein, Geschichte der deutschen Lyrik von
Luther bis zum Ausgang des zweiten Weltkrieges, 2. erw.
Aufl.(Wiesbaden, 1960), S. 330-333.

[17] Moderne Lyrik, S. 45.

[18] Geschichte der deutschen Sprache, 7. erw. Aufl.
(Heidelberg, 1961), S. 331.

[19] Das sprachliche Kunstwerk, S. 143-144.

[20] Theaterprobleme (Zürich, 1955), S. 45-50.

[21] Gero Wilpert, Sachwörterbuch der Literatur, S. 153.

[22] Philadelphia: National Carl Schurz Association, 1974.

[23] 2. durchgesehene Aufl. (Stuttgart, 1957).

[24] Publications of the Modern Language Association of
America, LXX (1955), S. 1160-84.

[25] Chicago, 1961.

26) 6. Aufl. (Göttingen, 1972). (1. Aufl. 1964).

27) "Erzählzeit und erzählte Zeit," Festschrift für P.
Kluckkohn und H. Schneider (Tübingen, 1948), S. 195-212;
"Über das Zeitgerüst des Erzählens," Deutsche Vierteljahresschrift für Literaturwissenschaft und Geistesgeschichte, XXIV (1950), S. 1-32; "Aufbauformen des Romans,"
Neophilologus, XXVII (1953), S. 1.14.

28) Franz K. Stanzel, S. 23.

29) Eberhart Lämmert, Bauformen des Erzählens, S. 108.

30) Das sprachliche Kunstwerk, S. 359.

31) Typische Formen des Romans, S. 63.

32) Das sprachliche Kunstwerk, S. 363.

33) 4. verb. und erw. Aufl. (Wiesbaden, 1960).

34) Johannes Klein, ebda. S. 4.

35) Ebda., S. 6.

36) Benno von Wiese, Die deutsche Novelle von Goethe bis
Kafka: Interpretationen (Düsseldorf, 1960), S. 27.

37) Geschichte der deutschen Novelle, S. 17.

38) Vgl. ebda., S. 18 und Sachwörterbuch der Literatur,
a.a.O., S. 364.

39) Akzente, IX (1962), S. 205-225.

40) Horst Bieneck, Werkstattgespräche mit Schriftstellern
(München, 1962), S. 140.

Sekundärliteratur in Auswahl

Arndt, Erwin. Deutsche Verslehre. 5. erw. Aufl. Berlin, 1968.

Asmuth, Bernhardt. Aspekte der Lyrik. Mit einer Einführung in die Verslehre. 5. erw. Aufl. Opladen, 1979.

Bender, Hans. "Ortsbestimmungen der Kurzgeschichte," Akzente, IX (1962), S. 205-225.

Berg, Jan u. a., Hrsg. Von Lessing bis Kroetz: Einführung in die Dramenanalyse. Materialien für den Unterricht. 2. Aufl. Kronberg, 1976.

Best, Otto F. Handbuch literarischer Fachbegriffe: Definitionen und Beispiele. Frankfurt am Main 1972.

Bieneck, Horst. Werkstattgespräche mit Schriftstellern. München, 1962.

Booth, Wayne C. The Rhetoric of Fiction. Chicago, 1961.

Braak, Ivo. Poetik in Stichworten: Literaturwissenschaftliche Grundbegriffe. Eine Einführung. 3. neu bearb. u. erw. Aufl. Hirts Stichwörterbücher. Kiel, 1969.

Brauneck, Manfred, Hrsg. Der deutsche Roman im 20. Jahrhundert: Analysen und Materialien zur Theorie und Soziologie des Romans. 2 Bde. Bamberg, 1976.

Doderer, Klaus. Die Kurzgeschichte in Deutschland: Ihre Form und ihre Entwicklung. Mit einer Vorbemerkung und bibliographischen Ergänzung,1951-76. 5. Aufl. (Nachdruck der Ausg. Wiesbaden, 1953).Darmstadt, 1977.

Dürrenmatt, Friedrich. Theaterprobleme. Zürich, 1955.

Emrich, Wilhelm. "Das Problem der Wertung und Rangordnung literarischer Werke," Archiv, CC (1963).

Das Fischer Lexikon, Literatur II. Hrsg. von Wolf-Hartmut Friedrich und Walter Killy. 2 Bde. Frankfurt am Main, 1965.

Forster, E. M. Aspects of the Novel. New York, 1927.

Frenzel, Elisabeth und H. A. Frenzel. Daten deutscher Dichtung: Chronologischer Abriß der deutschen Literaturgeschichte von den Anfängen bis zur Gegenwart. 3. verb. und erw. Aufl. Köln, 1959.

Frenzel, Elisabeth. Stoffe der Weltliteratur: Ein Lexikon dichtungsgeschichtlicher Längsschnitte. Stuttgart, 1962.

Frenzel, Elisabeth. Stoff- und Motivgeschichte. Berlin, 1966.

Friedmann, Käte. Die Rolle des Erzählers in der Epik. Leipzig, 1910.

Friedman, Norman. "Point of View in Fiction: The Development of a Critical Concept," Publication of the Modern Language Association of America, LXX (1955), S. 1160-84.

Goethe, Johann Wolfgang von und Friedrich Schiller. "Über epische und dramatische Dichtung," Goethes Werke, XII, 5. Aufl. Hamburg, 1963.

Grimm, Reinhold, Hrsg. Deutsche Dramentheorien: Beiträge zu einer historischen Poetik des Dramas in Deutschland. 2. Aufl. Wiesbaden, 1978.

Grimm, Reinhold, Hrsg. Zur Lyrik-Diskussion. 2. verb. und erw. Aufl. Darmstadt, 1974.

Haller, Rudolf. Geschichte der deutschen Lyrik. Bern und München, 1967.

Hillebrand, Bruno, Hrsg. Zur Struktur des Romans. Wege der Forschung, Bd. 488. Darmstadt, 1978.

Hinck Walter, Hrsg. Die deutsche Komödie: Vom Mittelalter bis zur Gegenwart. Düsseldorf, 1977.

_____. Von Heine zu Brecht: Lyrik im Geschichtsprozeß. Frankfurt am Main, 1978.

Holl, Oskar. Der Roman als Funktion und Überwindung der Zeit; Zeit und Gleichzeitigkeit im deutschen Roman des 20. Jahrhunderts. Bonn, 1968.

James, Henry. The Art of the Novel, hrsg. von Richard P. Blackmur. New York, 1950.

Jolles, André. Einfache Formen: Legende, Sage, Mythe, Rätsel, Spruch, Kasus, Memorabile, Märchen, Witz. Studien-ausg. der 4. Aufl. Tübingen, 1972.

Kayser Wolfgang. Entstehung und Krise des modernen Romans. Stuttgart, 1955.

_____. Kleine deutsche Versschule. Bern, 1946.

_____. Das sprachliche Kunstwerk. 13. Aufl. Bern, 1948.

_____. Kleines literarisches Lexikon. 2 Bde. 3. völlig erneuerte Ausg., bearb. von Albin Eduard Beau u.a. Bern, 1961.

Keller, Werner, Hrsg. Beiträge zur Poetik des Dramas. Darm-stadt, 1976.

Kesting, Marianne. Das epische Theater: Zur Struktur des mo-dernen Dramas. 7. Aufl. Stuttgart, 1978.

Kilchenmann, Ruth, J. Die Kurzgeschichte. Formen und Entwick-lung, 5. Aufl. Stuttgart, 1978.

Killy Walther. Wandlungen des lyrischen Bildes. 5. erw. Aufl. Göttingen, 1967.

Klein, Johannes. Geschichte der deutschen Lyrik. 2. erw. Aufl. (1. Aufl. 1957). Wiesbaden, 1960.

_____. Geschichte der deutschen Novelle. 4. verb. und erw. Aufl. (1. Aufl. 1954). Wiesbaden, 1960.

Knörich, Otto. Die deutsche Lyrik seit 1945. 2. neu bearb. und erw. Aufl. Stuttgart, 1978.

Lämmert, Eberhard. Bauformen des Erzählens. 2. durchgesehene Aufl. Stuttgart, 1967.

Lämmert, Eberhard und Hartmut Eggert. Romantheorie: Dokumen-tation ihrer Geschichte in Deutschland seit 1880. Köln, 1971-75.

Laschen, Gregor. Lyrik in der DDR: Anmerkungen zur Sprach-
verfassung des modernen Gedichts. Frankfurt am Main, 1971.

Lehnert, Herbert. Struktur und Sprachmagie: Zur Methode der
Lyrik-Interpretation. Stuttgart, 1966.

Leonhard, Kurt. Moderne Lyrik: Monolog und Manifest. Ein
Leitfaden. Bremen, 1963.

Lubbock, Percy. The Craft of Fiction. London, 1921.

Mandelkow, Karl Robert. "Der Briefroman: Zum Problem der
Polyperspektive im Epischen," Neophilologus, XLIV
(1960), S. 200-208.

Mann, Otto. Geschichte des deutschen Dramas. 3. erw. Aufl.
Stuttgart, 1969.

Marcuse, Ludwig. Die Welt der Tragödie (Nachdruck der Ausg.
1923). München, 1977.

Maren-Grisebach, Manon. Methoden der Literaturwissenschaft.
2. veränderte und erw. Aufl. München, 1972.

Martini, Fritz. Lustspiele und das Lustspiel. 2. Aufl.
Stuttgart, 1979.

Merker, Paul und Wolfgang Stammler. Reallexikon der deutschen
Literaturgeschichte, hrsg. von Werner Kohlschmidt und
Wolfgang Mohr. Bisher 3 Bde. (A-Sk). 2. neubearb. Aufl.
Berlin, 1955-77.

Meyers Handbuch über die Literatur, hrsg. und bearb. von den
Fachredaktionen des Bibliographischen Instituts. Mann-
heim, 1964.

Müller, Günther. "Aufbauformen des Romans," Neophilologus,
XXVII (1953), S. 1-14.

_____. "Erzählzeit und erzählte Zeit," Festschrift
für P. Kluckkohn und H. Schneider. Tübingen, 1948.

_____. "Über das Zeitgerüst des Erzählens,"
Deutsche Vierteljahresschrift für Literaturwissenschaft
und Geistesgeschichte, XXIV (1950), S. 1-32.

Muir, Edwin. The Structure of the Novel. London, 1928.

Paulsen, Wolfgang, Hrsg. Die deutsche Komödie im 2o. Jahrhundert: Sechstes Amherster Kolloquium zur modernen deutschen Literatur 1972. Heidelberg, 1976.

Petsch, Robert. "Motiv, Formel, Stoff," Zeitschrift für deutsche Philologie, LIV (1959), S. 378-394.

Pfister, Manfred. Das Drama: Theorie und Analyse. München, 1977.

Piscator, Erwin. Das politische Theater, neu bearb. von Felix Gasbarra, mit einem Vorwort von Wolfgang Drews. Reinbeck, 1979.

Prower, Siegbert, Salomon. German Lyrik Poetry: A Critical Analysis of Selected Poems from Klopstock to Rilke. London, 1952.

Ritter, Alexander, Hrsg. Zeitgestaltung in der Erzählkunst. Wege der Forschung, Bd. 488. Darmstadt, 1978.

Rohner, Ludwig. Theorie der Kurzgeschichte. 2. verb. Aufl. Wiesbaden, 1976.

Ruttkowski, Wolfgang und Eberhard Reichmann, Hrsg. Das Studium der deutschen Literatur: Eine Einführung für amerikanische Studierende. Philadelphia, 1974.

Schlepper, Reinhard. Was ist wo interpretiert? Eine bibliographische Handreichung für den Unterricht. 3. erw. Aufl. Paderborn, 1970.

Schmitt, F. A. Stoff- und Motivgeschichte der deutschen Literatur: Eine Bibliographie, begründet von Kurt Bauerhorst, Berlin, 1965.

Spinner, Kaspar Heinrich. Zur Struktur des lyrischen Ich. Frankfurt am Main, 1975.

Staiger, Emil. Grundbegriffe der Poetik. Zürich, 1946.

Stanzel, Franz K. "Episches Praeteritum, erlebte Rede, historisches Praesens," Deutsche Vierteljahresschrift für Literaturwissenschaft und Geistesgeschichte, XXXIII (1959), S. 1-12.

_____. Typische Formen des Romans. 6. Aufl. Göttingen, 1972.

Steinecke, Hartmut, Hrsg. Theorie und Technik des Romans im 20. Jahrhundert. 2. Aufl. Tübingen, 1979.

Swales, Martin. The German Novelle. Princeton, 1977.

Urbanek, Walter, Hrsg. Begegnung mit Gedichten: 66 Interpretationen vom Mittelalter bis zur Gegenwart. Mit einem Essay von Benno von Wiese. 3. neu bearb. Aufl. Bamberg, 1977.

Villiger, Hermann. Kleine Poetik: Eine Einführung in die Formenwelt der Dichtung. Frauenfeld, 1964.

Vogt, Jochen. Aspekte erzählender Prosa. 3. Aufl. Opladen, 1978.

Walzel, Oskar Franz. Gehalt und Gestalt im Kunstwerk des Dichters. Darmstadt, 1929.

Wellek, Renée und A. Warren. Theory of Literature. New York, 1949.

Wiese, Benno von. Die deutsche Novelle von Goethe bis Kafka: Interpretationen. Düsseldorf, 1960.

Wiese, Benno von, Hrsg. Der deutsche Roman: Struktur und Geschichte. 2. Bde. Düsseldorf, 1965.

Wilpert, Gero von. Sachwörterbuch der Literatur. Stuttgart, 1964.

Zimmermann, Werner. Deutsche Prosadichtungen der Gegenwart: Interpretationen für Lehrende und Lernende. 2 Bde. 5. Aufl. Düsseldorf, 1959.

VERWENDETE ABKÜRZUNGEN

a.a.O.	am anderen Ort	op. cit.
Aufl.	Auflage	edition
Ausg.	Ausgabe	edition
Bd.	Band	volume
Bde.	Bände	volumes
bearb.	bearbeitet	revised
u. dergl.	und dergleichen	and such
ebda	ebenda	ibid
erw.	erweitert	enlarged
griech.	griechisch	Greek
Hrsg.	Herausgeber	editor
hrsg.	herausgegeben	edited
Jh.	Jahrhundert	century
lat.	lateinisch	Latin
n. Chr.	nach Christus	A.D.
s.w.u.	siehe weiter unten	see below
u.a.	unter anderem	among other things
u.a.	und andere(n)	and others
u. U.	unter Umständen	perhaps
v. Chr.	vor Christus	B.C.
verb.	verbesserte	improved
vgl.	vergleiche	c.f.

A59

Sachverzeichnis*

*In dieses Verzeichnis sind nur wesentliche Sachwörter aufgenommen worden und nur mit den Zahlen der Seiten, auf denen sie erklärt werden.

Über die Autorin

Doris Fulda Merrifield ist am 17. Mai 1934 in Hamburg, der BRD, geboren. Sie begann mit dem Studium der deutschen und englischen Literatur an der Johann-Wolfgang-Goethe-Universität in Frankfurt am Main, bevor sie 1961 in die U.S.A. auswanderte und ihr Studium an der University of Texas in Austin abschloß (M. A. 1962, Ph. D. 1964). Seit 1965 lehrt sie deutsche Sprache und Literatur an der California State University at Fullerton. Zu ihren Veröffentlichungen gehören ein Buch über Max Frisch (Das Bild der Frau bei Max Frisch, Universitätsverlag Eckhart Becksmann, Freiburg, 1971) und in wissenschaftlichen Zeitschriften erschienene Artikel über Gottfired Keller, über Max Frisch und über den Einfluß von Senecas moralischen Briefen auf die deutsche Literatur des 18. Jahrunderts.